U0803528

崇德弘道　善政美俗

超越维度与淑世情怀

公共儒学

第2辑

唐文明 | 主编

上海人民出版社

目　录

异域新知

主题书评

旧文重读

附录

主题研讨

道治时代与法持时代*

唐文明**

申言要回到儒教传统中固有的历史意识来看现代，在目前后启蒙主义的思想氛围中仍然是个令人惊骇乃至可能引起精神恐慌的想法，但鉴于思想的重要性与紧迫性，这一步必须迈出。从破的一面来说，无法破除作为现代性意识形态之一的历史哲学的迷思也就无法破除现代性的迷思；从立的一面来说，无法回到儒教传统中固有的历史意识也就无法依据儒教经典以及其中的核心义理确立起一个正面的分析框架。

儒教传统中固有的历史意识正是以圣王为中心的历史意识，故可称为圣王史识。[1]虽然此处不及详论，但我们还是能够概括性断言，这种圣王史识贯穿于现代以前的儒教历史，而在宋儒那里获得了高度分化、相当清晰的思想形态。程颢说："先王之世，以道治天下，后世只是以法把持天下。"站在他所处的宋代，程颢这个讲法就把以往的历史分

---

* 本文原为《圣王史识下的绝对民主制时代》的后半部分，后以《道治时代与法持时代》为题发表于《信睿周报》2020 年 9 月 28 日，此文前半部分曾以《乌托邦主义与古今儒学》为题发表于《读书》2019 年第 8 期，全文发表于《复旦政治哲学评论》第 12 辑。

** 唐文明，清华大学哲学系教授。

〔1〕“圣王史识”中的“圣王”其实包括圣帝明王，关于帝与王之不同，见下文。

为两段了:三代以上是道治时代,三代以下是法持时代。道治时代尚德,以仁义为本,因而是公天下;法持时代尚力,以利欲为本,因而是私天下。正是将这两个时代截然区别开来的意识构成了儒教传统中最根本的历史意识。

道治时代又根据制度与理念的不同类型划分为两个时段:帝制时代与王制时代。尧、舜皆行禅让,是以大同之道治理天下的圣帝,此所谓帝制时代;夏、商、周三代皆行世袭,而以革命开新局的三代之创立者皆是能以小康之道治理天下的明王,此所谓王制时代。道治时代以德为本,所以禅让、革命与世袭都关联于德的转移。具体来说,禅让意味着以德传德,配天保民而毫无间断,革命意味着大德受命,顺天应民而改正易朔,世袭意味着缵续祖德,敬天爱民而继体守位。在某种往往被归为道家的视角下,从帝制时代到王制时代被认为是一种堕落,或者说"德衰",但孟子提出异议,认为这两种不同的德性政治模式全出于天意,并引用孔子的话来说明。[1]另外,随着德性因素从帝道到王道的变化,礼的重要性凸显出来了,所以三代王制以兴礼乐为要义,但王道的根本仍是在尧舜时代就已被显明了的仁义之政。以后世所区分出来的政教关系而言,帝制时代的特点是政教不二,王制时代的特点是教统于政,二者共同构成具有典范意义的帝、王时代。

礼坏乐崩而有孔子出。孔子作为集大成者,正在于其对帝、王之道的总结与综合,所谓"祖述尧舜,宪章文武"。但孔子有德无位,定六经而立教统,虽"贤于尧舜"而有获麟之伤,宜乎被尊为至圣素王。至于春秋之霸道,则是一个过渡类型:就其尊王攘夷而言则有功于世,故孔子以《春秋》警世,但不微管仲;就其以力假仁而言则存心非诚,故仲尼之门,五尺童子,羞称五伯。至秦以武力征服六国,以一姓一国而占据天

---

〔1〕《孟子·万章上》:"万章问曰:'人有言:至于禹而德衰,不传于贤,而传于子,有诸?'孟子曰:'否,不然也。天与贤,则与贤;天与子,则与子。'……孔子曰:'唐虞禅,夏后殷周继,其义一也。'"

下，公天下遂彻底沦为私天下，法持时代自此开始。

法持时代尚力，以私利私欲为基础建构政治秩序，从原来的德性政治转而变为利益政治，此亦出于理势之必然。历代儒者对此并无异议，而多聚焦于对秦政的控诉，很少对之做出解释。以天命之性与气质之性的区别与关联而言，帝、王之制的人性论基础是民所禀赋的天命之性尚未被浑浊的气质所彻底遮蔽，因而可以行帝、王之道，可以道治天下；如果民所禀赋的天命之性被浑浊的气质所彻底遮蔽，则必有秦政出而以法把持天下。

对于这个历史性堕落的开端，历代儒者在保持其批判意识的同时仍内在于各自的处境而力图挽狂澜于既倒。在政教联结的制度建构上，法持时代最可称述者为董仲舒。“罢黜百家，表彰六经”的历史性事件，意味着在私天下的历史处境中开出了政教相维的新局面。法持时代君主制的正当性论述，虽然也挪用古老的宇宙论神话，如秦始皇将“皇”与“帝”捏合在一起而新创“皇帝”一名，但在汉以来逐渐转由儒教经学来阐发。虽然历史的演变极其复杂，呈现出来的形态也极其多样，但我们还是可以绝对君主制为其类型之名，而相对于尧舜帝制之为神选君主制。〔1〕这种绝对君主制下的帝国，就其以一家一姓而占据天下而言，其私天下特性是根本的，但就其与三代王制的结构性类似而言，也有达致小康的可能，正如朱子在与陈亮的辩论中所说，汉、唐偶尔能够“驯致小康”。

汉制与三代王制的结构性类似，主要在君主制。我们可以从两个方面来分析其要义。一方面，君主统治的正当性基础必然归于至上之天，而这一点就能够将绝对君主制与神选君主制勾连起来。具体来说，当秦始皇意义上的以宇宙中至上权力拥有者为主要意涵的天被汉儒置换为一个有生生之大德的天，绝对君主制就至少在话语层面得到了合

---

〔1〕 绝对君主制作为“祛神”的君主制，其实质是以一家一姓之私利私欲为本。

理的规范。就此而言,董仲舒提出“屈民而伸君,屈君而伸天”,其最重要的意义,并不在于确立至上之天为君主统治的正当性基础,而在于将作为君主统治之正当性基础的至上之天确立为呈现于儒教经典中的那个有生生之大德的天。政治正当性基础从“天地不仁”转换到“天地之大德曰生”,意味着以董仲舒为代表的汉代儒者基于新的政治现实,建构了一种新的神权政治,而这种新的神权政治,奠定了汉代到现代之前的中国的政教架构。

另一方面,由于世袭是君主制中君位继承的基本原则,因此,君主制与家庭伦常、特别是父子之伦就具有密切的关联。这一点就能够将绝对君主制和儒教经典所特别重视的人伦观念勾连起来。具体来说,在一家一姓之私利私欲与孝的观念之间,存在着一种可能的对应,尽管出于前者肯定不可能达到对孝的正确认识。或者说,以家庭私利主义来理解儒教经典中的孝诚然是一种错误认知,但重视家庭则是二者的共同点。就汉儒所做的努力而言,就是将孝确立为公德,而且可能是最重要的公德。将孝确立为最重要的公德,是汉代政治最重要的特征之一,从后来的历史看这一特征也以其巨大的影响形塑了中国文明。

有德之天与孝的观念进入政治领域,为转化秦政提供了可能。无论是以“儒法互补”还是以更具批判性的“儒表法里”来刻画汉代以来的政治架构,无法否认的是,汉儒基于孔子为至圣素王这一核心观念而建构起来的新的政治观念,在中国历史上发挥了极其重要的作用,直到辛亥之变而导致的君主制覆灭。

如果说法持时代从秦汉一直延续到清,那么,在全面遭遇西方而经历古今变革的现代,是像现代性的拥趸们所认为的那样,是在法持时代之外又开启了一个新时代或新纪元呢,还是法持时代的另一种延续呢?这是内在于我们自身处境应当提出的首要问题。

首先必须强调的是,绝对民主制时代是以对绝对君主制时代的反抗形式并作为对绝对君主制时代的彻底脱离而出现的。随着被作为至圣素王的孔子以及由他确立的经典嵌入政治体内部，汉代的统治者逐渐以“霸王道杂之”为其自觉的政治意识，以“三纲五常”为规导和维系社会秩序的基本理念。德性因素的这种制度性介入使得原本的利益政治能够在很多方面得到补力，从而形成了德法互补的治理模式。既然在实际的处境中任德与任法都会带来问题，那么，德法互补的混合政治模式就是现实中最值得预期的。而处在介于德法之间的位置上的礼，仍具有不可轻忽的重要价值。

就实际的治理状况而言，这种混合了德性因素的利益政治存在善与恶两种可能的开展方向。就其有趋于善治的一面而言，“驯致小康”亦不是不可能；就其有流于恶制的一面而言，则尊卑之等级甚或沦为彻底的奴役形式。由此不难想到，在钱穆与张君劢等人关于秦汉以后的中国社会是否为专制的争论中，双方各执一词，但都持之有故，言之成理，其实是因为双方分别把握到了这种混合了德性因素的利益政治的两个相反的可能面向。也就是说，对这一争论做出类型学的断言可能是武断的，而就实际的历史解释来说，只能根据具体的情况得出具体的断言，才能不失立论的恰当分寸。

其实，将秦汉以来的政治厘定为君主专制，是现代以来的一个主流看法。这一具有明显批判意味的历史判断一方面来自西方现代政治哲学对于“专制”的界定，另一方面也与中国自身传统对于秦政的批判性理解有关。[1]就此而言，提倡民主共和，反对君主专制，就是中国现代政治意识的基本表达，在实际历史过程中这一主张也构成了革命的正当性理由。现代儒家既然公开标榜对现代性的拥护，那么，这一主张自然也是现代儒家的政治底线。现代儒家仅仅被认定为文化上的保守主义者，而非政治上的保守主义者，其原因也在于此。现代儒家也因此而从未想过要肯定古代，只是认为来自古代的文化资源在中国的现代化

〔1〕 参见唐文明：《摆脱秦政：走向共和的内在理由》，《文史哲》2018年第4期。

过程中能够起到一定的助力作用，至于其背后所隐含的历史哲学信念，则不言而喻。

绝对君主制以一家一姓之私利私欲为建构政治秩序的基础，这一点使其更靠近君主专制是很清楚的。因此我们看到，对绝对君主制之恶的批判蔓延于现代以前的中国历史，同样也构成晚清士大夫阶层转向民主共和的一个重要的思想动力。就此而言，即使不依赖于某种来自基督教传统的启示录式的封闭性历史哲学，我们也应当承认，从绝对君主制一转而变为绝对民主制，包含着一种真实的进步因素。

有鉴于尊卑观念可能带来令人不满的不平等和“三纲”可能沦为彻底的奴役形式，作为反抗形式的绝对民主制试图以自由平等的个人权利为基本理念来建构新的政治秩序。这一巨大变革中的进步因素应当得到承认，且在实际的情况中也的确得到了承认，然而正是被放置在各种启示录式的封闭性历史哲学框架内得到承认的。这些历史哲学框架虽然有多种不同的论述形式和表现形态，但仍可以根据它们对历史终点的不同看法划分为两类，一类是以自由为历史的终点，一类则是以平等为历史的终点，而民主皆是其所能接受的唯一的政治形式。无疑，在现代性已然延续了几个世纪的当下，这两类历史终结论都已破产，且从某种跨越古今的较长视野来看，它们其实是一齐破产的。

根本的问题在于，自由平等的个人权利，仍属于私利私欲的范围。也就是说，绝对君主制基于一家一姓之私利私欲而建构了一个尊卑分明的等级秩序，而作为其反抗形式的绝对民主制只不过是将这种私利私欲的逻辑扩大，试图建构一个基于一己之私利私欲的、自由平等的逐利体系。所谓现代政治秩序，无非就是这样一个基于一己之私利私欲的、自由平等的逐利体系。由此我们可以理解，从绝对君主制到绝对民主制的那种进步因素，其实就是从一种以家为单元的、不平等的逐利体系转变到一种以个体为单元的、平等的逐利体系的那种进步。另外，在从绝对君主制走向绝对民主制的过程中，作为德性政治之第一典范的大同屡屡被挪用来为之背书，以至于常常有人禁不住认为，正是在现代，过去难以实现的大同理想才有可能实现。这种乌托邦幻觉正是我们极力反对的。

不过，在某种意义上，我们把现代以来的绝对民主制看作是大同时代的神选君主制的变种似乎有其合理性，因为禅让与选贤具有不难想到的语义关联。但根本性的差异更应当被指出：绝对民主制与绝对君主制一样是祛神的，都是基于私利私欲的利益政治，而非以顺天敬德为政治正当性根据的德性政治。类似的情况也见于三代之制与秦汉以来的绝对君主制之间的关联。因其结构上的类似性，后者似乎能够被看作是前者的变种，但差异仍是根本的。前者是以仁义为本的德性政治，后者则是以利欲为本的利益政治。有人出于某种特别的敏锐注意到，大同之治与小康之治，其实现的关键特别在于施政者的德性，但如果因此而忽略制度上的根本差异，仍是认识上的一大盲点。

结论其实已经呼之欲出了：被大多数人认为是一场历史性大解放、开启了启蒙之新纪元的绝对民主制时代，其实仍是法持时代的一种继续。新的政治主体仍是利欲主体，甚或是更为彻底的利欲主体。因此可以说，就实际情况而言，绝对民主制因绝对君主制之恶而被建立，是将时间中的进步因素与面向永恒实在的堕落因素结合在一起的一种政治类型。基调仍是堕落的政治形式，但在堕落中包含着一种进步，这是我们对绝对民主制所能做出的最大肯定。而历史终结的神话，以及建基于历史终结论之上的各种现代政治神话，无论是呈现为自由主义形态还是平等主义形态，其实都是绝对民主制为了自我正名而构造出来的虚幻的意识形态。

如果要将现代以来的绝对民主制与汉儒通过经典诠释所建构的君主制做一对比，那么，非常明显的差异至少有两点，也正对应于我们前面所讨论过的汉儒建构君主制的两个要点。首先是天下国家变成了民族国家。[1]顾名思义，天下国家是天下之国，本质上是呈现为一种神权政治形态的普世帝国，因为其普世性诉求必然以有生生之大德的至上之天作为正当性基础，而民族国家则是由一个民族所构建的国家，是基于世俗化的权利观念和相应的民主观念所建构起来的，也就是说，其正当性基础不再诉诸有生生之大德的至上之天。其次，是家国变成了民国，或者说是百家之国变成了众民之国。如前所述，在汉儒所建构的君主制国家中，孝被确立为最重要的公德，这样的国家显然是基于父子之伦建构起来的。但现代以来的民主制国家从个体权利出发，是基于原子式的个人而结合起来的，在这样的国家建构中，孝最多是作为私德被得到承认从而完全失去了其原来所具有的公共意义。

超越性维度的丧失与人伦观念被清除出政治领域，使得政治儒学不再可能。就其袪神性和废人伦而言，绝对民主制有比秦政更坏的方面，而深知其缺陷但仍出于形势的考量而维护这种制度的思想者，会考虑以迂回的手段来挽救之。换言之，在批判的要害点出之后，就要考虑如何在实际生活处境中针对绝对民主制时代特有的缺陷而加以制度性救助的问题了。

从前面的分析可以看到，基于圣王史识这个儒教传统固有的历史意识，面对不同时代的制度特点和可能缺陷，制度性救助的关键在于敷教方式。尧、舜时代政教不二，夏、商、周三代教统于政，政教结合的这两大典范在后世堕落的历史时代已不可求，所以才有汉代公羊家以至圣素王说将早已分离的政教以新的方式联结在一起，从而开启了在后世两千年一直发挥着重要作用的政教相维模式，绝对君主制时代因而也就成为儒教中国历史上的素王时代。

在晚清民初的变局中，康有为等人试图继续发挥公羊家的素王说，

---

〔1〕最近使用“天下国家”的说法来描述汉代以后、现代以前的中国的著作是许倬云的《说中国》(广西师范大学出版社 2015 年版，第 91 页)。

为民主共和保驾护航，但民主制最终以其绝对性拒斥了这一缺乏纯粹性的混合主义建构，使政教相维的民主共和时代不再成为可预期的。[1]张灏指出，彻底的政教分立在宋儒思想中已是一个“伏流”，但在宋以后一直到当下的历史中最终并未成为现实。[2]从这一视角来前瞻性地观察，在经历了上百年之久的游魂状态之后，直面绝对民主制时代的启蒙与后启蒙的精神氛围，作为制度性救助的儒教重建必将顺着宋儒早已拓展至深的方向而选择教统独立的敷教方式，就是说，真正扎根于民间社会，迂回地影响政治。

从某种意义上来说，教统独立并非出自儒门的主动选择，而是在绝对民主制对政治实在的意识形态背离处境中不得不做出的被动选择。但不管是出于被动还是出于主动，只要充分考虑到，绝对民主制时代实际上是一个连素王也要被拒斥的彻底的无王时代，那么，这一选择总是理性的。而素王之义，仍基于政治儒学的不可能性与合理性高悬于中国的上空。至于政治理念上如何促使其朝向仁义之德转化，目前来看也只能有限度地寄希望于民主时代伦理生活的重建了。

以上基于儒教传统中固有的圣王史识建立了一个批判性的分析框架，并在这个分析框架下刻画了作为绝对民主制时代的现代的基本特征。需要说明的是，建立这种分析框架在根本上不同于那些在启蒙主义精神氛围中面对历史而为了舒缓乃至消除“一个无法直面实在之奥秘的人所感受到的焦虑”所作出的封闭式历史哲学建构。[3]若以张灏的语汇来说，基于圣王史识而来的对历史的认知在根本上正是反乌托

---

〔1〕 参见唐文明：《敷教在宽：康有为孔教思想申论》，中国人民大学出版社2012年版。

〔2〕 张灏：《政教一元还是政教二元？——传统儒家思想中的政教关系》，载《转型时代与幽暗意识》，上海人民出版社2018年版，第125页以下。张灏指出这一点无疑是正确的，但在该文中他又从《中庸章句序》与《皇极辨》的差异来说明朱子晚年从政教二元转向政教一元，已遭到文献上和思想上的双重反驳，参见吴震：《近代中国转型时代的政教关系问题——以反思康有为孔教运动为核心》，《现代儒学》第三辑，三联书店2018年版。

〔3〕 对历史哲学的反思是沃格林《秩序与历史》前三卷出版后的思想转向的最重要方面，引文见沃格林：《天下时代》，译林出版社2018年版，第441页。

邦主义的。另外，我所提供的这些针对历史的认知仍是类型学上的，并非是对真实历史的具体认知。我将这些类型学上的历史认知绘成一个表，作为本文的结束，而鉴于表的封闭性，或许需要再次提醒，这并非对历史的封闭性理解，既然基于我们的参与式体验，未来永远是开放的。

圣王史识表

<table>
<tr><td colspan="2">道治时代</td><td colspan="2">法持时代</td></tr>
<tr><td colspan="2">尚德</td><td colspan="2">尚力</td></tr>
<tr><td colspan="2">仁义</td><td colspan="2">利欲</td></tr>
<tr><td colspan="2">公天下</td><td colspan="2">私天下</td></tr>
<tr><td colspan="2">德性政治</td><td colspan="2">利益政治</td></tr>
<tr><td>帝制</td><td>王制</td><td>绝对君主制</td><td>绝对民主制</td></tr>
<tr><td>尧舜</td><td>三代</td><td>秦汉</td><td>现代</td></tr>
<tr><td>大同</td><td>小康</td><td>纲常</td><td>权利</td></tr>
<tr><td>禅让</td><td>革命与世袭</td><td>更迭与世袭</td><td>更迭与选举</td></tr>
<tr><td>政教不二</td><td>教统于政</td><td>政教相维</td><td>教统独立</td></tr>
<tr><td>圣帝时代</td><td>明王时代</td><td>素王时代</td><td>无王时代</td></tr>
</table>

“天下一家”：中国古典文明的政教理想*

陈　赟**

马克斯·韦伯将传统中国视为有着统一文化的家产官僚制国家，这一家产官僚制“是个强固且持续成长的核心”，也是“（中国）这个大国形成的基础”。〔1〕本来，家产制与官僚制是两种不同的支配类型，但传统中国的情况却是二者的综合。其中的家产制支配取向，使得整个国家被视为皇帝的个人家产、私产，而以俸禄制供职于国家官僚系统的官员则被视为皇帝的家臣，老百姓被视为皇帝的子民；在地方的官僚系统中，地方官本身又被视为父母官，他治下的基层百姓则是其子民。“家产制支配者都企图迫使非家产制的子民像家产制子民一样无条件地服从于其权力之下，将所有权力皆视为他个人的财产，就像家权力与家产一样，这是家产制支配的内在倾向。支配者能否成功做到这一点，乃是个权力关系的问题。”〔2〕然而，中国的政制又超出了纯正的家产制，甚至具有某种与纯正家产制的决裂取向，“从形式的观点而言，这可说是

---

* 本文原刊《信睿周报》2020 年 9 月 28 日。

** 陈赟，华东师范大学哲学系教授。

〔1〕马克斯·韦伯：《韦伯作品集》V《中国的宗教》，康乐、简惠美译，广西师范大学出版社 2004 年版，第 96 页。

〔2〕马克斯·韦伯：《韦伯作品集》III《支配社会学》，康乐、简惠美译，广西师范大学出版社 2004 年版，第 118 页。

官僚制即事化可能性之最彻底的实现，因此也是与典型的家产制官吏——官职之持有乃是有赖于君主个人之恩惠与宠信——之最彻底的决裂。”[1]

在韦伯看来，中国的官僚制之所以无法走向作为现代性基础的理性化道路，乃是因为它始终受限于其家产制向度。“中国司法行政的无理性并非神权统治因素，而是家产制因素所致。”[2]沿着韦伯的进路进行思考，也就意味着中国的政制系统无法在家与国的不同构造及其基础进行形式化区分，从而将家内因素(传统、习俗等)带进了国的系统。由此而导致了公私分化无法在观念与制度性上呈现，这才有将整个国家乃至人民视为皇帝个人的财产的观念，这是韦伯对传统中国“家天下”政治的文明论理解，它被用来刻画普遍历史叙事中的中国文明的定位。家内因素延伸到了国家层面，这使得家成了国家构造的秩序基础。黑格尔也强调:“这是一种建立在家庭关系基础上的一个国家的人为组织。对于这个国家的性质可以进一步这样规定:它是道德的。这个形态的基本要素就是:它是一种宗法关系、家庭关系。”韦伯所发现的没有权限划分的意识，在黑格尔那里其实曾被表述过，皇帝“被视为父亲、族长，并且拥有不受限制的权力。……政府权力没有任何限。……由皇帝本人行使最高、最彻底、掌控一切的权力，存在着他依此行使统治的法律，但这些法律不是与皇帝意志相左的，而是要使全体民众都遵照他的意志来保持秩序。政府拥有一种完全像父亲那样的声望。”[3]黑格尔的这种理解，与他将中国归入由自由理念刻画的世界历史的开端时刻，即一个人自由因而也就是没有真正自由的历史纪元相关。黑格尔对统治者的父亲化想象可与韦伯的如下表述相应:“‘君父’

---

[1] 马克斯·韦伯:《韦伯作品集》III《支配社会学》，康乐、简惠美译，广西师范大学出版社2004年版，第161页。

[2] 马克斯·韦伯:《经济与社会》第2卷上册，阎克文译，上海人民出版社2019年版，第1153页。

[3] 黑格尔:《世界史哲学讲演录1822—1823》，刘立群等译，商务印书馆2015年版，第122、124页。

(Landesvater)乃家产制国家的理想。因此,家父长制乃成为特殊的‘社会政策’的担纲者,而当它在充分理由必须要确保子民大对其保有好感时,它实际上也经常推行社会福利政策。”[1]皇帝本人将天下人视为其子民,爱民如子,视民如伤,这种意识的体制化结果就是家产官僚制——这就是黑格尔与韦伯对“家天下”的理解。

上述理解的确注意到了“家天下”体制的某些性相,特别是与其近代理性化形式的紧张,不能不说有其一定的合理性,甚至不无深刻性,但它远非充分,远未呈现从中国思想自身出发达成的理解。“秦、汉以降,封建易而郡县壹,万方统于一人,利病定于一言,臣民之上达难矣。”[2]这样情况下,才出现将天下视为皇帝一家之财产的观念,如在刘邦那里曾经发生的那样,然而这样一种观念绝不是对“家天下”之正解,以这样的解释为基础根本无法解释传统中国数千年的绵延性持存,毕竟在16世纪之前的中国,就其文明的影响力而言,乃是作为世界历史的最大化区域中心而存在的。更何况,在本质上,任何一种政治体的正当性都不可能建立在“私天下”的基础上,以“私天下”解释“家天下”其实是一种严重的误解。黑格尔与韦伯在中国政制理解方面的问题在于,不是从中国思想的内在理路出发,而是从文化层面上“普遍历史”的西方时刻的自我理解的处境出发,给出一个在欧洲主导的世界历史叙事中居于边缘位置的中国文明的图像,在这个图像中,“家天下”首先别降格为成就皇帝一个人的任意自由的“私天下”体制,或者用韦伯的话来说,成就不违背传统条件下的统治阶层的任意性的体制。

回到“家天下”的主题,《礼记·礼运》给出了从中国思想传统出发的理解进路。《礼运》将大同与小康分别视为“天下为公”“天下为家”的理念与“制度”安排。“天下为公”被视为大道之行的表现,而道在中国

---

〔1〕 马克斯·韦伯:《韦伯作品集》III《支配社会学》,康乐、简惠美译,广西师范大学出版社2004年版,第258页。

〔2〕 王夫之:《尚书引义》卷5《立政周官》,《船山全书》第2册,岳麓书社2011年版,第401页。

思想又具有无以尚之的崇高位置，可以说，天下为公就是中国政治的理念。当郑玄将“天下为公”与五帝时代对应，而将“天下为家”与三代对应时，二者被以一种历史叙事的方式展开在中国的文明论记忆中，但这种历史叙事绝非线性化叙事，“天下为家”并非“天下为公”的替代之物，二者只是大道发生作用的显和隐的不同机制；“天下为家”亦非“天下为公”的对立之物，并非天下不为“公”，即为“家”，或一旦“天下为家”则不能“天下为公”，在历代的主流解释中，从五帝之“天下为公”到三王之“天下为家”，乃是时势不得不然，此中有出于天而不系于人的因素为之主导，而不是“五帝”与“三王”自觉选择创制的结果。循此线索，“天下为家”并非大道之“无”，而是大道之“隐”，大道仍然以隐性方式发生作用，“天下为家”本身作为一种理念之所以具有独立的意义，正在于它刻画了大道显现的另类可能性。

“天下为家”意味着一种以家为原型的秩序，它从家庭内的亲亲开始，扩展到仁民(仁民意味着将人作为人来对待)，最终推及到爱物，这是此秩序所蕴含的伦理内核。张载的《西铭》将这种秩序概括为一种对西方文明极为陌生的“民胞物与”观念，根据这一观念，天下的每个人都是我的同胞，每一物都是我的伙伴。这种“民胞物与”的思想在儒家关于仁者人格的构想中得到了体现，程颢以为其实质是“仁者浑然与物同体”的体验。然而，正是这种浑然与物为体的思想，不但不能通过黑格尔哲学给出，亦且为其哲学所不许。这是因为家骨子里还是被限制在自然性的血缘的层面，而不能进入更广更大更高的宇宙论层面。这也是何以基于血缘的家庭被视为“私有之域”而不可能是“共有之域”的深刻根源。而在张载的《西铭》中，我们可以看到一种超出了血缘关系的“民胞物与”：“乾称父，坤称母；予兹藐焉，乃混然中处。故天地之塞，吾其体；天地之帅，吾其性。民吾同胞，物吾与也。”[1]张载将宇宙理解为

---

〔1〕 张载：《西铭》，见《正蒙·乾称篇》，《张载集》，中华书局1978年版，第62页。

一个大家庭,而天地则是生养所有人物的父母;对于作为天地之子的个人而言,充盈于天地之间的气就是我的形色身体,而统率天地成其变化的就是我的本性。这里的关键在于人与万物在生物性层面就是一体的,这不是基于血缘论,只要局限于血缘论,即便是人类成员之间也无法成为一个大家庭的成员,更何况人与物呢?张载突出的是宇宙之家的气缘论基础,而血缘不过是气缘的局部性的特殊例证或有限区域,在“通天下一气”的前提下,一气贯通连接着所有的存在者,他人、他物皆与我一气流通、痛痒相关、彼此互感,只要扩充自己的意识,便能意识到万物本来一体:“大其心则能体天下之物,物有未体,则心为有外。”〔1〕

罗洪先《答蒋道林》呈现了天下一家秩序是以亲亲为出发点的消息:“是故感于亲而亲焉,吾无分于亲也,有分于吾与亲斯不亲矣。感于民而仁焉,吾无分于民也,有分于吾与民斯不仁矣。感于物而爱焉,吾无分于物也,有分于吾与物斯不爱矣。是乃得之于天者,固然如是,而后可以配天也。故‘仁者浑然与物同体’。同体也者,谓在我者亦即在物,合吾与物而同为一体,则前所谓中虚而能旁通,浑上下四方、往古来今、内外动静而一者也。故曰‘视不见、听不闻,而体物不遗’。体之不遗也者,与之为一体故也。”〔2〕事实上,康有为也明确将天下一家与万物一体关联在一起:“万物一体,天下一家,太平之世,远近大小若一。”〔3〕

值得注意的是,当《西铭》说“大君者,吾父母宗子;其大臣,宗子之家相也。……凡天下疲癃残疾、惸独鳏寡,皆吾兄弟之颠连而无告者也”时,张载并没有如同黑格尔、韦伯对中国政制的概括,君主并没有以“君父”(Landesvater)的形象出现,而“君父”则是韦伯、黑格尔的中国图景中支配者的唯一肖像。在宇宙论大家庭中,君主如同其他人一样,都是天地之子,而天下人作为同样的天地之子,则是君主的兄弟。君主作

〔1〕 张载:《正蒙·大心篇》,见《张载集》,中华书局1978年版,第24页。
〔2〕 孙奇逢:《理学宗传》,凤凰出版社2015年版,第184—185页。
〔3〕 康有为:《论语注》,《康有为全集》第6册,中国人民大学出版社2007年版,第448页。

为统治者,乃是以宗子或元子(嫡长子)的身份带领作为他的兄弟的天下人一起侍奉天地这个宇宙论父母。张载的这一思想极大地颠覆了黑格尔与韦伯的中国君主想象,而且,这一图像有着悠久的思想传承,在《尚书·泰誓》中就可以看到这一思想的表述:“惟天地,万物父母;惟人,万物之灵。亶聪明,作元后。元后作民父母。”张载《西铭》不过是对这一思想的解释,而朱熹在解释《西铭》时,再度回到了这一思想:“乾父坤母而人生其中,则凡天下之人,皆天地之子矣。然继承天地,统理人物,则大君而已,故为父母之宗子;辅佐大君、纲纪众事,则大臣而已,故为宗子之家相。”[1]

“天下一家”的思想在先秦有明确的表达:一方面,子夏所传述的古老箴言“四海之内皆兄弟”,就是将天下的每一个人都视为兄弟,这种兄弟之情既超越了血缘,也超越了政治礼法为达成秩序而设定的等级,默享了某种宇宙论前提的原初体验;另一方面则是与《庄子》所表达的每个人都是天子(一切个人与君主皆为天之所子)的思想。这里可以看到一种完全不同于韦伯与黑格尔的关于中国文明中人与支配者关系的新图像,另一方面,自《尚书》以来就存在的王者乃天之元子的思想,也使得黑格尔与韦伯意义上的君主的任意成为不可能,因为它突出的是王者作为天之元子以统率天之众多庶子以事天的思想,而作为统治者的元子与作为被统治者的庶子就不再是父子关系,而是宇宙论父母之下的兄弟关系。而那种家产制的中国政治图像背景深处显现了一种与中国思想有着很大差异的法权性眼光,在罗马法系统中,对于家父主而言,他与子女的关系只有所有者与所有物的关系,子女是其财产,而此后的封建领主在其领地则可以支配领地的一切,所有这些都渗透着一种法权观念,人之所以不能与物浑然一体,其中的一个内在原因便在于

---

〔1〕 朱熹:《西铭解》,见《朱子全书》第13册,上海古籍出版社、安徽教育出版社2002年版,第142页。

物只是法权主体的所有物(res),仅仅具有被支配者的角色,与此相联系的观念是,“人只有作为财产所有者才是自由的。财产是外在的事物。”

“天下一家”,在三代乃至在传统中国时代,由于历史时势使然,而不得不采用一家之治意义上的“家天下”方式。但《礼运》通过“天下为公”的大同理想,则从理念上实现“天下一家”与“家天下”(这里指的是一家之治)的解绑,“天下为公”超出了一家之治,不再以家族内部的世及制度作为社会基础,相反,通过选贤举能的机制,以天下之人治理天下,而“天下为公”的内涵正指向天下作为天下人而非一人一家一姓之天下。这个意义上的天下,虽然在制度上不再支持一家之治的制度安排,但在理念上仍然支持“天下一家”,即将天下之人整合为一个宇宙大家庭的理想。故而《礼运》强调:“故圣人耐以天下为一家,以中国为一人者,非意之也。”这里的“天下为一家”即“以天下为家”,即是对《礼运》“天下为家”的内涵的理解,“天下为家”被视为极高的政教成就,无论是三代的六君子,还是这里所谓的“圣人”,都意味着《礼运》中与“大道既隐”关联着的“天下为家”,仍然是《礼运》作者的崇高政教理想,而绝不能简单地理解为以一家一姓为主体进行的专制独裁之“家天下”。

这样,“家天下”,作为政教理解,它意味着将关联着万物一体论、天下一家论作为政治秩序的基础性理念,“君父论”必须被视为“家天下”思想的畸变形式。马克斯·韦伯追随黑格尔,从上述畸变出发,以“君父论”思想出发去解读中国的政治,这就使得他必然认定《礼运》以“大同”(天下为公)与“小康”(天下为家)的理念,完全外在于中国的政教结构与儒家思想的经验,“此一无政府主义式的社会理想的描述,远超出儒教经验性的社会思想架构之外,并且特别是如此地与所有儒教伦理之基础的孝道无法兼容。”〔1〕

---

〔1〕 马克斯·韦伯:《韦伯作品集》V《中国的宗教》,康乐、简惠美译,广西师范大学出版社2004年版,第291页。

家国结构与“孝”的公共性*

陈壁生**

中国文明的古今之变，在社会结构上最为典型的表现，是“家”与“国”走向分离。传统的家国架构有不同的理论模式和现实模式，但是，以家的存在为国的基础，以立家之德为立国之本，则是共同的。中国的现代国家转型之后，国家建立的基本原则，不再以家庭为基础，这种家国结构的变化，直接导致伦理道德的改变，家庭成为私人领域，父子之伦成为私人伦理，“孝”也成为“私德”。

这一古今之变带来的问题，是在现代学术中，对儒学的理解有一种强烈的个体道德化倾向，而对儒家重要德目“孝”的理解，也完全“私德”化。但是，如果从文明的连贯性来理解儒学，理解中国，必须重新认识“孝”的公共性问题。

“孝”在中国传统中的核心地位，自“五四”以来，便成为批判者的共识。1917 年 2 月，吴虞在《新青年》发表《家族制度为专制主义之根据论》一文中，说道：

> 详考孔氏之学说，既认孝为百行之本，故其立教，莫不以孝为起点，

---

* 本文原刊《信睿周报》2020 年 9 月 28 日。

** 陈壁生，清华大学哲学系教授。

> 所以“教”字从孝。凡人未仕在家,则以事亲为孝;出仕在朝,则以事君为孝。……“孝乎惟孝,是亦为政”,家与国无分也;“求忠臣必于孝子之门”,君与父无异也。……盖孝之范围,无所不包。家族制度之与专制政治,遂胶固而不可分析。……而儒家以孝弟二字为二千年来专制政治与家族制度联结之根干而不可动摇。……儒家之主张,徒令宗法社会牵掣军国社会,使不克完全发达,其流毒诚不减于洪水猛兽矣。[1]

中国传统政治是“专制政治”,这不是传统中国人对自身政治形态的理解,而是晚清之后,在西方文明的“自由”“平等”等观念的观照下,中国人对自身政治传统的重新认识。而第一次发现这种“专制主义”的基础,是“孝”。

但是,吴虞的批判,并非真正的创见,其背后是杨度。早在吴虞之前的十余年,晚清刑律改革的争论中,杨度面对一个新的、西式的现代国家兴起,便通过“家族主义”与“国家主义”的区分,论证必须破“家族主义”。杨度认为:“故封建制度与家族制度,皆宗法社会之物,非二者尽破之,则国家社会不能发达。西洋家族先破而封建后破,且家族破后封建反盛,至今而二者俱破,故国以强盛。中国封建先破而家族未破,封建破后家族反盛,至今而一已破一未破,故国已萎败。此二者之所以异,而亦世界得失之林也。”[2]按照杨度的理解,在一个新的民族国家建立过程中,必须破“家族主义”,才能彰显“国家主义”,如果人为家人,则不能为国民,德主孝悌,则不能忠于国家。因此,国家主义与家族主义是绝不相容的两种立法精神,取其一必舍其一。事实上,正是杨度的论述,开启了其后一系列的批判家族、批判忠孝的思想运动,而且后来

---

〔1〕 吴虞:《家族制度为专制主义之根据论》,见《吴虞集》,中华书局2013年版,第8、9页。
〔2〕 杨度:《杨度集》,第257—258页。

的批判，在深刻性上从来没有超过杨度。

对于“孝”的核心地位，日本学者也有认识。在1936年，日本学者狩野直喜发表了一篇《孝治杂谈》，同样认为中国政治的核心是“孝治”，他说：“把德治、礼治落到实处，就是孝治。”[1]并认为：“一切行为皆可以孝为衡量标准，故以‘孝治’名之。以孝治国当然不只是一个口号，它具体落实在各种制度上。”[2]其后，狩野直喜列举了孝治在制度、法律上的表现。但是，他并没有将此推向“专制主义”，而是认为：“重视忠孝，并将二者视为一体，实为我国国体之精华。我以为理应发扬光大，使其能够在制度、法律的层面上具体地体现出来。”[3]

后来徐复观在《中国孝道思想的形成、演变，及其在历史中的诸问题》一文中，对“孝”的现代命运进行考察，并评价吴虞，认为：“孝是经过中国历史上许多人的思虑、反省所提出的人生行为的一个重要规范；并且这个规范，是经过长时期的社会生命实践，在中国历史里面曾经很深刻地作用于生命环境及自然生命之中；所以它和缠小脚、吃鸦片烟不同，它是中国的重大文化现象之一。它的功过，可以说是中国文化的功过。在‘五四’运动时代，如吴虞的‘家族制度为专制主义根据论’及‘吃人与礼教’这类的议论，直接从孝道及与孝道密切相关的文化现象来彻底否定中国的文化，这才算是接触到中国文化的核心，追攻到中国文化的牙城，而真正和陈独秀、鲁迅们成为‘五四’运动时代的代表人物。胡适先生推崇吴虞是‘只手打孔家店的老英雄’，这要算是他的知人论世的特识。”[4]

可以说，在20世纪对中国传统的认识中，不管是肯定还是否定中国传统，都看到了“孝”在传统文化中的重要地位。而从杨度到吴虞到

---

〔1〕 狩野直喜：《孝治杂谈》，见《中国学文薮》，中华书局2011年版，第211页。

〔2〕 同上书，第211页。

〔3〕 同上书，第216页。

〔4〕 徐复观：《中国思想史论集》，上海书店2004年版，第168页。

徐复观，他们对“家族主义”与“孝”的问题的理解，基础是一致的，即中国经历文明的古今之变，要建立新的现代国家，必须把“家”、“孝”问题，与“国”的问题彻底分开，使“家”成为一个私人领域，“孝”成为一种私人道德。

但是，如果换一种视角，问题远非如此简单。在中国的经典叙述以及经典所塑造的政治社会中，“孝”不只是一种个人道德，而且更是整个中国文明的核心内容。“孝”是中国文明的内核，从文明的意义来理解孝，是一个特别合适的角度。我们今天讲孝，既是一种道德，也是一种情感，还是一种文化。但是，从文明来理解之所以更加合适，原因在于，文化经常与政治、经济相对应，如果说孝是一种文化，背后的预设便是认为孝无关于政治、经济，不在政治、经济领域。但从文明的角度，更偏向于认为孝是一个文明的整体性结构中的一部分。在此意义上，把孝理解为中国文明的内核，更加符合中国文明的基本特征。

作为文明内核，“孝”在今天之所以有大量的问题需要理论回应，最重要的原因是中国文明存在着古今之别。古今、中西的差别，是两个不同的问题。但是这两个不同的问题，都导致今天讲“孝”的时候，不免碰到一系列的艰难。这种艰难在于，如果按照传统的孝的原始定义，便很难理解今天已经西化或者说现代化了的社会。但是，如果回到中国文明自身的脉络之中，“孝”便不止是一种生命情感，也不止是一种个人道德，而是构成文明的核心内容。

孝的古今之辨，背后是中国的政治结构的古今之别。要分析这一问题，首先要注意中国传统文明的家—国结构、人伦、道德这三组关系。在社会结构上，我们经常讲中国古代是家国同构，但这样的概括太简单化了。在经典中描述的周代宗法制中，确实有家国同构的成分，但是如果看汉代或者是宋明，很难说家国是“同构”的。但如果从社会结构上看，家和国这两个纬度构成中国文明基本结构，这是没有问题的。

建立在中国传统家国结构基础之上的人伦关系，最核心的是父子和君臣。这两对人伦关系，衍生出具体的道德，主要是忠、孝。孝和父子联在一起，忠和君臣联系在一起的。这一社会结构以及人伦道德共同构成的基本模式，在晚清之后遭遇了巨大的冲击，并进行了全面的转化。“国”不再是传统意义的国，而变成一个民族主权国家。这一转变的过程，最大的问题就是出现了一个公、私的分界，把传统“家”的问题变成私领域的问题，国的问题变成公领域的问题。从 1902 年到 1907 年，从梁启超到杨度，他们在讲到公、私问题的时候，通常把公德理解为国家道德，私德理解为个人道德。但是在中国传统中，本来没有这样的区分，中国传统不会认为孝是私人道德或者说忠是公共道德，没有这样的区分，因为私德这一词语，本来就是一个非常现代的产物，公德也是如此。

所以在这个意义上，我们今天的理解，一方面要面对现实问题，另一方面，过于面对现实问题，便会拿一些现实的概念来套传统。因此，会把孝理解为私人道德、生命情感，这样的理解方式，跟传统社会，跟经典中的孝，差别非常非常大。而且，如果把孝理解成一种私人道德，一种私人道德怎么可能变成文明的内核？怎么可能构成一个文明？除非是部落时代。更甚者把孝理解为祖先崇拜，那是因为有了基督教的对照以后，认为祭祀祖先是一种崇拜，因此出现崇拜上帝还是崇拜祖先的问题，这个时候才出现祖先崇拜这样一种非常奇特的理解方式。

在对“孝”的理解上，如果要避免用公德和私德基本区分标准来理解孝的话，有一个很重要的纬度，就是必须理解孝的公共性的本身。而且，孝的公共性在某种意义上是古今共通的。

孝的产生，最基本的基础就是父子关系，父子关系中国也有，西方也有，古代也有，现代也有，虽然差别很大，但问题是这一人伦关系是古今中外基本上都共同承认的。而且，古代也好，现代也好，在理解孝的时候，其公共性面向，是一个特别典型的一个面向。例如，《孝经》中讲到“周公郊祀后稷以配天，宗祀文王于明堂以配上帝”，这里面存在着两个大问题，郊祀是在南郊祭天，宗祀是在明堂祭天，但是这两个地方的祭拜都有一个配享的人物，这个配享的人物，直接用《孝经》里面的话就是南郊以后稷配享，明堂以文王配享。后稷和文王凭什么得到配享的身份？因为后稷是周人的感生帝，周人最早的始祖就是后稷，而文王是周人的受命王，周人至文王才开始受天命。所以当天子在南郊祭祀后稷，在明堂祭祀文王以配天的时候，事实上意味着什么呢？天子祭天的时候，他有双重身份，一是天之子，也就是天下人共同的天子，一是配享者的子孙，也就是周一族的传人，类似于大宗子的身份。这样一来，祭天既是一种政治行为，也是一种宗族行为，更是一朝一代合法性的核心要素。祭天中的“孝”，既是道德、礼仪，也是政治、信仰，所有的东西都综合在一起，集中蕴藏在祭祀制度之中。在中国历史上，从汉朝历经南北朝、隋唐，祭天礼一直跟《孝经》这句话密切相关。

如果从法律的角度上看，孝的公共性也非常典型。中国法律体系的核心是《唐律》，在《唐律》中，“十恶”前三恶是针对朝廷的，包括谋反、谋大逆、谋叛，接下来，四曰恶逆。指的是：“殴及谋杀祖父母、父母，杀伯叔父母、姑、兄姊、外祖父母、夫、夫之祖父母、父母。”七曰不孝，指的是：“告言、诅詈祖父母父母，及祖父母父母在，别籍、异财，若供养有阙；居父母丧，身自嫁娶，若作乐，释服从吉；闻祖父母父母丧，匿不举哀，诈称祖父母父母死。”在传统法理思想中，法律的功能并不只是惩治犯罪，更在于确定是非，维护社会良善风俗与社会道德。正因如此，法律必然以人伦为中心，并起到保护人伦的作用。而父子一伦正是所有伦理的核心，由此，不孝的行为，不只是忤逆父祖本人，而且更是对构成家国共同体的公共道德的破坏。因此，对其惩罚，也不只是对具体的不孝行为的惩罚，而且是对破坏共同体道德的惩罚。

在具体的制度上，也充分体现了孝的公共性。比如说从先秦汉唐的宗庙，到宋明的祠堂，都与一国、一村的公共生活联系在一起，先秦的宗法制度、宋明以后的家礼，都体现了孝的精神，而且这种精神的意义是建构家国。

从中国传统的角度来看,古代孝的公共性,表现在这一思想观念对整个中国文明,整个传统社会的覆盖性意义,它不只是文化的因素,而且是文明的核心,也是中国传统政教的核心内容。到了现代社会,孝遭遇的最大问题就是,社会结构的变化导致了父子一伦、孝这种道德,都变成了私人性的人伦、道德。我们今天如果仅仅把孝理解为私人性道德的话,不仅没办法理解中国传统,也没办法更好地在新的社会生活中重新弘扬孝的精神。所以在这个意义上,我觉得现在真正要弘扬孝,就必须重建对孝的理解。

现代社会对孝的认识,普遍将孝理解为私德。举例来说,现在流行《弟子规》,通过让孩子背诵一些关于孝的行为规范,教他们怎么对待父母,这就是非常典型的私德化理解。如果从更具公共性的更具力量的方式来理解,我觉得孝有两个维度是比较重要的。

第一个维度,是理解中国传统文明及其现代表现。从文明的角度,今天仍然可以看到中国文明和西方文明在孝、家等问题上,分界仍然是非常清晰的。比如对家庭的重视,我们现在还可以看到每年春运,上亿的中国人奔走在回家的路上,就是为了过一个我们今天觉得没有多少年味的节日。即便是中国已经如此现代化,但中国人的精神生活本身,仍然顽固地以中国传统伦理道德为核心构建起来,只不过这样的一种伦理还处在变化之中。

第二个维度,是更加要重视中国制度的建设,有关孝的制度的建设。也就是说,如果现代社会仍然要保有孝的精神的话,不一定是通过人对人的教育实现,更重要的要有一些具体的制度建设,保护或弘扬这种伦理道德。例如现代祠堂制度。本来,随着整个社会的现代化,人越来越成为个体,而团体的构建,尤其是血源性团体的构建应该越来越失去基础。但是在过去二十年中,东南沿海许多城乡的祠堂,纷纷重新修葺,重新恢复其传统功能。而其最重要的功能,就是祖先祭祀。许多祠堂现代化的方式就是不止祭祀始祖，而且每个族人都可以把自己祖先牌位放到祠堂中祭祀。这是祠堂面向现代生活而发展出来的一种既传统，又现代的新功能。[1]

而在具体的法制建设上，应该更强调法律对家庭，对人伦亲情的保护作用。比如前些年郭齐勇教授倡导的“亲亲相隐”进入法律，亲亲相隐是出自《论语》、《春秋》的传统观念，落实在《唐律》中是“同居相为容隐”的规定，如果落实在现代法律体系中，主要是亲属拒证权等权利。即一个人的亲属，尤其是直系亲属犯罪，他可以免于被司法机关强制要求提供不利于自己亲属的证词。这种规定，便是对孝的保护，也是对家庭的保护。如果不转化成这样一些非常具体的法度，如果仅仅把孝理解为私人道德的话，在现代社会中很难真正弘扬孝的精神。

可以说，从公共性的角度理解孝的全体大用，使孝的意义不止可以理解中国古典文明，而且可以在现代生活发挥其不可替代的意义。

〔1〕 参见陈壁生：《礼在古今之间——“城市祠堂”祭祀的复兴》，《开放时代》2014 年第 6 期。

专题论文

气化、形化与德化*

——周敦颐太极图再论

唐文明**

引　言

在《朱子论天地生物为心》一文中，我曾提出对周敦颐太极图的一个新理解，即认为太极图的五层圈分别对应于太极、天道、地道、人道和万物化生之道。这个新理解的要点是认为第四层圈的“乾道成男，坤道成女”对应于人道，第五层圈的“万物化生”对应于人极既立之后人参与到天地化育过程中的万物化生之道。[1]由于该文主要是讨论朱子的天地之心，对这个新理解的论述多有未尽之处，因此再作此文以展开进一步分析。

黄宗炎认为周敦颐的太极图来自陈抟的无极图，就太极图的渊源

* 本文原刊《清华大学学报(哲学社会科学版)》2021 年第 4 期。

** 唐文明，清华大学哲学系教授。

〔1〕 唐文明：《朱子论天地以生物为心》，《清华大学学报》2019 年第 1 期。

而言，这不是不可能。[1]但即使这是事实，也不能否认周敦颐太极图的独创性，正如张栻所言，“太极图乃濂溪自得之妙”。[2]陈抟的无极图是一个炼丹图，按照黄宗炎的叙述创自河上公，其渊源自然也能恰当地追溯到《老子》和《易》。黄宗炎强调孔孟与老庄之异，以此为批评周敦颐太极图的一个重要把手。但是，如果《易》为孔孟与老庄共同的思想渊源，那么，这个把手所能发挥的作用就值得细究。质言之，我们既不应当因其异而废其同，也不应当因其同而废其异。既然周敦颐的儒者身份无需质疑，那么，我们倾向于说，周敦颐可能从陈抟的无极图中得到启发而自创太极图，发挥《易》之大旨而为儒门张本。[3]

既然儒门以《易》为大经，那么，以《易》为准的来衡定太极图就是一个自然的思路，而且这个思路也得到了公认。赞扬者如朱子，认为“《易》之为书，广大悉备，然语其至极，则此图尽之”；批评者如黄宗炎，自述在二十年学《易》的基础上，“然后敢言此图之非《易》”。[4]可以看到，二者都是以《易》为准的来评判太极图。这就向我们提示了恰当地理解太极图的第一个重要线索，即衡之于《易》。其次，既然周敦颐作《太极图说》就是为了解释太极图，那么，理解太极图就不能不核之于《太极图说》。再次，既然《通书》是公认的能够代表周敦颐思想的著作，而且《通书》也被认为是用来解释《易》的，那么，理解太极图就不能不以

---

〔1〕 黄宗炎：《太极图说辩》，见黄宗羲：《易学象数论》（外二种），郑万耕点校，中华书局2010年版，第454页以下。关于周敦颐太极图可能的渊源，另可参见毛奇龄：《太极图说遗议》，见《周敦颐集》，陈克明点校，中华书局2009年版，第139页以下。

〔2〕 张栻：《太极图解序》，见《元公周先生濂溪集》（上），宋版影印本（湖南省濂溪学研究会），第118页。

〔3〕 《通书》可证明周敦颐的儒门身份，这一点基本上是得到公认的，如《宋元学案》之《濂溪学案》将《通书》放置在《太极图说》之前，也是以《通书》最能代表作为儒门大德的周敦颐的思想。此外，陆象山在与朱子辩论时认为《太极图说》“与《通书》不类，疑非周子所为，”又猜测“或是其学未成时所作”，本文不取，其理由朱子已辨析甚详。

〔4〕 朱熹：《太极图说解》，见《周敦颐集》，陈克明点校，中华书局2009年版，第8页；黄宗炎：《太极图说辩》，见黄宗羲：《易学象数论》（外二种），郑万耕点校，中华书局2010年版，第455页。

《通书》为重要的参考，即验之于《通书》。[1]此外，我们之所以说我们提出了对太极图的一个新理解，是相对于朱子在《太极解义》中的理解而言的，而朱子理解中的基本立场仍为我们提出新理解提供了一个基础，因此，很有必要将我们的新理解与朱子的《太极解义》相比照，以期获得对太极图更为通透的认知。以下就大略遵循衡之于《易》、核之于《太极图说》、验之于《通书》、比之于《太极解义》的次序展开进一步的论述。为了直观起见，我们还是放一个朱子所审定的太极图在这里。

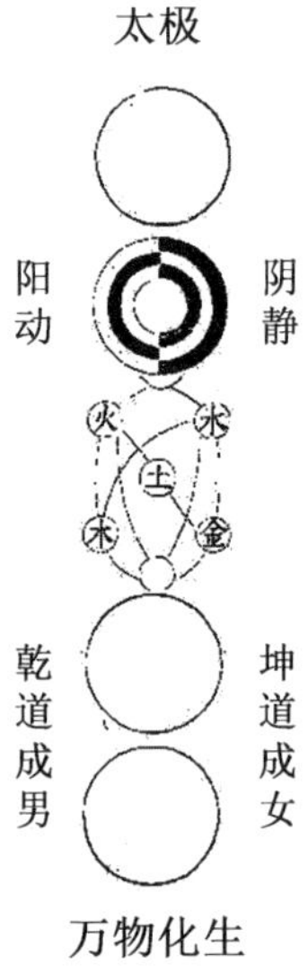

一

《易》之大旨在三才之道。所谓三才之道，即《系辞传》所言："《易》

〔1〕《朱子语类》卷94云："周子留下太极图，若无《通书》，却教人如何晓得？故太极图得《通书》而始明。"这意味着朱子在解释太极图的问题上对《通书》的重视不亚于、甚至过于《太极图说》。引文见朱杰人、严佐之、刘永翔主编：《朱子全书》（修订本）第17册，上海古籍出版社、安徽教育出版社2010年版，第3144页。可能与此相关的一个微妙的因素是，没有人怀疑《通书》是周敦颐的著作，但有人怀疑《太极图说》是周敦颐的著作，或认为可能是其早年著作从而比不上《通书》更具有代表性，如陆九渊。这一点也是导致《宋元学案》之《濂溪学案》将《通书》置于太极图和《太极图说》之前的原因所在。

之为书，广大悉备，有天道焉，有地道焉，有人道焉。”而对于天道、地道和人道的具体理解，则如《说卦传》所言：“昔者圣人之作《易》也，将以顺性命之理，是以立天之道曰阴与阳，立地之道曰柔与刚，立人之道曰仁与义。”周敦颐在《太极图说》的最后，正是引用了《说卦传》的这段话和《系辞传》中论及“原始反终”的那句话，再加上一句赞《易》之辞作为一篇之总结。由此可以合理地推论，太极图“立象尽意”，其所要尽的意就是作为《易》之大旨的三才之道。〔1〕

问题是，在太极图中，表征天道、地道与人道之意的象分别是什么？不难想到，第二层圈的阴阳之象是表征天道的，第三层圈的五行之象是表征地道的。那么，在太极图中，是否有表征人道的象呢？在此我们自然会将目光投向第四层圈的“乾道成男，坤道成女”，从而一个合理的推论就是，第四层圈的男女之象是表征人道的。于是就涉及对男女之象的一个理解上的问题，即，这里的“男女”是特就人而言，还是统一切生物乃至万物而言？后一种理解的前提当然是以比较宽泛的雌雄牝牡乃至更为宽泛的阴阳二气来解“男女”。

“乾道成男，坤道成女”来自《系辞传》首章，周敦颐在《太极图说》中属于引用。让我们先来看看《系辞传》中的语境：

> 天尊地卑，乾坤定矣。卑高以陈，贵贱位矣。动静有常，刚柔断矣。方以类聚，物以群分，吉凶生矣。在天成象，在地成形，变化见矣。是故刚柔相摩，八卦相荡。鼓之以雷霆，润之以风雨。日月运行，

〔1〕朱子《答吕东莱书》：“太极图立象尽意，剖析幽微，周子盖不得已而作也。观其手授之意，盖以为唯程子为能受之。程子之秘而不示，疑亦未有能受之者尔。夫既未能默识，于言意之表，则道听途说，其弊必有甚焉。”见《元公周先生濂溪集》（上），第 130—131 页。同样的说法亦见《太极图说解》后记。又朱子《六先生画像赞·濂溪先生》：“道丧千载，圣远言湮。不有先觉，孰开我人？书不尽言，图不尽意。风月无边，庭草交翠。”其中“图不尽意”是说太极图不能尽意。两处说法有差异但不一定有矛盾。“立象尽意”是就周敦颐作太极图的意图而言，“图不尽意”是就太极图实际上能否全部表达其全部意图而言。

一寒一暑。乾道成男，坤道成女。乾知大始，坤作成物。乾以易知，坤以简能。易则易知，简则易从。易知则有亲，易从则有功。有亲则可久，有功则可大。可久则贤人之德，可大则贤人之业。易简而天下之理得矣。天下之理得，而成位乎其中矣。

对于这里的“乾道成男，坤道成女”，孔颖达以八卦之间的关联来解释：“‘乾道成男，坤道成女’者，道谓自然而生，故乾得自然而为男，坤得自然而成女。必云成者有故，以乾因阴而得成男，坤因阳而得成女，故云成也。”〔1〕《说卦传》云：“乾，天也，故称父；坤，地也，故称母。震，一索而得男，故谓之长男；巽，一索而得女，故谓之长女；坎，再索而得男，故谓之中男；离，再索而得女，故谓之中女；艮，三索而得男，故谓之少男；兑，三索而得女，故谓之少女。”荀爽曰：“‘男’谓乾初适坤为震，二适坤为坎，三适坤为艮，以成三男也；‘女’谓坤初适乾为巽，二适乾为离，三适乾为兑，以成三女也。”〔2〕就是说，乾坤为父母，震、坎、艮为男，巽、离、兑为女，皆由乾得阴、坤得阳而来，此即孔颖达所谓“乾因阴而得成男，坤因阳而得成女”。既然八卦不仅可象征家庭人伦秩序，即父子、夫妇、兄弟三亲，也可象征宇宙自然秩序，所谓雷霆风雨，日月寒暑，那么，仅仅诉诸八卦之间的关联就无法判断这里的“男女”是否专就人言。但若以理言，则这里显然是在讲人道，或者可以说是在讲男女之理。这应该也是孔颖达的真实看法，因为我们还是能够找到明确的证据，证明孔颖达所言“男女”，主要是就人而言的。

对上引文中“方以类聚，物以群分，吉凶生矣”一句，韩康伯注曰：“方有类，物有群，则有同有异，有聚有分也。顺其所同则吉，乖其所趣则凶，故吉凶生矣。”这显然是以类聚与群分为人道之事，因而关联于吉

---

〔1〕 王弼、韩康伯注，孔颖达疏：《周易注疏》，见阮元校勘：《十三经注疏》(上)，中华书局 1980 年影印版，第 76 页。

〔2〕 李鼎祚注，李道平疏：《周易集解纂疏》，中华书局 1994 年版，第 544 页。

凶。对此,孔颖达疏曰:“方,谓法术性行,以类共聚,固方者则同聚也。物,谓物色群党,共在一处,而与他物相分别。若顺其所同则吉也,若乖其所趣则凶也,故曰‘吉凶生矣’。此《经》虽因天地之性,亦广包万物之情也。云‘方有类’者,方,谓法术情性趣舍,故《春秋》云‘教子以义方’,《注》云:‘方,道也。’是方谓性行法术也。言方虽以类而聚,亦有非类而聚者。若阴之所求者阳,阳之所求者阴,是非类聚也。若以人比禽兽,即是非类,虽男女不同,俱是人例,亦是以类聚也。故云‘顺所同则吉,乖所趣则凶。’”[1]从中可以看到,孔颖达明确以“男女”特就人言,且同样遵循“疏不破注”的原则而以类聚与群分为吉凶攸关的人道之事。李道平在疏解了李鼎祚所引上述荀爽之言后概括上下文说:“八卦相摩而成者,变化之义,天之道也;相索而得者,父母之义,人之道也。”[2]这也是以人道来理解“乾道成男,坤道成女”,而以天道来理解“雷霆风雨,日月寒暑”。

这个理解带来一个可能的后果:既然“在天成象,在地成形,变化见矣”是在“方以类聚,物以群分,吉凶生矣”之后,那么,这里的“变化”就不能等同于人道未立之前的宇宙变化,而是指向人道既立之后的宇宙变化。因此,对《系辞传》首章的理解就应当是,从“天尊地卑”到“刚柔断矣”是讲人道未立时的天地之道,从“方以类聚”到“变化见矣”则是讲人道既立之后的天地之道,而“是故”后面是进一步解释三才之道,具体来说,“雷霆风雨,日月寒暑”是讲人道未立之前的天地之道,“乾男坤女”以下讲人道既立之后的天地之道,而特别着意于解释成就万物的人道乃是对创造万物的天地之道的效法,因而也在根本上归属于天地之道。[3]

现在让我们来将这个理解关联于《系辞传》中涉及太极的另一处

〔1〕 王弼、韩康伯注,孔颖达疏:《周易注疏》,见阮元校勘:《十三经注疏》(上),中华书局1980年影印版,第76页。

〔2〕 李鼎祚注,李道平疏:《周易集解纂疏》,中华书局1994年版,第544页。

〔3〕 三才之道只是一个道,分说则可言天道、地道与人道,或所谓天生、地养、人成。

文字：

> 易有太极，是生两仪，两仪生四象，四象生八卦，八卦定吉凶，吉凶生大业。

首先需要提出的问题是，如何理解这里的"吉凶"与"大业"？或者更精确地说，八卦何以定吉凶？吉凶何以生大业？虞翻将这里的"吉凶"与《系辞传》首章的"方以类聚，物以群分，吉凶生矣"联系起来，认为二者说的是一回事。[1]我们能够想到的是，八卦作为一个分类系统，其实正是类聚群分的基础。不过，要对事物类聚群分，还离不开人的能力和作用，因此，吉凶关联于人道，这是很明显的。至于"大业"，《系辞传》一则关联于"盛德"而言"盛德大业"，所谓"富有之谓大业，日新之谓盛德"，一则关联于变、通而言"化而裁之谓之变，推而行之谓之通，举而错之天下之民谓之事业"，也正清晰地呈现出对"大业"的正确理解离不开赞天地之化育的人道。孔颖达的疏也与这种理解一致："八卦既立，爻象变而相推，有吉有凶，故八卦定吉凶也。万事各有吉凶，广大悉备，故能王天下，大事业也。"[2]

与这个理解特别相应的是《序卦传》的一段话：

> 有天地，然后有万物；有万物，然后有男女；有男女，然后有夫妇；有夫妇，然后有父子；有父子，然后有君臣；有君臣，然后有上下；有上下，然后礼义有所错。

这里提到的"男女"是特就人而言的，这一点自不待说。更为重要的是，

---

〔1〕 李鼎祚注，李道平疏：《周易集解纂疏》，中华书局 1994 年版，第 602 页。
〔2〕 王弼、韩康伯注，孔颖达疏：《周易注疏》，中华书局 1980 年影印版，第 82 页。

这一段话通过刻画宇宙创化的两个阶段，而将“有男女，然后有夫妇”厘定为第二个阶段的开端性事件。质言之，“有天地，然后有万物”是说人道未立之前的天地之道，而从“有男女”到“礼义有所错”正是说人道之立与人道既立之后的世界。韩康伯认为这一段话是在说“咸卦之义”：“咸，柔上而刚下，感应以相与，夫妇之象，莫美乎斯。人伦之道，莫大乎夫妇，故夫子殷勤，深述其义，以崇人伦之始，而不系之于《杂》也。”〔1〕最后所说“不系之于《杂》也”是指孔子因为特别重视人伦从而将这段话放在了更为重要的《序卦传》中，而没有将之放在专门说各卦之义的《杂卦传》中。韩康伯这里的关切是要反驳前人的一种观点，即认为这段话是在说《易》之上下经结构，于是他紧接着说：“先儒以乾至离为上经，天道也，咸至未济为下经，人事也。夫《易》六画成卦，三材必备，错综天人，以效变化，岂有天道、人事偏于上下哉！斯守文而不求义，失之远矣。”〔2〕因此可以看到，正是为了反驳这种观点，韩康伯才认为这段话就是用来说咸卦之义的，甚至认为这段话放在《杂卦传》中也非常合适。其实，我们可以合理地推论，这段话既然没有被放在《杂卦传》中，就意味着这段话并非只是为了说“咸卦之义”。进而言之，既然对卦序的理解必然涉及对宇宙秩序的理解，那么，这段话其实是以咸卦之义来说宇宙创化，之所以如此的一个重要关切，正是为了凸显始兴于夫妇之道的

〔1〕王弼、韩康伯注，孔颖达疏：《周易注疏》，中华书局1980年影印版，第96页。

〔2〕对于这里所谓的“先儒”的持论，除了可以《序卦传》的这段话来说明之外，《易纬·乾凿度》中的一段话可能充当了更为重要的证据：“孔子曰：‘阳三阴四，位之正也。故《易》卦六十四，分而为上下，象阴阳也。夫阳道纯而奇，故上篇三十，所以象阳也。阴道不纯而隅，故下篇三十四，所以法阴也。乾坤者，阴阳之根本，万物之祖宗也。为上篇之始者，尊之也。离为日，坎为月，日月之道，阴阳之经，所以终始万物，故以坎离为终。咸恒者，男女之始，夫妇之道也，人道之兴必由夫妇，所以奉承祖宗为天地主也。故为下篇始者，贵之也。既济未济为最终者，所以明戒慎而存王道。’”但细察这一段话，其实也只是以乾坤讲天地之道，以咸恒讲人道之始，并未有上经讲天道下经讲人事这种过于生硬的持论。潘雨廷引用了《乾凿度》的这段话以说明“《周易·序卦》作者的思想结构”，见潘雨廷：《易学史发微》，上海古籍出版社2017年版，第280页。吴飞亦将潘雨廷的看法与焦循关于伏羲立人道的看法结合起来强调人伦的意义，而忽略了上述持论的生硬之处，见吴飞：《论“生生”》，《中国文化研究》2018年第1期。

人道之于宇宙创化的意义，尽管我们的确不应像被韩康伯所批评的那些人一样，将这个理解过于死板地强加在对《易》的上下经结构的理解上。

将始兴于夫妇之道的人道与天地之道关联起来，不仅《序卦传》中如此，咸卦之彖辞也如此。这当然是因为，以作为《易》之大旨的三才之道而言，言人道不可离于天地之道，言天地之道亦不能不及于人道。咸卦之彖辞曰："咸，感也。柔上而刚下。二气感应以相与，止而说。"正是以阴阳二气或刚柔异质来说男女之间的感应。又曰："天地感而万物化生。圣人感人心而天下和平。观其所感，而天地万物之情可见矣。"正是以感应统说天地之道与人道，而从天地之道说到人道。孔颖达在疏解咸卦之经文时说："乾坤明天地初辟，至屯乃刚柔始交，故以纯阳象天，纯阴象地，则咸以明人事，人物既生，共相感应，若二气不交，则不成于相感。"[1]也正是以"天地初辟，刚柔始交"与"人物既生，共相感应"区别宇宙创化的两个阶段。

《系辞传》中另一处文字也可能与上述的这个理解相应，同样也涉及如何理解"男女"的问题：

> 天地絪缊，万物化醇。男女构精，万物化生。

理解这句话的一个难点首先落在后一句上：既然讲的是"万物化生"，为什么前面又说"男女构精"？或者说，"男女构精"与"万物化生"究竟是什么关系？由此引申出来的问题是，究竟该如何理解这里的"男女构精"？"精"指气，"构"为"合"，对于"构精"的理解一般来说无异议。那么，这里的"男女"究竟是指什么呢？

李鼎祚在此处收集的是干宝的一个解释："男女犹阴阳也，故万物

---

〔1〕 王弼、韩康伯注，孔颖达疏：《周易注疏》，中华书局1980年影印版，第46页。

化生。不言阴阳，而言男女者，以指释损卦六三之辞，主于人事也。”〔1〕显然，为了将“男女构精”与“万物化生”在语义上勾连起来，干宝将这里的“男女”理解为更为宽泛的“阴阳”，所谓“下言万物，故言阴阳”，而又联系上下文作了一个辅助性的说明。《系辞传》在这句话之后引用了损卦六三爻辞来说明“致一”的道理：“《易》曰：‘三人行则损一人，一人行则得其友。’言致一也。”干宝的意思是说，“男女构精”中的“男女”在此处的实际意义就是更为宽泛的“阴阳”，只有这样解释才能理解“男女构精”与“万物化生”之间的语义关联，而这里之所以用特就人事而言的“男女”来代替更为宽泛的“阴阳”，则是为了照顾上下文中解释“主于人事”的损卦六三爻辞这个具体的语境。

然而，这样一来，就不免触及理解上的另一个难点。如果这里的“男女”在意义上等同于“阴阳”，“男女构精”就是泛指阴阳二气之合，而“天地氤氲”按照一般理解也是指阴阳二气之合，那么，岂不是前后二句成了重复表达？反过来说，如果前后二句并非重复表达，也就是说，“万物化醇”与“万物化生”肯定有显著的区别，那么，干宝的解释就肯定是错误的，或至少是不足的。其实，思考“万物化醇”与“万物化生”之区别的一个关键，恰恰在于不能将这里的“男女”泛化为“阴阳”，因为很容易看出，只有这样才有可能将“天地氤氲”与“男女构精”区别开，从而才有可能将“万物化醇”与“万物化生”区别开。

对于这里的“天地氤氲”与“男女构精”，关联于其后所引损卦六三爻辞，虞翻以损卦之卦象来解释，形成一个颇有影响的解释传统。具体来说，“天地”指构成泰卦的乾与坤，“天地氤氲”则指泰卦中乾之初爻上行于坤之上而成损卦，“男女”指构成损卦的艮与兑，“男女构精”即指合艮兑而为损卦。既然这段话是在《系辞传》中，那么，我们不应当认为这只是为了解释损卦，而是应当认为，这是通过解释损卦来讲明一个重要

〔1〕 李鼎祚注，李道平疏：《周易集解纂疏》，中华书局 1994 年版，第 653—654 页。

的道理。以损卦之卦象来解释“天地絪缊”与“男女构精”，意味着统一以“阴阳”来解释二者，这是易学本有的方法论，但这并不意味着经过这种解释这段话的意思就完全明白了。换言之，诚然“天地絪缊”与“男女构精”可统一以“阴阳”来解释，但统一以“阴阳”来解释恰恰能够说明“天地絪缊”与“男女构精”的某种相同性，而不能说明二者的差异究竟何在，从而也不能说明“万物化醇”与“万物化生”的差异究竟何在。

对此问题的一个极有价值的提示来自孔颖达的疏：

> “天地絪缊，万物化醇”者，“絪缊”，相附著之义，言天地无心，自然得一，唯二气絪缊，共相和会，万物感之，变化而精醇也；天地若有心为二，则不能使万物化醇也。“男女构精，万物化生”者，“构”，合也，言男女阴阳相感，任其自然得一之性，故合其精则万物化生也。若男女无自然之性，而各怀差二，则万物不化生也。[1]

孔颖达这里显然是将“天地絪缊，万物化醇”与“男女构精，万物化生”作为宇宙创化的两个不同的阶段来理解的，而对于后一个阶段，他的解释是增出人的“自然得一之性”来说明，认为如果分为男女的人不能任其自然得一之性，则万物不能化生。那么，如何理解这里的“自然得一之性”呢？答案正可在孔颖达对《说卦传》中论三才之道的那一节的疏解中找到。在“立人之道曰仁与义”之下，孔颖达疏解说：“天地既立，人生其间，立人之道有二种之性，曰爱惠之仁与断刮之义也。”[2]仁义之性为男女所共有，因而才能称之为人性，也构成男女相感的基础；男女相感才能将仁义之性共同发挥于一处（所谓致一或得一），从而才能使万物得以化生。按照这种解释，“男女构精，万物化生”就是指人道既立之

---

〔1〕 王弼、韩康伯注，孔颖达疏：《周易注疏》，中华书局1980年影印版，第88页。
〔2〕 同上书，第94页。

后在人的作用下宇宙万物发生变化的那个阶段，这就与人道既立之前万物被天地创造的那个阶段显著地区别开来了。

不难想到，“天地絪缊，万物化醇”就是对人道既立之前万物被天地创造的那个阶段的刻画。基于这个理解，我们现在来看对“醇”的字义的解释。根据《说文解字》段玉裁注，“醇”的本义是“酒之不杂于水”，一般解释为“纯一不杂”。因此，“万物化醇”就是指精气之凝合创造出纯一不杂的万物，也就是说，这里的“醇”是指万物最初被造时所获得的那种纯一不杂的性质。这当然是对天地万物被造的一个高度赞美，即认为天地万物最初被造时是纯然至美的。若以整体观之，这个意思就意味着说，“天地絪缊，万物化醇”其实指向一个宇宙万物初造时的完美状态。[1]

经过了对《易传》中论及三才之道的多处文字的具有一致性的解释，现在让我们回到对太极图的理解上。既然“男女”主要是就人而言的，不应当将之理解为比较宽泛的雌雄牝牡或更为宽泛的阴阳二气，那么，就可以坐实，第四层圈的“乾道成男，坤道成女”，其实就是在说“男女有别”的来历，而更进一步，这一层圈其实是在讲始兴于夫妇之道的人道，而并不是在宽泛地讲阴阳二气相合而化生万物。对此，以下要点

〔1〕 来知德以“气交”与“形交”解释“化醇”与“化生”的差异：“天地絪缊，气交也，专一而不二，故曰醇；男女构精，形交也，专一而不二，故化生。”见来知德：《周易集注》，张万彬点校，九州出版社2004年版，第676页。王夫之以“气化”和“形化”解释“化醇”与“化生”的差异：“化醇，化其气而使神；化生，化其形而使长。”王夫之：《周易内传》，见《船山全书》第1册，岳麓书社1996年版，第597页。对来知德和王夫之的看法的对照分析可参见丁耘：《〈易传〉与“生生”》一文，《哲学研究》2018年第1期。气化与形化的区分来自二程，而为朱子所大力发挥，王夫之的观点显然来自于此。细察之下可知，来知德与李道平的观点与王夫之的观点其实颇为类似，大概二者亦是在程朱影响下的产物（“气交”“形交”的说法也见于朱子）。程朱关于气化与形化的区分详见后文。李道平则以“形而上者谓之道”与“形而上者谓之器”解释“化醇”与“化生”的差异，参见李鼎祚注，李道平疏：《周易集解纂疏》，第654页。吴飞在《论“生生”》一文中试图发挥李道平的这个观点，但走到了一边，即认为“万物化醇”与“万物化生”中的两个“万物”并不一致，前者是指一般所谓万物，后者则是指“宇宙间凡有雌雄之物”，这即是以“雌雄牝牡”解释“男女构精”中的“男女”，从而离古代注家的理解更远了。

必须被强调指出。

首先，人道的根本在于人伦。人道始兴于夫妇之道，而太极图以男女来喻夫妇之道，又以夫妇之道来喻人道。也就是说，从男女到夫妇，从夫妇到父子，再从父子到兄弟，再从家庭中的人伦扩展到社会、国家、天下中的人伦，即朋友、君臣等，以及与人伦有关的圣王礼乐政刑之教、孝悌仁义之教和都包含在第四层圈看似简单的“乾道成男，坤道成女”这一句话中了。前面曾讨论过《系辞传》论太极的文字：“易有太极，是生两仪；两仪生四象，四象生八卦；八卦定吉凶，吉凶生大业。”我已指出，太极图其实与这段话具有精确的对应关系，其中第四层圈与这段文字中的八卦相对应，都是在讲人道，而“其切实的伦理含义即指向由夫妇、父子、兄弟共同构成的家庭人伦秩序，此即王夫之所谓‘圣学为人道之本’。”〔1〕焦循即以此论伏羲“作《易》之功”：“伏羲定人道，制嫁娶，其教切矣。”〔2〕皮锡瑞在《经学通论》之《易经》部分专门列一节《论伏羲作易垂教在正君臣父子夫妇之义》以申说此义。〔3〕如果我们认可“有夫妇”乃是人类进入文明时代的标志性事件，也构成人类文明的基石，那

〔1〕 唐文明：《朱子论天地以生物为心》，《清华大学学报》2019 年第 1 期。在这篇文章中的一个注释里，我引用了王夫之的一段话，而将周敦颐的太极图与张载的《西铭》与程颐提出的“理一分殊”关联起来，从而凸显揭示出人伦在太极图中的位置的重要意义，尤其是可以避免一些认为太极图可能流于异端的误解。

〔2〕 焦循：《雕菰楼易学》，陈居渊校点，北京大学出版社 2012 年版，第 149 页。焦循在他的著作中多次提及这一点，比较完备的论述在《易图略》卷六之《原卦》，见《雕菰楼易学》，第 637—638 页。不过，细察焦循的意思，虽然他也讲“伏羲本天地以定夫妇、父子、君臣”，但对圣人效法天地生生之德这一层无所领会，乃至于排斥，而只落得一个人伦大纲，其实意味着他并未全解伏羲仰观俯察之精义，如《原卦》最后一段中说：“圣人治天下，不过饮食男女，为之制嫁娶，教渔佃矣。人伦正而王道行，所以参天地而赞化育者，固无他高妙也。神农、黄帝、尧、舜踵此而充扩之，文王、周公、孔子述此而阐明之，彼先天、心法之精微，岂伏羲氏之教哉！”试问：不以先天、心法之精微为本，人伦可定乎？王道可行乎？

〔3〕 皮锡瑞论及焦循是因为看了陆贾《新语・道基》中的一段话“乃恍然悟伏羲所以设卦之故，更推阐其旨曰：‘学《易》者’必先知伏羲未作八卦之前是何世界，伏羲作八卦重为六十四卦何以能治天下，神农、尧、舜、文王、周公、孔子何奉此卦画为万古修己治人之道。”见皮锡瑞：《经学通论》，中华书局 1954 年版，《易经》部分，第 3 页。

么,我们就可以说,太极图的第四层圈首先指向人类文明的伏羲时刻。[1]

进而,既然道始于伏羲而历经尧、舜、禹、汤、文、武、周公方臻于完备,最后又有孔子以圣王之道立教才算是真正立人极,那么,第四层圈其实包含了伏羲以来整个的圣王史,而最终指向创立儒教的至圣素王孔子。以三才之道来刻画圣王之道,是基于前引《易传》的核心思想,由此亦可见《易传》之于儒教的重要性,而"乾道成男,坤道成女"的提示语,其实正是对三才之道的一个精微表达。

与此相关的一点是,人道的落实离不开天地之心的作用。天地之心是理解太极图的一个要点,这一点已为朱子所特别强调,而我在《朱子论天地以生物为心》一文中对此有更彻底的发挥。朱子在《太极图说解》中正是以天地之心论人极,这和《仁说》中"人得夫天地之心以为心"的看法完全一致,而我则进一步认为,在太极图的五层圈之间,都隐含着天地之心的作用,因而太极图可以被合理地称为天地之心图。概而言之,天地之心其实是三才之道的根本所在。

坐实了第四层圈是在讲人道之后,第五层圈的意义就可以顺推出来。很显然,第五层圈不可能是在讲万物最初被造,因为万物被造并不是发生在人道既立之后。人作为万物的一个种类被造,因其心之最灵而从万物之中脱颖而出,才有人道之立,所谓"有天地然后有万物,有万物然后有男女"。人在宇宙中的这种独特地位使得人一跃而成为万物的看护者和成就者,从而也使得人参与到天地化育的过程之中,所谓"赞天地之化育",亦所谓"吉凶生大业"。因此,第五层圈其实是在讲一个处在人文化成力量中的宇宙,一个因着人文力量的消长会朝着衰败

---

〔1〕 焦循《易章句》卷八论上古与中古曰:"伏羲以前,无三纲五常,卧之詓詓,起之吁吁,知识未开,虽抱善性,而莫能自觉,是为上古。天生伏羲,以先觉觉万民,使男女有别,以定君臣、父子、尊卑、上下,而天地之化育以赞,人物之性以尽,是为中古。"见《雕菰楼易学》,第127页。

或太平两个相反方向而转化的可能世界，因而也是一个包含着应然和希望的可能世界，一个可能成就的大业。或者说，第五层圈的“万物化生”其实是指万物在人的呵护和照看下可能发生的变化，变化的理想方向正如乾卦彖辞中所说，“乾道变化，各正性命”，相反的方向则如《尚书·洪范》所说鲧之治水，“汩陈其五行”，不能成己也不能成物。如果在此特别将人道关联于政治，那么，政治的清明与腐败就影响到宇宙中的万物朝两个相反方向的可能变化，而其变化的极致莫过于祥瑞与灾异的产生，即，善政生善气，善气生祥瑞，恶政生恶气，恶气生灾异。

现在就让我们从《太极图说》的文本结构与太极图的图象结构之间的关联入手，将这个新理解核之于《太极图说》。“无极而太极。”〔1〕这显然是对太极本身的言说，对应于太极图中的第一层圈。“太极动而生阳，动极而静，静而生阴，静极复动。一动一静，互为其根。分阴分阳，两仪立焉。”这显然是对“阳动阴静”的言说，是在说天道，对应于太极图中的第二层圈。至于以阴阳二气之分化说天道在宇宙论上究竟意味着什么，我们下面再说。历史地来看，对这两层圈的理解，特别是在如何理解“无极”和“动静”的问题上，在宋代都发生过重要的争论。要而言之，只要我们还高度重视天理的意义，我们就会支持朱子以天理为主来解释太极的这个基本立场，从而在那些相关的有争议的问题上大多会支持朱子的看法，这里不做详细论述。唯一需要说明的是，如果太极说的是永恒，即朱子所谓“实理之体”，那么，阳动阴静其实说的是时间，即朱子所谓“天命流行”。阳动意味着从永恒到时间，所谓“太极动而生阳”，所谓“诚之通”；阴静意味着从时间朝向永恒的回复，所谓“动极而静，静极生阴”，所谓“诚之复”。

“阳变阴合，而生水火木金土。五气顺布，四时行焉。”这显然是对

〔1〕 周敦颐：《太极图说》，见《周敦颐集》，陈克明点校，中华书局2009年版，第3页。下引《太极图说》和《通书》皆出自该书，不再出注。

五行的言说,是在说地道,对应于太极图中的第三层圈。在朱子所定太极图的版本中,第二层圈和第三层圈之间有一个其他相邻两层圈之间都没有的连接符号,意指“阳变阴合”。对于这个连接符号,朱子在《太极图解》中解释说,“而水火之变合,交系于上,阴根阳、阳根阴也。”[1]这大概强调了天地之间更为紧密的关联。其实很容易看出,《太极图说》此处对地道的言说,正是紧密关联于天道而展开的。“阳变阴合,而生水火木金土”是从天道说到地道,是说天道自然生出地质,“五气顺布,四时行焉”则是从地道说回天道,是说地道之中包含天时。这里还需要特别说明的是,既然五行是在讲质,那么,在第三层圈所对应的阶段,万物已然存在。阴阳是气的分化,五行是质的分化,有气质的分化则必有具体的物的存在。或者以朱子的基本立场说,从太极到阴阳,是理乘气之机,从阴阳到五行,是理乘气而附质。理乘气而附质,意味着万物已然创生。至于理、气、质的关系,则可以说理行而生气,气凝而生质。[2]因此说,太极图中对应于天道和地道的第二、三层圈,其实已经包含着万物的创生。说太极生天生地就包含着生人生物,这是合理的,此犹庄子所言,“天地与我并生,而万物与我为一”。[3]

“五行一阴阳也,阴阳一太极也,太极本无极也。五行之生也,各一其性。”这是对前三层圈的统说,正如朱子所揭示的。若从我们的理解来看,之所以在这里对前三层圈进行统说,是因为前三层圈表征的是人道未立之前的宇宙创生阶段。统说的主旨是在讲明太极与万物的关系,以朱子以理为主的基本立场而言,即是为了说明“物物一太极”,因而在朱子对《太极图说》的理解中,这一段具有相当的重要性。

“无极之真,二五之精,妙合而凝。乾道成男,坤道成女。二气

---

〔1〕 朱熹:《太极图解》,见《朱子全书》第13册,上海古籍出版社、安徽教育出版社2002年版,第70页。此处我以“变合”二字转换了朱子文中所画的这个连接符号。

〔2〕 皆在天地之心的作用下。

〔3〕 反倒是那种认为太极首先生出个空空的天和地然后再生出人与物的思想难以理解。

交感，化生万物。万物生生而变化无穷焉。”这主要是说第四层圈和第五层圈。因为前三层圈是说人道未立之前的天地之道，而第四层圈是说人道之立，因此就需要解释前三层圈与第四层圈之间的关联，于是从“无极之真，二五之精，妙合而凝”说到“乾道成男，坤道成女”。第五层圈是说因人道之立而带来的万物的可能变化，于是从“二气交感，化生万物”说到“万物生生而变化无穷焉”。这里的“二气交感”虽亦可宽泛地以“阴阳交感”解之，但其实是专就男女相感来说的，正如咸卦彖辞亦是以看似宽泛的“二气感应而相与”来说男女相感，而这里的“化生万物”即是指万物在人的看护下可能发生的变化。也就是说，从“乾道成男，坤道成女”到“二气交感，化生万物”就是说人道之立对于宇宙可能的影响，也就是我们前面分析过的“男女构精，化生万物”。而所谓生生之道，即是从天地之道引出人道而又寓天地之道于人道之中，或者说即是以人继天立极、赞天地之化育为重要节目的三才之道。

于是紧接着就申言圣人依凭天地之心而立人极的意义：“唯人也得其秀而最灵。形既生矣，神发知矣。五性感动而善恶分，万事出矣。圣人定之以中正仁义而主静，立人极焉。故圣人与天地合其德，日月合其明，四时合其序，鬼神合其吉凶，君子修之吉，小人悖之凶。”申言立人极一则说到圣人，因人道之立有赖于斯；一则说到吉凶，而善恶之途自此有分。前面已经分析过《易传》论人道往往关联于吉凶，此处说“君子修之吉，小人悖之凶”正与之相合。而最后则引用《易传》中直接论三才之道的话作结，为一篇之点睛：“故曰：‘立天之道，曰阴与阳。立地之道，曰柔与刚。立人之道，曰仁与义。’又曰：‘原始反终，故知死生之说。’大哉易也，斯其至矣！”

现在让我们来将这个理解验之于《通书》。对于《通书》和太极图的关联，朱子说得非常清楚：“盖先生之学之奥，其可以象告者，莫备于太极之一图。若《通书》之言，盖皆所以发明其蕴，而《诚》《动静》《理性命》

等章为尤著。”[1]细察之下，其实第一、二章《诚上》《诚下》，连同第三、四章《诚几德》《圣》，共同构成对三才之道的整体言说，应当关联在一起看。而朱子基于《通书》与太极图“实相表里”的认知高度重视《通书》中论太极、天地的意义的同时也特别强调过《通书》中论人极、人道的重要性：“独此一篇，本号《易通》，与太极图、说并出程氏，以传于世。而其为说，实相表里。大抵推一理、二气、五行之分合，以纪纲道体之精微，决道义、文辞、禄利之取舍，以振起俗学之卑陋。至论所以入德之方，经世之具，又皆亲切简要，不为空言。顾其洪纲大用，既非秦汉以来诸儒所及，而其条理之密，意味之深，又非今世学者所能骤而窥也。”[2]另外，《通书》中《顺化》一章言简意赅，其实也是通论三才之道，值得关注。以下依次展开分析。

先来看《通书》第一章《诚上》：

> 诚者，圣人之本。“大哉乾元，万物资始”，诚之源也。“乾道变化，各正性命”，诚斯立焉。纯粹至善者也。故曰：“一阴一阳之谓道，继之者善也，成之者性也。”元、亨，诚之通，利、贞，诚之复。大哉《易》也，性命之源乎！

朱子基于《通书》与太极图“实相表里”的认知断言说：“诚即所谓太极也。”[3]这当然是正确的。但必须指出，这里是从太极与圣人的关系的角度展开论述的，即首句所说：“诚者，圣人之本。”于是问题就是，《诚上》章是仅就天地万物之创生而言，还是对包括了人赞天地之化育这一重要节目的三才之道的整体言说？首先让我们来看朱子的注释。

---

〔1〕 朱熹：《再定太极通书后序》，见《周敦颐集》，陈克明点校，中华书局2009年版，第46页。
〔2〕 朱熹：《通书后记》，见《周敦颐集》，陈克明点校，中华书局2009年版，第49页。
〔3〕 朱熹：《通书注》，见《朱子全书》第13册，上海古籍出版社、安徽教育出版社2002年版，第97页。

对于周敦颐引用乾卦彖辞中“大哉乾元，万物资始”之语来说“诚之源”，朱子注释说：“言乾道之元，万物所取以为始者，乃实理流出，以赋于人之本，如水之有源，即图之‘阳动’也。”对于周敦颐引用乾卦彖辞中“乾道变化，各正性命”之语来说“诚之立”，朱子注释说：“天所赋为命，物所受为性。言乾道变化，而万物各得受其所赋之正，则实理于是而各为一物之主矣，即图之‘阴静’也。”对于周敦颐所下断语“纯粹至善者也”，朱子注释说：“此言天之所赋，物之所受，皆实理之本然，无不善之杂也。”对于周敦颐所引用《易传》“一阴一阳之谓道，继之者善也，成之者性也”一句，朱子注释说：“阴阳，气也，形而下者也；所以一阴一阳者，理也，形而上者也。道，即理之谓也。继之者，气之方出而未有所成之谓也。善则理之方行而未有所立之名也，阳之属也，诚之源也。成则物之已成，性则理之已立者也，阴之属也，诚之立也。”对于周敦颐以《易传》之元、亨、利、贞说诚之通、诚之复一句，朱子注释说：“元始、亨通、利遂、贞正，乾之四德也。通者，方出而赋于物，善之继也。复者，各得而藏于已，性之成也。此于图已为五行之性矣。”对于周敦颐最后一句赞《易》之辞，朱子注释说：“天地之间，阴阳交错，而实理流行，一赋一受于其中，亦犹是也。”〔1〕

可以看到，朱子认为《诚上》章是仅就天地万物之生而言，他更将周敦颐所说的“诚之源”“诚之立”与“诚之通”“诚之复”对应于太极图中的“阳动”“阴静”与“五行之性”。与此相关，朱子认为第二章《诚下》是讲人道之诚。〔2〕若以《中庸》和《孟子》中关于“诚者”与“思诚者”的区分而言，朱子认为《诚上》章是讲“诚者”，即道体之诚，《诚下》章是讲“思诚者”，即工夫之诚。这个看法关系到朱子对“继之者善也，成之者性也”一句的理解，我将在后文详细分析。此处所要指出的是，如果我们认为“继之者善也，成之者性也”包含着对人的参赞作用的刻画，那么，《诚

〔1〕 朱熹：《通书注》，见《朱子全书》第13册，上海古籍出版社、安徽教育出版社2002年版，第97—98页。

〔2〕《朱子语类》卷94云：“《诚下》一章，言太极之在人者。”见《朱子全书》第17册，第3149页。

上》章就不是仅就天地万物之创生而言,而是对包含着人赞天地之化育这一重要节目的三才之道的整体言说。实际上我们不难发现《诚上》章与《太极图说》在文本结构上的类似性。

此处需要澄清的是,《诚上》章以乾卦来说三才之道,是因为乾卦对应于天道,而三才之道统于天。因此,天道、天地之道、天地人三才之道实际上是同义语,而且,合说即是三才之道,分说则可言天道、地道与人道。[1]说"三才之道统于天"或许仍不究竟,因为若严格以"阴阳"对应于天道,那么,更应该说三才之道统于太极。于是,天道与太极的关系,就是阴阳与太极的关系。如果说"阴阳"是宇宙论概念,那么,"太极"就是为宇宙论奠基的本体论概念。这个对比性关联也对应于天与帝的关系。"天"与"帝"在很多语境中往往同指,但若就其异义处而严格区分之,则从"以形体谓之天,以主宰谓之帝,以功用谓之鬼,以妙用谓之神,以性情谓之乾"说下来,"天"是宇宙论概念,"帝"是神学概念。因主宰之帝而有形体之天,这就是在说上帝创造宇宙的事。但无须赘言,"天"也常常被用来表达神学意义上的主宰含义,而对此用法更为精确的提炼正是"天心"或"天地之心"的概念。由此分析不难看出,太极其实就是上帝,因而上帝就是所谓诚体、道体。

基于这个理解,《诚下》章就是在《诚上》章对三才之道进行整体言说之后又特别地提出人道之诚,以凸显人道之诚的意义。具体来说,首句先论圣人之诚,即圣人本之于道体之诚而诚:"圣,诚而已矣。"其后由圣人之诚论及人道,即以诚为"五常之本,百行之源",而于工夫则

---

〔1〕 王安石曾说:"尽人道谓之仁,尽天道谓之圣。"当有人问程颐这句话如何时,程颐回答说:"此语固无病,然措意未是。安有知人道而不知天道者乎?道一也,岂人道自是人道,天道自是天道?《中庸》言:'尽己之性,则能尽人之性;能尽人之性,则能尽物之性。能尽物之性,则可以赞天地之化育',此言可见矣。扬子曰:'通天地人曰儒,通天地而不通人曰伎。'此亦不知道之言。岂有通天地而不通人者哉?如止云通天之文与地之理,虽不能此,何害于儒?天地人只一道也。才通其一,则余皆通。如后人解《易》,言乾天道,坤地道也,便是乱说。论其体则天尊地卑,如论其道岂有异哉?"见程颢、程颐:《二程集》(上),王孝鱼点校,中华书局 2004 年版,第 182—183 页。

归之于“克己复礼”。这两章之间的关系正可从三才之道之合说与分说来理解:《诚上》章论道体之诚,是对三才之道的统说,《诚下》章从论圣人之诚并及于人道之诚。人道继天地之道而来且成就天地之道,这是三才之道中不可或缺的、甚至是最为关键的节目。因此,言人道绝不能脱离天地之道,而言天道来统说三才之道则亦必然包含人道这一节目在内。

第三章《诚几德》从诚之无为说到几之善恶,然后归于德之五常,又以德之阶次定圣贤之品,以德之功效说神之妙用,其实是在三才之道的语境中申说德之重要性,从而也是继续申说人道之重要性。第四章《圣》以感应、动静说诚、神、几且以此三者总括圣人之德能,其实是在申说“圣人与天地合其德”。可以看到,《通书》前四章构成对三才之道的一个回环性的言说,从太极说到圣人,再说到人,又从人说回圣人,再说回太极,其中既强调了太极本体的奠基性意义,也凸显了人极、人道之于天道或天地之道的成就性意义。

第十六章《动静》以神论太极之动静,然后申言“五行阴阳,阴阳太极”,与《太极图说》论及第三层圈之后对前三层圈的统说是同一个意思,似乎未明确论及人道。不过,既然最后说到“混兮辟兮,其无穷兮”,如果我们将这里的“无穷”与《太极图说》中最后一句“万物生生而变化无穷焉”对应起来,那么,也可以说这里同样包含着人道这一节目,只是未明言而已。

现在来看第二十二章《理性命》:

> 厥彰厥微,匪灵弗莹。刚善刚恶,柔亦如之,中焉止矣。二气五行,化生万物。五殊二实,二本则一。是万为一,一实万分。万一各正,小大有定。

“厥彰厥微,匪灵弗莹。”朱子认为这是在说“理”:“此言理也。阳明阴晦，非人心太极之至灵，孰能明之？”[1]既然“厥彰厥微”是在说理，而“匪灵弗莹”则是在说“人心太极之至灵”，那么，与其说这一句是在说“理”，不如说是在说“穷理”。“刚善刚恶，柔亦如之，中焉止矣。”朱子认为这是在说“性”：“此言性也。说见第七篇，即五行之理也。”[2]仅以“五行之理”说之，意味着朱子在此似乎认为这一句只是在说气质之性。但若参照朱子所提示的第七章《师》，则我们的看法可能会有所改变：

> 或问曰：“曷为天下善？”曰：“师。”曰：“何谓也？”曰：“性者，刚柔善恶，中而已矣。”不达。曰：“刚善，为义，为直，为断，为严毅，为干固；恶，为猛，为隘，为强梁。柔善，为慈，为顺，为巽；恶，为懦弱，为无断，为邪佞。惟中也者，和也，中节也，天下之达道也，圣人之事也。故圣人立教，俾人自易其恶，自至其中而止矣。故先觉觉后觉，暗者求于明，而师道立矣。师道立，则善人多。善人多，则朝廷正，而天下治矣。”

可以看到，这一章主要是说圣人立教以变化人的气质，亦是《中庸》所谓“致中和，天地位焉，万物育焉”之事，而于人的气质之性上说刚柔善恶之分别。显然正与《理性命》章的第二句同义。质言之，“中焉止矣”正对应于“惟中也者，和也，中节也，天下之达道也，圣人之事也”这一句，其实是在说圣人致中和以化成天下之事。换言之，如果朱子只取《师》章中论刚柔善恶那几句来理解《理性命》章的第二句，那么，他的理解就是不够的。因此，我们的看法是，与其说“刚善刚恶，柔亦如之，中焉止矣”是在说“性”，不如说这是在说“尽性”。

---

〔1〕 朱熹：《通书注》，见《朱子全书》第13册，上海古籍出版社、安徽教育出版社2002年版，第117页。

〔2〕 同上书，第117页。若以《通书》为一篇，则此处之“篇”，当为“章”，如上引朱子的《再定太极通书后序》和《通书后记》中所言。

以上解释会直接影响到对此章后面一节的理解。从“二气五行”到“小大有定”，朱子认为是在说“命”：“此言命也。二气五行，天之所以赋受万物而生之者也。自其末以缘本，则五行之异，本二气之实，二气之实，又本一理之极。是合万物而言之，为一太极而已也。自其本而之末，则一理之实，而万物分之以为体。故万物之中，各有一太极，而小大之物，莫不各有一定之分也。此章十六章意同。”[1]朱子这里仍仅以气质之性说之，而再申“物物一太极”之旨。但既然前面已经说到了圣人立教以期中和位育之事，此处若仅仅是再申二气五行凝合万物之事，则于理不顺。既然前面两节分别是在说“穷理”与“尽性”，不难想到，这一节其实是在说“以至于命”，仍然是从人道而言三才之道。其实，把这一节与《太极图说》中论第四层圈和第五层圈的那一节对应起来是颇有道理的：“无极之真，二五之精，妙合而凝。乾道成男，坤道成女。二气交感，化生万物。万物生生而变化无穷焉。”在这个理解之下，“万一各正，小大有定”就不是仅指天地生万物各有其性的既定事实，而是指人继天立极、参赞化育以期“各正性命”的可能愿景，也就是前述所谓圣人立教以期中和位育之事。[2]

最后再来看朱子没有特别提及的第十一章《顺化》：

> 天以阳生万物，以阴成万物。生，仁也；成，义也。故圣人在上，以仁育万物，以义正万民。天道行而万物顺，圣德修而万民化。大顺大化，不见其迹、莫知其然之谓神。故天下之众，本在一人。道岂远乎哉？术岂多乎哉？

---

〔1〕朱熹：《通书注》，见《朱子全书》第 13 册，上海古籍出版社、安徽教育出版社 2002 年版，第 117 页。

〔2〕《朱子语类》卷 94 云：“‘万一各正，小大有定’，言万个是一个，一个是万个。盖体统是一太极，然又一物各具一太极。所谓‘万一各正’，犹言‘各正性命’也。”可见，朱子仍是以物物一太极来理解“万一各正，小大有定”，而认为“各正性命”也是此义。引文见《朱子全书》(修订本)第 17 册，第 3167 页。

显然这里也是先言天地以仁义之德生万物，后言圣人继天地之德而化万民，以成就天地之道，呈现出对三才之道的同样的理解结构。

二

以上我们通过衡之于《易》、核之于《太极图说》、验之于《通书》，详细论述了我们对太极图的新理解。现在让我们将之比照于朱子的《太极解义》。朱子并不以人道理解第四层圈，从而也不以人道既立之后的万物化生之道理解第五层圈，而是以天地生物的不同方式和次序来理解第四、五层圈，具体来说，是以气化来理解第四层圈，以形化来理解第五层圈。在解释第四层圈时，朱子说："乾男坤女，以气化者言也，各一其性，而男女一太极也。"在解释第五层圈时，朱子说："万物化生，以形化者言也，各一其性，而万物一太极也。"[1]在解释《太极图说》的相关文字时，朱子说："阳而健者成男，则父之道也；阴而顺者成女，则母之道也。是人物之始，以气化而生者也。气聚成形，则形交气感，遂以形化，而人物生生，变化无穷矣。"[2]

那么，朱子所谓气化与形化，究竟是什么意思呢？当有弟子问到这个问题时，朱子曾回答说气化、形化的概念来自二程《遗书》。[3]《遗书》论述气化与形化的关系最具概括性的一条是：

> 万物之始，皆气化。既形，然后以形相禅，有形化。形化长，则气化渐消。[4]

---

〔1〕 朱熹：《太极图解》，见《朱子全书》第13册，上海古籍出版社、安徽教育出版社2002年版，第71页。

〔2〕 同上书，第74页。

〔3〕 "问：'乾男坤女以气化者言，万物化生以形化者言，不知何以见得?'曰：'天地生物，其序固如此。《遗书》中论气化处可见。'"见《元公周先生濂溪集》(上)，宋版影印本，第166—167页。

〔4〕 程颢、程颐：《二程集》(上)，王孝鱼点校，中华书局2004年版，第79页。

可以看到,二程是以气化说万物的初生,也就是物种的最初产生,以形化说万物初生之后的演化,也就是物种的持存与变化。二程认为,无论是像陨石那样我们一般认为的无生命之物,还是像动物、植物和人那样的有生命之物,其初生都来自气化:

> 陨石无种,种于气。麟亦无种,亦气化。厥初生民亦如是。至如海滨露出沙滩,便有百虫禽兽草木无种而生,此犹是人所见。若海中岛屿稍大,人不及者,安知其无种之人不生于其间?若已有人类,则必无气化之人。[1]

> 或曰:"传记有言,太古之时,人有牛首蛇身者,莫无此理否?"曰:"固是。既谓之人,安有此等事?但有人形似鸟喙或牛首者耳。《荀子》中自有说。"问:"太古之时,人还与物同生否?"曰:"同。""莫是纯气为人,繁气为虫否?"曰:"然。人乃五行之秀气,此是天地清明纯粹气所生也。"或曰:"人初生时,还以气化否?"曰:"此必烛理,当徐论之。且如海上忽露出一沙岛,便有草木生。有土而生草木,不足怪。既有草木,自然禽兽生焉。"或曰:"先生《语录》中云:'焉知海岛上无气化之人?'如何?"曰:"是。近人处固无,须是极远处有,亦不可知。"曰:"今天下未有无父母之人。古有气化,今无气化,何也?"曰:"有两般。有全是气化而生者,若腐草为萤是也。既是气化,到合化时自化。有气化生之后而种生者。且如人身上著新衣服,过几日,便有虮虱生其间,此气化也。气既化后,更不化,便以种生去。此理甚明。"[2]

可见,二程其实是用气化来解释万物最初之被造,不禁令人想起张载以

---

〔1〕 程颢、程颐:《二程集》(上),王孝鱼点校,中华书局2004年版,第161页。
〔2〕 同上书,第199页。

“二气之良能”来解释“鬼神”的看法。而且，二程还认为，气化的现象并非只存在于万物初生之时，在条件具备的情况下随时都可能发生。根据度正的记述，朱子曾以“感生”来理解二程所说的气化：

> 先生又曰：“‘乾道成男，坤道成女’，何也？此程子所谓海上无人之境，而人忽生乎其间者。此天地生物之始，礼家所谓感生之道也。”[1]

以此义推论，礼家以“感生”言圣人之诞生，而程朱则以“感生”言万物之初造。[2]也就是说，在程朱看来，万物最初都是感生而来。而感生，实际上就是阴阳二气的凝合。因此也可以说，气化概念的提出，其实是为了说明感生这一被程朱赋予了更为普遍的宇宙论意义的重要现象。

回到朱子对太极图的理解，首先，朱子并不认为第四层圈“乾道成男，坤道成女”中的“男女”是专指人而言，而是认为这里的“男女”与“阴阳”同义，这是他以气化解释“乾男坤女”的前提。[3]以下三段问答可以充分证实这一点：

---

〔1〕 度正：《书晦庵太极图解后》，见《元公周先生濂溪集》(上)，宋版影印本，第340页。

〔2〕 朱子以“感生”来理解二程所说的“气化”无疑是正确的，这一点可以从二程的语录中得到证明，且二程还特别强调了圣人感生的意义，如说：“观三代之时，生多少圣人，后世至今，何故寂寥未闻，盖气自是有盛则必有衰，衰则必终复盛。若冬不春，夜不昼，则气化息矣。”又说：“大抵气化在天在人一般，圣人其中，只有功用。”见程颢、程颐：《二程集》(上)，王孝鱼点校，中华书局2004年版，第146页。二程还提到圣人的感生为“理自生”，也是值得注意的看法：“元气会则生圣贤。理自生”。见程颢、程颐：《二程集》(上)，第83页。

〔3〕 以下语录表明朱子有时也会将“男女”理解为人，进而来说太极图：“天地之初，如何讨个人种？自是气凝结成两个人，后方生许多万物，所以先说‘乾道成男，坤道成女’，后方说‘化生万物’。当初若无那两个人，如今如何有许多人？那两个人便似而今人身上虱，是自然变化出来。《楞严经》后面说，大劫之后，世上人都死了，无复人类，却生一般禾谷，长一尺余，天上有仙人下来吃，见好后，只管来吃，吃得身重，遂上去不得，世间方又有人种。此说固好笑，但某因此知得世间却是其初有个人种，如他样说。”朱熹：《朱子语类》卷94，见《朱子全书》第17册，上海古籍出版社、安徽教育出版社2002年版，第3133—3134页。这则语录认为第四层圈对应于人之生，第五层圈对应于物之生，即天地先生人后生物，和《太极图说解》中的解释相悖，如若不是记录有误，就是朱子早年未定之论。

或问："太极图下二圈固是'乾道成男，坤道成女''万物化生'，是各有一太极也。如曰：'乾道成男，坤道成女，方始万物化生。'《易》中却云：'有天地然后有万物，有万物然后有男女'，是如何？"曰："太极所说，乃生物之初，阴阳之精，自凝结成两个，后来方渐渐生去。万物皆然，如牛羊草木，皆有牝牡，一为阳，一为阴。万物有生之初，亦各自有两个，故曰：'二五之精，妙合而凝。'"〔1〕

问气化、形化。曰："此是总言。物物自有牝牡，只是人不能察耳。"〔2〕

问："气化、形化，男女之生在气化否？"曰："凝结成个男女，因甚得如此？都是阴阳。无物不是阴阳。"〔3〕

在《周易本义》中，对于"天地絪缊，万物化醇；男女构精，万物化生"一句，朱子以气化释"万物化醇"，以形化释"万物化生"。〔4〕可见，朱子也是将这一句与他对太极图第四、五层圈的理解对应起来，而以《太极图说》中的"乾道成男，坤道成女"来理解"天地絪缊，万物化醇"，以《太极图说》中的"二气交感，万物化生"来理解"男女构精，万物化生"。〔5〕万物初生于气化，然后转入形化，此即二程所谓"形化长，则气化渐消"。对于形化，程朱都言之甚少，大概是因为没有什么太多可说的。尽管气化随时可能发生，但既然形化必然在气化之后，那么，在朱子那里，气化

〔1〕 见《元公周先生濂溪集》(上)，宋版影印本，第167—168页，此段问答亦见《朱子语类》卷94，《朱子全书》第17册，第3133页。但文中第一行漏掉了"万物化生"四字。

〔2〕 朱熹：《朱子语类》卷94，见《朱子全书》第17册，上海古籍出版社、安徽教育出版社2002年版，第3134页。

〔3〕 见《元公周先生濂溪集》(上)，第168—169页。

〔4〕 朱熹：《周易本义》，见《朱子全书》第1册，第141页。

〔5〕 此处"男女构精"就只能被理解为承上文而言。

与形化就不只是天地生物的两种不同方式，而且也意味着天地生物的先后次序。

在朱子的这个理解中，值得注意的是第四、五层圈与第二、三层圈之间的关系。如果第四层圈的“男女”其意义等同于阴阳，那么，第四层圈与第二层圈就有一个对应关系，因为第二层圈就是在以阴阳讲天道。如果第五层圈的意义是形化，而形又离不开质，那么，第五层圈与第三层圈就有一个对应关系，因为第三层圈就是以五行之质来讲地道。而且，天道在次序上先于地道，也正对应于气化在次序上先于形化。可见，朱子是以天道来讲万物的初生，以地道来讲万物的既生，而认为太极图的五层圈包含了表征太极、天道、地道以及天地生养万物的象。这也就是说，朱子并不认为太极图直接包含了表征人道之象，尽管他在阐发《太极图说》和《通书》的义理时丝毫没有忽略人极、人道的问题。这样看来，朱子所理解的太极图就不是对作为《易》之大旨的三才之道的一个完整表象，而只是对三才之道的先天部分的一个局部表象。既然人极、人道是《太极图说》和《通书》中非常重要的内容，是完整的三才之道的一个不可或缺的内容，那么，朱子认为太极图中并不直接包含表征人道之象这一点就使得太极图与《太极图说》、《通书》之间缺乏完整的对应关系。

我们知道，朱子非常看重太极图，认为此图表达了周敦颐思想的精髓。而且，从后来的理学史视野来看，正是通过朱子的努力，周敦颐在理学道统中的地位才得以确立。那么，朱子究竟出于何种原因如此看重太极图呢？这个从思想史视野提出来的宏观问题能够为我们理解朱子何以认为太极图只包括表征天地生物的先天之象提供正确的思路。从《太极图说解》中就可以清楚地看到，太极图对于朱子来说，最重要的是其揭示出了“物物一太极”的思想。不过，值得注意的是，在解说中，朱子同时在两处阐发了这个思想。一处是对《太极图说》论“五行一阴阳、阴阳一太极”那一节的解说，对应于太极图的前三层圈：

> 五行具，则造化发育之具无不备矣，故又即此而推本之，以明其浑然一体，莫非无极之妙；而无极之妙，亦未尝不各具于一物之中也。盖五行异质，四时异气，而皆不能外乎阴阳；阴阳异位，动静异时，而皆不能离乎太极。至于所以为太极者，又初无声臭之可言，是性之本体然也。天下岂有性外之物哉！然五行之生，随其气质而所禀不同，所谓各一其性也。各一其性，则浑然太极之全体，无不各具于一物之中，而性之无所不在，又可见矣。[1]

另一处则是对《太极图说》论"乾男坤女"和"万物化生"那一整段的解说，即朱子以气化与形化解释的那一段，对应于《太极图》的第四、五层圈：

> 夫天下无性外之物，而性无不在，此无极、二五所以混融而无间者也，所谓妙合者也。真以理言，无妄之谓也；精以气言，不二之名也；凝者，聚也，气聚而成形也。盖性为之主，而阴阳五行为之经纬错综，又各以类凝聚而成形焉。阳而健者成男，则父之道也；阴而顺者成女，则母之道也。是人物之始，以气化而生者也。气聚成形，则形交气感，遂以形化，而人物生生，变化无穷矣。自男女而观之，则男女各一其性，而男女一太极也；自万物而观之，则万物各一其性，而万物一太极也。盖合而言之，万物统体一太极也；分而言之，一物各具一太极也。所谓天下无性外之物，而性无不在者，于此尤可以见其全矣。子思子曰："君子语大，天下莫能载焉；语小，天下莫能破焉。"此之谓也。[2]

朱子何以在两处同时阐发这一个思想，这是耐人寻味的。苛刻一点说，

---

〔1〕朱熹：《太极图说解》，见《朱子全书》第13册，上海古籍出版社、安徽教育出版社2002年版，第73页。

〔2〕同上书，第74页。

这有重复论述的嫌疑，暴露出朱子在对太极图的理解上可能存在问题。按照我们的新理解，朱子重复论述的原因，并非是因为他想要再次强调“物物一太极”的重要性——尽管在朱子的思想中这一点再怎么强调都不为过，而是因为他没能恰当地理解太极图中第四、五层圈的真正意义。实际上，“立天之道曰阴与阳”，从万物的生成来说就指向二程所谓的气化；“立地之道曰柔与刚”，从万物的生成来说就指向二程所谓的形化。因此说，既然前三层圈已经揭示出了天地万物被造的道理，那么，在总论前三层圈时阐发“物物一太极”的思想就是非常恰当的，正如朱子所做的；不过，既然第四层圈是在讲人极、人道的问题，第五层圈是在讲一个处在人文化成之力量中的可能世界，那么，在论第四、五层圈时就应当论人极、人道之于万物化生的重要性，就应当讲人的参赞化育给宇宙带来的可能变化，而不是像朱子那样，在此再次重复申说“物物一太极”的思想。

“物物一太极”的思想直接关系到“性”的思想，从上面两段引文中也能够清晰地看到。而这一点又涉及宋代理学的一个核心主题，即气质之性的问题。陈来早已指出：“朱熹《太极解义》所要解决的问题，归根到底，是人性的本体论来源问题。”[1]朱子在与弟子的答问中对这一点说得非常明白：

> 孔子谓“性相近，习相远也”，孟子辩告子“生之谓性”，亦是说气质之性。近世被濂溪先生拈掇出来，而横渠、二程先生始有气质之性之说。[2]

> 孟子多是专以性言，故以为性善，才亦无不善。到周子、程子、张子

---

〔1〕 陈来：《朱子哲学研究》，华东师范大学出版社2000年版，第80—81页。

〔2〕 见《元公周先生濂溪集》(上)，宋版影印本，第245—246页。

方始说到气上，要之，须兼是二者，言之方备。[1]

问："孟子言性与伊川如何？"曰："不同。孟子是剔出而言性之本。伊川是兼气质而言。要之，不可离也。所以程子云：'论性不论气不备，论气不论性不明。'而某于《太极解》亦云：'所谓太极者，不离乎阴阳而为言，以不杂乎阴阳而为言。'"[2]

问五行各一其性。曰："气质是阴阳五行所为，性即太极之全体。但论气质之性，则此全体堕在气质之中耳，非别有一性也。"[3]

问："自太极以至万物化生，只是一个圈子，何尝有异？"答曰："人物本同，气禀有异，故不同。"又问："'是万为一，一实万分'又将如何说？"曰："只是这一个，只是气质不同。"[4]

可以看到，朱子实际上认为，周敦颐的太极图于气质之性有首发之功，尽管对气质之性的言说始于张载和二程。在此意义上，可以说，在朱子眼中，太极图实际上就是气质之性图，清晰地表达了性如何从纯粹的理的层次落入气、质而进入物的存在的层次。[5]既然气质之性是程朱理学的一个奠基性观念，那么，由此我们也就可以想见，朱子是在何等意义上看待周敦颐及其太极图了。对朱子的这一看法，我们当然是高度

[1] 见《元公周先生濂溪集》(上)，宋版影印本，第246页。
[2] 同上书，第253—254页。
[3] 同上书，第206页。
[4] 同上书，第165页。
[5] 在《朱子论天地生物为心》一文中，我曾说太极图可以称之为天地之心图，与此处称之为气质之性图侧重不同，二者可以很好地统一起来。从天地之心讲太极图，重在生生之德的作用，从气质之性讲太极图，重在永恒实理的下贯，二者都是从宇宙万物与超越本体的关联来讲的。

认可的。不过,按照我们对太极图的理解,实际上,太极图的前三层圈,已经包含了或者说揭示了气质之性的问题。朱子所谓的气化与形化,用来理解太极图的第二、三层圈所表达的意义才是恰当的。这一点也显示了我们与朱子思想的高度一致处。因此也表明,我们这里对朱子提出的批评与修正,是完全内在于朱子自身的思想的,并非那种不相应的外部批评。

太极图与性的问题的关联也涉及朱子对以下一段话的理解:"一阴一阳之谓道,继之者善也,成之者性也。"正如我们前面分析过的,在《通书》首章中,周敦颐引用了《系辞传》中的这段话,服务于以天道统说三才之道的语境。现在让我们在思想史的脉络中对比一下朱子和前人对这一段话的理解。

孔颖达在疏解这段话时说:"'继之者善也'者,道是生物开通,善是顺理养物,故继道之功者为善行也。'成之者性也'者,若能成就此道者是人之本性。"〔1〕可以看到,孔颖达首先从万物的生养变化来说"道",然后从人性的功用上说"继之者善"与"成之者性"。〔2〕《系辞传》还说:"天地设位,而《易》行乎其中矣。成性存存,道义之门。"孔颖达疏解时说:"此明《易》道既在天地之中,能成其万物之性,使物生不失其性,存其万物之存,使物得其存成也。性谓禀其始也,存谓保其终也。道谓开通也,义谓得其宜也。既能成性存存,则物之开通,物之得宜,从此《易》而来,故云道义之门。"〔3〕可以看到,孔颖达同样统天、地、人而言《易》之道:物生不失其性是说物之始,物存其存是说物之终。物之始由天地之道所开通,物之终则有赖于人道方能成。

不论对于天的理解有何不同,北宋儒者大都和孔颖达一样关联于人性的功用来解说"继之者善也,成之者性也"和"成性存存"。比如张

〔1〕王弼、韩康伯注,孔颖达疏:《周易注疏》,中华书局1980年影印版,第78页。
〔2〕亦因下文云:"仁者见之谓之仁,智者见之谓之智。"
〔3〕王弼、韩康伯注,孔颖达疏:《周易注疏》,第79页。

载《横渠易说》云："知礼成性，则道义至此而出也。道义之门者，由仁义行也。圣人亦必知礼成性，然后道义从此出，譬之天地设位则造化行乎其中。"[1]又如，司马光《温公易说》卷五云："'继之者善也'，《易》指吉凶以示人，人当从善以去恶，就吉而避凶，乃能继成其道。'成之者性也'，人之性分不同，因《易》而各有成功。"又云："人各有性，《易》能成之。存其可存，去其可去，道义之门皆由此途出。"[2]都是明确地以人性的功用来解说。至于二程，按照朱子的叙述，在解《易》时也是"就人为处"说"成性"，而在《语录》中则又有"万物自有成性"的不同解说：

> "成性存存，道义之门。"只是此性，万善完具，无有欠缺，故曰"成性"。成对亏而言。"成之者性"，则是成就处无非性。犹曰"诚斯立焉"。横渠、伊川说"成性"，似都就人为处说，恐不如此。横渠有习以成性底意思。伊川则言成其性，存其所存。

> "成性存存"，横渠谓"成其性，存其存"，伊川《易传》中亦是"存其存"，却是《遗书》中说作"生生之谓易"，意思好。

> "知礼成性而道义出。"程子说"成性"，谓是万物自有成性，"存存"便是生生不已。这是《语录》中说，此意却好。及他解《易》，却说"成其性，存其存"，又似不恁地。[3]

---

[1] 张载：《张载集》，章锡琛点校，中华书局1978年版，第191页。这是张载对"存性存存"的解说，对与"继之者善也，成之者性也"一句，张载也是以人性的功用解说之，见该书第187—188页。

[2] 司马光：《温公易说》，台湾商务印书馆影音文渊阁《四库全书》第8册，第633c页。

[3] 朱熹：《朱子语类》卷74，见《朱子全书》第16册，第2538—2539页。二程《遗书》中说："'生生之谓易'，是天之所以为道也。天只是以生为道，继此生理者，即是善也。善便是一个元底意思。'元者善之长'，万物皆有春意，便是'继之者善也'。'成之者性也'，成却待它万物自成其性须得。"又说："'成性存存，道义之门'，亦是万物各有成性，存存，亦是生生不已之意。"见程颢、程颐：《二程集》（上），王孝鱼点校，中华书局2004年版，第29、30页。

而朱子则不主张从人道处解说“继之者善也，成之者性也”，而是主张从本体论和宇宙论的关系来解说之，具体来说，朱子从“理”一边来解说句中的“善”与“性”，从“气”一边解说句中的“继”与“成”：

> 继之者，气之方出而未有所成之谓也。善则理之方行而未有所立之名也。……成则物之已成，性则理之已立者也。[1]

如果我们紧扣上下文说，“继之”“成之”的“之”指的是前面“一阴一阳之谓道”中的“道”，而“继”与“成”是在表达关联于道的某种践行力或能动性的话，那么，将人理解为具有践行力或能动性的主体在语义上就是说得通的。这大概就是前人大都以人性的功用来解说这一句的主要原因。而朱子将“理”理解为具有践行力或能动性的主体，即以“理”为“继之”和“成之”的主体，颇有点黑格尔意义上的“实体就是主体”的意味。不过，必须指出的是，朱子这种“实体就是主体”的理解进路不应当将人道的因素排斥在外，因为三才之道的一个要义正在于，天地之道必须经由人道才能成就。[2]也就是说，说道的践行无非就是理的实现，这确乎是一个了不起的高明洞见，但在对这个洞见的理解中，必须隐含着承认，没有人道，天理不可能自动地实现。这一点若以《中庸》首章的语言来说就是，“率性之谓道”必然包含着“修道之谓教”，或者说，如果没有圣人立教化民，成己成物，则万民不可能各得其宜，万物不可能各正性命。但必须看到，朱子对“继之者善也，成之者性也”的真实理解，其实是将这一层意思排除在外的，尽管他在他的整体思想中，他从未忽略人道的重要意义。

细察朱子的看法，他其实是以气化说“继之者善”，以形化说“成之

---

〔1〕 朱熹：《通书注》，见《朱子全书》第13册，上海古籍出版社、安徽教育出版社2002年版，第98页。

〔2〕 这一点也显示出儒学与黑格尔哲学的大不同。在黑格尔那里，能够促进绝对精神实现的人的方面的因素不过是人的私欲，因此他以所谓“理性的狡计”来刻画世界历史的进程。与此相关，儒学也没有、也不可能接受黑格尔式的世界历史观念。

者性”：

问一阴一阳之谓道。曰：“一阴一阳，此是天地之理。如‘大哉乾元，万物资始’，乃‘继之者善也’；‘乾道变化，各正性命’，此‘成之者性也’。这一段是说天地生成万物之意，不是说人性上事。”

问：“孟子只言性善，《易·系辞》却云‘一阴一阳之谓道，继之者善也，成之者性也’，如此，则性与善却是二事。”曰：“‘一阴一阳’是总名，‘继之者善’是二气五行事，‘成之者性’是气化以后事。”

“继之者善”，方是天理流行之初，人物所资以始。“成之者性”，则此理各自有个安顿处，故为人为物，或昏或明，方是定。若是未有形质，则此性是天地之理，如何把做人物之性得！〔1〕

就第一则问答而言，以“万物资始”来解说“继之者善”，即是以气化来解说之，以“各正性命”来解说“成之者性”，即是以形化来解说之。因此我们看到，在第二则问答中，朱子明确以“成之者性”为“气化以后事”，而在第三则问答中，朱子也以人物之始来解说“继之者善”，并以形质是理的安顿处来解说“成之者性”。

综上，既然以天道来统说三才之道必然包含人道这一节目在内，那么，朱子以“实体就是主体”的进路而对“继之者善也，成之者性也”的解说就仍是一个值得保留的高明洞见，但前提是必须将朱子在他对这一句话的真实理解中对人道意义的排除这一点排除掉。其实二程对“继之者善也，成之者性也”和“成性存存”在理解上的两种不同表达也能够以这种方式来加以

〔1〕朱熹：《朱子语类》卷74，见《朱子全书》第16册，上海古籍出版社、安徽教育出版社2002年版，第2523—2524页。

综合,未必像朱子所说的那样是两种截然不同的看法。正如我们前面已经分析到的,以天道言三才之道是统说,是为了阐明三才之道的一贯性,就人道言三才之道是单提,是为了突出人道在三才之道中的独特意义。也就是说,"继之者善",首先是在说人的作用,但同时也是再说天地的功能,因为人的作用正在于赞天地之化育,"成之者性",也是如此。这样理解的"继之者善也,成之者性也",就不是像朱子所认为的那样,只是在讲天地万物的创生,而是在讲包括人的参赞之功的天地化育之道。〔1〕

讨论朱子对太极图五层圈之间的关系的理解,还必然涉及"理气先后"的问题,因为以时间上的先后次序来理解五层圈之间的关系,看起来会与朱子的一些言论不符,比如下面这则语录:

> 自太极至万物化生,只是一个道理包括,非是先有此而后有彼。但统是一个大源,由体而达用,从微而至著耳。〔2〕

在这则语录中,朱子的意思是说,太极图的五层圈都是讲宇宙创生的一个根本原理,不应当从宇宙创生过程的先后次序来理解。从这则语录我们似乎可以合理地推论说,朱子是从宇宙创生的根本原理来理解太极图的五层圈的,而且他明确反对从宇宙创生过程的时间次序来理解五层圈之间的关系。很显然,作为对朱子以何种方式理解太极图的一种澄清,这个推论是对朱子的观点的一种另辟蹊径的辩护,从而也可能对我们前面对朱子的批评构成反驳。

将这个推论细述一下就是,朱子可能认为,太极是宇宙创生的根本原理,所谓实理本体,而基于此根本原理,阴阳是关于天的原理,五行是关于地的原理,气化是关于万物初生的原理,形化是关于万物再生的原

---

〔1〕 这一点意味着我们在对《通书》首章的理解上与朱子不同,参看前面的分析。

〔2〕 朱熹:《朱子语类》卷 94,见《朱子全书》第 17 册,上海古籍出版社、安徽教育出版社 2002 年版,第 3123 页。

理。反过来说，如果将五层圈之间的关系理解为时间上的先后次序，认为太极在阴阳之先，阴阳在五行之先，五行在人物之先，那么这正是朱子所反对的。从下面朱子给友人的答书中，这个推论可以得到证实：

> 盖天地之间只有动静两端，循环不已，更无余事，此之谓易。而其动其静，则必有所以动静之理焉，是则所谓太极者也。圣人既指其实而名之，周子又为之图以象之，其所以发明表著，可谓无余蕴矣。原极之所以得名，盖取枢机之义，圣人谓之太极者，所以指夫天地万物之根也。周子因之而又谓之无极者，所以著夫无声无臭之妙也。然曰无极而太极，太极本无极，则非无极之后别生太极，而太极之上先有无极也。又曰五行阴阳，阴阳太极，则非太极之后别生二五，而二五之上先有太极也。以至于成男成女，化生万物，而无极之妙盖未始不在是焉。此一图之纲领，大《易》之遗意，与老子所谓物生于有，有生于无，而以造化为真有始终者，正南北矣。来喻乃欲一之，所以于此图之说多所乖碍而不得其理也。
>
> 熹向以太极为体，动静为用，其言固有病，后已改之曰"太极者，本然之妙也；动静者，所乘之机也"，此则庶几近之。来喻疑于体用之云甚当，但所以疑之之说，则与熹之所以改之之意，又若不相似然。盖谓太极含动静则可（以本体而言也），谓太极有动静则可（以流行而言也），若谓太极便是动静，则是形而上下者不可分，而"《易》有太极"之言亦赘矣。〔1〕

从引文的第一段中可以看到，朱子基于二程的"动静无端，阴阳无始"来

〔1〕朱熹：《答杨子直》，见《朱子全书》第22册，上海古籍出版社、安徽教育出版社2002年版，第2071—2072页。

说易,然后转到对太极图的理解上,认为既“非无极之后别生太极”,亦“非太极之后别生二五,而二五之上先有太极”,然后又说回来,认为这是太极图的纲领,是“大《易》之遗意”,指出其有别于《老子》“有生于无”的思想,以此来批评杨子直混同了《老子》与《易》。陈来在讨论朱子的“理气先后”问题时指出,这封信写作于朱子 44 岁时,与《太极解义》基本定稿是在同一年,这时朱子尚未有“理在气先”的思想,到后来在与陆九韶、陆九渊关于太极的辩论中,朱子才发展出了“理在气先”的思想。[1]以太极为形而上,阴阳为形而下,并严守形而上与形而下的区分,是“理先气后”思想提出的前提。从引文的第二段中可以看到,形而上与形而上下的区分已经明确出现在这封答书中了。因此可以说,“理在气先”是朱子《太极解义》中的思想的内在发展与进一步深化,而其明确的提出则是有激于陆氏兄弟对《太极图说》的质疑。

陈来还指出,与“理在气先”思想密切相关的是“理生气”的思想。质言之,后者正是在前者的基础上提出来的。朱子对“理生气”的明确表述是:

> 太极生阴阳,理生气也。阴阳既生,太极在其中,理复在气之内也。[2]

> 有是理后生是气,自“一阴一阳之谓道”推来。[3]

与“理在气先”与“理生气”的思想的提出相对应的另一个值得一提的一点是,朱子以“无能生有”来解释“无极而太极”:

---

〔1〕 陈来:《朱子哲学研究》,华东师范大学出版社 2000 年版,第三章,第 75 页以下。

〔2〕 见《元公周先生濂溪集》(上),宋版影印本第 185 页。既然“理生气”意味着理寓于气,而非由理生出了单纯、独立的气,那么,“理生气”就意味着万物物种的初生,也就是说,在宇宙的创生过程中并不存在一个只有单纯、独立的气而无万物的阶段。

〔3〕 朱熹:《朱子语类》卷 1,见《朱子全书》第 14 册,上海古籍出版社、安徽教育出版社 2002 年版,第 114 页。

> 又问："'无极而太极'，因'而'字，故生陆氏议论。"曰："'而'字自分明。下云：'动而生阳，静而生阴。'说一'生'字，便是见其自太极来。今曰'而'，则只是一理。'无极而太极'，言无能生有也。"[1]

这里的"无"，当然是指无形之理，而且是指理之全，这里的"有"，当然是指有形之物，对应于理之分。经过这样的解释，可以看到，朱子这里提出的"无能生有"的思想，其实就是"理生气"的思想，从而与《太极解义》中的思想根本一致。[2]那么，"理先气后"和"理生气"的思想的提出，与《太极解义》基本定稿时期反对以时间上的先后次序来理解太极图中五层圈之间的关系的看法是否构成矛盾呢？朱子反对以时间上的先后次序来理解太极图中五层圈之间的关系，一个根本的理由是继承自二程的"动静无端，阴阳无始"的信念，于是，这个问题也就转变为："理先气后"和"理生气"的思想与"动静无端，阴阳无始"的信念是否构成矛盾？

表面上看起来，要坚持"动静无端，阴阳无始"的信念，似乎就不好说"理先气后"；反过来，若认为"理先气后"，似乎就难以坚持"动静无端，阴阳无始"的信念。要澄清这个问题必须辨析两种"先后"概念，并将之妥帖地运用于朱子对太极图五层圈之间的关系的解释上。冯友兰在《中国哲学史》中区分了"逻辑上的在先"与"时间上的在先"，且认为朱子所说的"理在气先"是指逻辑上的在先，而不是指时间上的在先。陈来认为，冯友兰的这个观点不仅正确，而且也能用来恰当地理解朱子在"理气先后"问题上的"晚年定论"。[3]那么，所谓逻辑上的在先，落实于朱子的"理气先后"问题，究竟是指什么呢？

让我们来看发生在朱子晚年的一则问答：

[1] 朱熹：《朱子语类》卷94，见《朱子全书》第17册，上海古籍出版社、安徽教育出版社2002年版，第3119页。

[2] 既然"无能生有"中的"无"是无形之理，"有"是有形之物，那么，"无能生有"就意味着万物的初生，也就是说，理生气，或太极生阴阳，就意味着万物的初生。

[3] 陈来：《朱子哲学研究》，华东师范大学出版社2000年版，第96页。

> 问:“有是理便有是气,似不可分先后?”曰:“要之,也先有理。只不可说是今日有是理,明日却有是气,也须有先后。且如万一山河大地都陷了,毕竟理却只在这里。”[1]

“也须有先后”是在申言“理先气后”的思想,但又说“只不可说是今日有是理,明日却有是气”,这意味着不能以时间上的先后来理解“理先气后”。究其原因在于,纯粹的、作为大全的理,也就是太极,本身并不在时间之中,因此就不能和气并列于“今日”与“明日”。由此可以想到,阴阳动静其实意味着时间,而太极本体乃是超越时间的永恒。以永恒与时间来理解太极与阴阳,为我们理解“理气先后”问题打开了一个新的视野。既然太极是永恒,阴阳是时间,那么,“理在气先”其实就是在说永恒先于时间。由此也不难想到,朱子所谓形而上与形而下的区分,也正是永恒与时间的区分。永恒超越于时间之上,此即“理在气先”之“在先”,所以就不能将“理先气后”理解为时间中的先后。万物产生于永恒之散殊于时间,所以就万物的构成而言,只能说理在气中而不能说理先气后,而此处的“先后”则正是指时间中的先后。

就朱子对太极图的理解而言,理气先后问题主要对应于太极与阴阳的关系问题,即太极图的第一、二层圈之间的关系问题。而经过以上分析我们能够指出,就太极图的五层圈来说,太极与阴阳之间的先后关系与阴阳与五行之间、五行与男女之间、男女与万物之间的先后关系并不属于同一性质。后一种先后关系除了可以从朱子所谓的“节次”来理解外,必然也是时间中的先后关系,因为这是时间产生以后的节次,而太极与阴阳之间的先后关系则不是时间中的先后关系,因为太极超越

---

[1] 朱熹:《朱子语类》卷1,见《朱子全书》第14册,上海古籍出版社、安徽教育出版社2002年版,第116页。

于时间且时间正是从太极这个永恒的实理本体中产生出来。[1]就太极之为无形之实理本体与有形之万物的关系而言,太极是超越于万物之上而使万物得以产生的原因。因此说,冯友兰所谓的“逻辑上的在先”,落实于朱子的“理气先后”问题,实际上就是根本原因上的在先,直指太极本体的超越性。换句话说,朱子正是以“理先气后”的观念或形而上与形而下的区分保证了太极的超越性。[2]

基于将“理先气后”理解为保证太极的超越性这一点,我们再来看“理在气先”与“动静无端,阴阳无始”的信念如何才能协调起来。首先需要澄清的是,“动静无端,阴阳无始”的意思是说,动之前还有静,静之前又有动,无论是动还是静,都不能作为对方的开端,同样,阴之前还有阳,阳之前又有阴,无论是阴还是阳,都不能作为对方的开端。[3]也就

---

〔1〕 上引朱子以“无能生有”论“无极而太极”的问答之后紧接着就是以下问答:“某问:‘自阳动以至于人物之生是一时俱生,且如此说,为是节次如此?’曰:‘道先后不可,然亦须有节次。康节推至上十二万八千,不知以前又如何。太极之前,须有世界来,正如昨日之夜,今日之昼耳。阴阳亦一大阖辟也。但当其初开时须昏暗,渐渐乃明,故有此节次,其实已一齐在其中。’”朱熹:《朱子语类》卷94,见《朱子全书》第17册,上海古籍出版社、安徽教育出版社2002年版,第3119页。此处朱子顺着问者的话以“节次”与时间上的先后相对而言,申言不应当从时间上的先后来理解五层圈之间的关系,但从“动静无端,阴阳无始”而推出“太极之前,须有世界来”的看法,如果不是记录有误,则难免推论过度的嫌疑,特别是和“无能生有”的思想放在一起更显得矛盾。而且,朱子答语中最后又来一个转折,从而很大程度上否定了他前面的话,因为既然说“初开时须昏暗,渐渐乃明”,那就还是有时间上的先后。如果我们不将这一问答最后的这个转折理解为朱子在这个问题表现出明确的犹疑,那么,就只剩下一种可能,即,这一条的记录有问题。

〔2〕 太极的超越性还可以从朱子论性时所使用的日光之喻中得到说明,如《朱子语类》卷4载:“性如日光,人物所受之不同,如隙窍之受光有大小也。”见《朱子全书》第14册,第185页。

〔3〕 朱子说:“阴阳本无始。但以阳动阴静相对言,则阳为先,阴为后,阳为始,阴为终。犹一岁以正月为更端,其实姑始于此耳。岁首以前,非截然别为一段事,则是其循环错综,不可以先后始终言,亦可见矣。”这是明确以时间中的循环来理解“动静无端,阴阳无始”。朱子还说,这个问题在他五六岁时就困扰着他,几乎使他得病:“问‘动静无端,阴阳无始’。曰:‘这不可说道有个始。他那有始之前,毕竟是个甚么?他自是做一番天地了,坏了后,又恁地做起来,那个有甚么穷尽?某自五六岁便烦恼道:天地四边之外,是什么物事?见人说四方无边,某思量也须有个尽处。如这壁相似,壁后也须有什么物事。其时思量得几乎成病。到而今也未知那天外是何物。’”天地可能坏掉被再做一番,这是“动静无端,阴阳无始”的论述语境,如果联系前面所引“万一山河大地都陷了,毕竟理(转下页)

是说,“动静无端,阴阳无始”始终是时间语境中的言说,其含义是在说,动非静之始,静亦非动之始,阴非阳之始,阳亦非阴之始,并非是在说动静之始或阴阳之始。既然“理先气后”是在说太极相对于阴阳的超越性,而“动静无端,阴阳无始”只是时间语境中的言说,那么,二者就不仅不会矛盾,而且还可以很好的结合起来。一个“动静无端,阴阳无始”的宇宙,也就是一个可能历经了无比漫长的、我们根本不知道何时开端的宇宙;而“理先气后”恰恰是在说超越的太极本体创造了宇宙的开端。

以超越与开端的关系为视角,我们能够看到,朱子“理先气后”思想的提出,作为其思想的内在发展,与他原来继承自二程的“动静无端,阴阳无始”的信念不仅不矛盾,而且能够很好地结合在一起,达到一种恰当的平衡。而朱子晚年,[1]虽然在不同场合所侧重或强调的有所不同,但也并未离开这个恰当的平衡多远。正是基于这一点,我们说,朱子在《太极解义》定稿时期的那些认为不能以“先后”论太极图五层圈的言论在他发展出“理先气后”的思想之后就应该被抛弃。一方面,太极图前二层圈之间的关系,也就是太极与阴阳的关系,可以用“先后”论,此即“理先气后”,而正如冯友兰已经指出的,这里的“先后”并非时间中的先后;另一方面,以原理来论太极图的五层圈自然是合理的,但在太极图的后四层圈之间,必然存在着时间上的先后关系,这又是无法否认的。

朱子继承二程以气化与形化讲宇宙万物的创生,且将之运用于对太极图的理解。根据我们对太极图的理解和对朱子思想的修正,我们说,太极图的第一层圈表征超越的太极本体,第二层圈表征宇宙的开

(接上页)却只在这里”的看法,那么,很清楚,朱子是在两个不同层面来说“动静无端,阴阳无始”与“理在气先”的。引文见《朱子语类》卷94,《朱子全书》,第17册,上海古籍出版社、安徽教育出版社2002年版,第3129—3130页。

〔1〕 如果以“天地之大德曰生”而言,也可以将整个太极图理解为德化图,而以“文化”说人道,即德化包含气化、形化与文化,分别对应于天道、地道与人道。本文为了强调人文化成是继天地之德,故仍以德化说人道,毕竟人道为德化之最要关键。

端，即气化，人与万物通过精气凝合而成，而理被赋予其中，第三层圈表征宇宙的形成，即形化，人与万物以气质之身不断演化，[1]第四层圈表征人类文明的开端与确立，即肇始于伏羲而完成于孔子的人文挺立过程，第五层圈表征一个可能被人文力量所转化的宇宙，一个盛德之下才可能有的大业。既然第四层圈是在讲圣人继天地生生之德而立人极、立人道，那么，我们就有理由将第四层圈理解为德化的开展，或者说社会的德化、人间的德化，而将第五层圈理解为德化的进展，或者说万物的德化，宇宙的德化。既然人道的意义在于成就万物以使其各正性命，那么，这里就包含着对一种阻抗万物各遂其性的恶的力量的洞察。既然天地万物最初被造时是纯然至善的，那么，对这种恶的力量的洞察就可能会引申为一种关于历史的堕落观念。而基于这种关于历史的堕落观念，人道的意义又能带来一种关于历史的进步观念。且正是堕落与进步观念的同时存在，使得儒教传统从根本上摆脱了任何意义上的线性历史观念。既然历史的意义在于发挥人文的力量以成就万物的本性，那么，宇宙的德化也就意味着一种回复，回复到宇宙原初的完美状态，而这也正是人文化成的意义所在。

---

〔1〕《易》乾、坤两卦之彖辞分别曰："大哉乾元，万物资始"，"至哉坤元，万物资生"，程朱之气化与形化，正可理解为对这两句话的精确解释。

程颐《春秋传序》疏解及朱子的理解*

赵金刚**

按照牟润孙先生的理解，《易》学与《春秋》学是两宋经学的两大主流。[1]程颐唯一的成书著作就是关于《周易》的《程氏易传》。对于《程氏易传》，哲学界给予的关注较多，有不少研究性文章和论文，其中唐纪宇的博士论文就是以《程氏易传》为对象展开的专门性研究。但是，关于程颐的《春秋》学，据笔者了解，在哲学界关注的人却比较少。这一方面是由于程颐的《春秋传》没有最终成书，仅是一部未完成著作，而另一方面，或许也与《春秋》学"如何进入现代中国哲学"这一问题有关。在"《易》学哲学"方面，我们有很多成熟的研究成果，朱伯昆先生的《易学哲学史》更是其中的典范。但是，在《春秋》学方面，我们却没有"《春秋》学哲学"，也少有这一方面的专著。这关系到今天哲学领域是否需要关注《春秋》学的材料问题，也关系到《春秋》学如何在今天开展与时代学术结合的研究问题。

本文只是将这一问题提出，笔者目前还没有能力对这一问题进行

---

* 本文原刊《二程与宋学：首届宋学暨程颢程颐国际学术研讨会论文集》，华东师范大学出版社2013年版。

** 赵金刚，清华大学哲学系副教授。

〔1〕 牟润孙：《注史斋丛稿》（增订本），中华书局2009年版，第140页。

解答。本文所要做的，是关注程颐的《春秋传序》，并对其进行文献疏解，同时，从朱子的角度，对这篇文献进行一些观察。

一、《春秋传序》疏解

程颐本人对于《春秋》学还是十分重视的，他曾经让自己的弟子刘绚作《春秋传》。但看过此《春秋传》后，伊川并不满意，认为还是需要自己重新作传。对于此事，《二程集》有如下记载：

> 春秋之书，待刘绚文字到，却用功亦不多也。[1]
>
> 昔刘质夫作《春秋传》未成，每有人问，伊川必对曰："已令刘绚作之，自不须某费工夫也。"刘传既成来呈，伊川门人请观，伊川曰："却须着某亲作。"竟不以刘传示人，伊川没后方得见，今世传解至闵公者。[2]

茅星来总结伊川作《春秋传》一事言到：

> 刘质夫传《春秋》，程子以为不尽本意，故欲更为之书，而书未及竟，庄公后解释多残缺，今见《经说》中，序文则崇宁二年作也。[3]

伊川本人所作的《春秋传》庄公以后多有残缺，并未最终完成，这其中有多种原因，本文对此不会进行讨论。但是，《春秋传》有一篇首尾相贯的完整序文保存了下来，《二程集》中就有这篇文章。特别是朱子和吕祖谦在编订《近思录》的时候，还将这篇文章收了进去，可见，这篇文

[1] 《二程遗书》卷十七，见程颢、程颐：《二程集》，中华书局1981年版，第175页。
[2] 《河南程氏外书》第十二，见程颢、程颐：《二程集》，第436页。
[3] 朱熹、吕祖谦纂，张京华辑校：《近思录集释》，岳麓书社2010年版，第385页。

章在朱子和吕祖谦看来，可以说能够反映他们所认为的伊川思想的某一部分。[1]《春秋传序》虽然只是一篇“序文”，却集中体现了伊川《春秋》学的一些基本思想。《春秋传序》全文如下：

> 天之生民，必有出类之才，起而君长之。治之而争夺息，导之而生养遂，教之而伦理明，然后人道立，天道成，地道平。二帝而上，圣贤世出，随时有作。顺乎风气之宜，不先天以开人，各因时而立政。暨乎三王迭兴，三重既备，子丑寅之建正，忠质文之更尚，人道备矣，天运周矣。圣王既不复作，有天下者，随欲仿古之迹，亦私意妄为而已。事之缪，秦至以建亥为正；道之悖，汉专以智力持世。岂复知先王之道也？夫子当周之末，以圣人不复作也，顺天应时之治不复有也，于是作《春秋》为百王不易之大法。所谓“考诸三王而不谬，建诸天地而不悖，质着鬼神而无疑，百世以俟圣人而不惑”者也。先儒之传曰：“游夏不能赞一辞。”辞不待赞也，言不能与于斯耳。斯道也，惟颜子尝闻之矣。“行夏之时，乘殷之辂，服周之冕，乐则韶舞。”此其准的也。后世以史视春秋，谓褒善贬恶而已。至于经世之大法，则不知也。春秋大义数十，其义虽大，炳如日星，乃易见也。惟其微辞隐义，时措从宜者为难知也。或抑或纵，或与或夺，或进或退，或微或显，而得乎义理之安，文质之中，宽猛之宜，是非之公，乃制事之权衡，揆道之模范也。夫观百物然后识化工之神，聚众材然后知作室之用。于一事一义而欲窥圣人之用心，非上智不能也。故学《春秋》者，必优游涵泳，默识心通，然后能造其微也。后王知《春秋》之义，则虽德非禹汤，尚可以法三代之治，自秦而下，其学不传。予悼夫圣人之志不明于后世也，故作传以明之。俾后之人，通其文而求其义，得其意而法其用，则三代可复也。是

[1] 见《近思录》卷三《致知》第61条。

传也，虽未能极圣人之蕴奥，庶几学者得其门而入矣。〔1〕

下面让我们对这些思想进行逐一梳理。

首先是君主的产生和君主的社会功能问题。在伊川看来，圣贤之君的出现，是上天生民的必然结果，上天降生下不同于一般民众的出类拔萃之人而为之君长。而圣贤之君的出现就是要用其“聪明”治理人民，成就“天道”与“人道”，息争夺、遂生养、明伦理。伊川在这里强调君主对于社会的重要作用，强调君主的必要性。但需要指出的是，伊川在这里强调的君主并不是单纯就“位”而言，他强调的更多是“君道”。若说伊川“尊君”，可以说伊川尊的“君”主要是能够按照“道”来成就生民的“君”。伊川对君主的强调不能被简单地化约为一般的“小忠君”式的“尊君”，也不能理解为一般意义的“君权神授”。

伊川此种说法可以说渊源有自。《尚书·仲虺之诰》言：

惟天生民，有欲无主乃乱。惟天生聪明时乂。

《泰誓》言：

天佑下民，作之君，作之师，惟其克相上帝，宠绥四方。

陈来先生在解释以《尚书》为代表的“民意论”的天命观时说：

在理论上、在价值上民意比起皇天授命的君主，更具有优先性，因为皇天授命君主的目的是代行天意来保护人民。在这样一种思想和信念中，在上天面前，人民与君主不是平等的，人民对君主具有

〔1〕 程颢、程颐：《二程集》，中华书局1981年版，第583—584页。

> 本体论的和价值论的优先性和重要性。人民对君主并没有无条件服从和忍受压迫的义务，反而，可以皇天作为终极支持者，人民有权利要求君主实行德政；如果君主不行德政而施暴虐，则人民视君主为寇仇是正当的，作为正义的代表上天就会降罚给君主，或改变他对人间君主的任命。[1]

笔者以为，这段话用在伊川对“天—君—民”的关系理解上同样适合。从《春秋传序》的全文来看，伊川强调君，言“君道”以及孔子强调的“《春秋》经世大法”主要还是为了“保民”，恢复儒家认为的“三代”的“黄金时代”。

同时也应看到，伊川的此种讲法也和同时代的其他思想家有所不同。如苏辙在《古史·五》当中说道：

> 生民之初，父子无义，君臣无礼，兄弟不相爱，夫妇不相保，天下纷然而淆乱，忿鬭而相苦，文理不着而人伦不明，生不相养而死不相葬，天下之人举皆戚然不宁于中，然后反而求其所安，属其父子而列其君臣，联其兄弟而正其夫妇。[2]

在苏辙看来，人类历史秩序的建立，并不是依靠“天生神圣”，而是靠天下之人对于混乱的“自反”，是天下之人面对混乱的结果。在这一逻辑之下，君主并不是天然具有合法性，其合法性建立在天下之人的“反”上，君主在秩序的建立上缺位，也不是秩序的终极保证者。这与伊川对君主在历史源头重要作用的强调是完全不同的。

其次是伊川关于历史时期的划分问题。上面说到，伊川尊君是尊

〔1〕 陈来：《中国早期政治哲学的三个主题》，《天津社会科学》2007 年第 2 期，第 48 页。

〔2〕 苏辙：《古史》，中国基本古籍库“宋刻元明递修本”。

君道，借行君道来恢复三代的黄金时代。这就涉及伊川对历史的划分。总体上来讲，伊川将历史分成两个阶段，一个是“道”“流行”、显现的黄金时代，另一个则是秦汉以降，道被遮蔽的时代。伊川按照道的实现状况划分历史。细致来看，第一阶段包括二帝与三王（即夏、商、周三代）两个不同时期，二帝阶段圣贤世出，而三王阶段按照忠、质、文的更迭治理天下。〔1〕无论是二帝“因时而立政”，还是三王迭兴，我们可以看出，在伊川那里，没有一种一劳永逸的政治“治理模式”可以永久保证天下太平，政治治理方式是需要随着不同时代的不同状况与不同弊病而改变的。但是，只要能依照“道”来治理，终究会达到一种好的政治状态。需要指出的是，伊川这里其实隐藏着他对历史的基本判断，即历史的治乱循环，伊川在《程氏易传》中言：“自古天下安治，未有久而不乱者”〔2〕，这是与宇宙“动静无端、阴阳无始”的运行模式相契合的。但是，“自古治必因乱，乱则开治，理自然也”〔3〕，只要能按照一定的方式，终究可以达到“治”。

伊川对于历史的理解与划分，也与之前以及同时代的一些思想家有些许差异。例如，伊川没有像邵雍那样把历史构造成为“皇王帝霸”的精巧模式，而只是按照大的阶段进行区分。虽然没有邵雍那样精巧，但也少了“精巧”带来的“困境”。即在这种粗糙面前，“经世大法”的意义与作用更为突出，政治主体的积极性更为明显。这一问题涉及对伊

〔1〕三代迭用忠质文治理天下，最早由董仲舒提出。“三重”的说法本自《中庸》“王天下有三重焉”的讲法，郑玄说：“三重，谓三王之礼”。伊川本郑玄之说而结合董仲舒的讲法。伊川此说亦与苏辙有所不同，在苏辙看来，“余读诗、书，历观唐虞至于夏商，以为自生民以来天下未尝一日而不趋于文也。……夫自唐虞以至于商，渐而入于文，至周而文极于天下。当唐虞夏商之世，盖将求周之文而其势有所未至，非有所谓质与忠也。自周而下，天下习于文，非文则无以安天下之所不足，此其势然也。”（《古史・五》）苏辙认为，没有所谓忠与质，人们认为存在质与忠只是由于没有认识到他们只是不像周代那么“文”而已，夏商就其本质来讲，依旧体现的是“文”。

〔2〕程颢、程颐：《二程集》，中华书局1981年版，第794页。

〔3〕同上书，第788页。

川与邵雍历史观的进一步对比，这里不详述。同样，伊川的历史观也与李觏、司马光有所不同，这涉及对于霸者的态度、对于三代与汉唐君主的态度等诸多问题，此处只是借此提出，也不进行展开。

伊川的历史观涉及一个问题，即为什么三代之后，黄金时代就丧失了呢？在伊川看来，恰是因为不能按照“道”来治理天下，秦汉以降，只知逞私意、智力，而不知道“先王之道”。

这也就涉及第三个问题，即孔子作《春秋》的意义问题。在伊川看来。孔子之所以要作《春秋》，是要在这个衰世记录下“先王之道”，为后世之良好政治提供治理方式。《春秋》的内容为“经世之大法”，寄寓了孔子的“微言大义”。伊川反对把《春秋》当成史书来看，认为它不仅仅是褒贬善恶而已，它里面包含的丰富内容需要后人用心体味。在伊川看来，孔子的弟子当中只有颜回了解孔子的“大法”，孔子对颜回问“为邦”的回答就记述了这一大法的“准的”。伊川对《论语》此句意义的界定直接影响了其后胡安国对《春秋》的理解，胡安国直接把这句话作为理解《春秋》的纲领之一。

第四是后世学《春秋》的作用。正是因为《春秋》蕴含了孔子所要表达的“经世大法”与微言大义，在伊川看来，后世学《春秋》也就有了极其重要的意义。伊川认为，《春秋》之学在后代不传，因此盛世也就没有再度出现，相反，如果人们能够用心于此，那么，理想的政治治理就可以即此而实现。“后王知《春秋》之义，则虽德非禹汤，尚可以法三代之治”，虽然达不到圣王的“德”的高度，但是“治”还是可以与三代齐同的。我们可以看到，伊川的此种态度与王安石将《春秋》视为“断烂朝报”的态度极为不同，虽然伊川与王安石都有恢复三代的政治理想，但在对经典的态度上却是完全不一样的。

以上四点，就是我们从伊川《春秋传序》中疏解出来的伊川的一些思想。当然，其中还包含着很多细致的《春秋》学思想与其他思想，但仅就上面揭示出来的内容来看，我们就可以发现伊川思想的一些特点与针对性。而且，伊川的这篇文献影响了后代诸多理学家的思想，或被他们继承，或被他们批判。下面，我们就以南宋朱子为对象，看一下朱子对伊川思想的理解。

二、朱子对《春秋传序》的理解

朱子对《春秋》学的态度较为复杂，他一方面承认《春秋》是孔子所作，有孔子寄托的一些“大义”在其中，另一方面又认为“《春秋》难晓”，有很多无法解释的地方。因此，朱子本人对《春秋》抱着一种谨慎的态度，他本人也没有为《春秋》作传。晚年时，朱子甚至认为不研究《春秋》也没有关系，《文续集》卷一《答黄直卿》言：

> 《春秋》难看，尤非病后所宜。且读他经论孟之属，如不食马肝，亦未为不知味也。[1]

朱子对《春秋》的此种态度是一贯的，但是对伊川《春秋传序》的一些基本思想也都认同。如关于君主是如何出现的问题，朱子在《大学章句序》中有着与伊川相同的说法，朱子言：

> 盖自天降生民，则既莫不与之以仁义礼智之性矣。然其气质之禀或不能齐，是以不能皆有以知其性之所有而全之也。一有聪明睿智能尽其性者出于其闲，则天必命之以为亿兆之君师，使之治而教之，以复其性。此伏羲、神农、黄帝、尧、舜，所以继天立极，而司徒之职、典乐之官所由设也。[2]

---

〔1〕《晦庵先生朱文公续集》卷一，见《朱子全书》第25册，上海古籍出版社、安徽教育出版社2002年版，第4653页。

〔2〕朱熹：《四书章句集注》，中华书局1983年版，第1页。

在朱子看来,我们现实中的每个人都具有"善的可能性",然而表现在现实当中,由于气禀的差异,我们每个人并不能现成地表现出完整的"善"。与一般人不同,历史上之圣人则"聪明睿智能尽其性",即可以完整地表现出自己的"道德本性",那么如此的圣人也就承担着"新民"的使命,使民"自明明德"而"复其性"。在基本观点上,朱子与伊川是一致的,只不过引用的思想资源上不尽相同。

在历史阶段的划分上,朱子也与伊川相同,标准也基本上承继伊川。在朱子看来,"三代"与"汉唐"是"质"上截然不同的两个历史阶段。朱子的这一观点和判断,直接反映在他与陈亮的"王霸义利"之辩上。对于"三代"内部的演进,朱子基本上也承认伊川继承董仲舒所讲的忠质文的说法。[1]只是朱子认为伊川在这里用其来解释《中庸》所说的"三重"是不恰当的。

但在一些细节上,朱子有不太认同伊川的地方,如,朱子承认《春秋》有"大义",却否认其有"微言"。与伊川认为不应该把《春秋》当成史来看的观点不同,朱子有时认为要把《春秋》当作史书去阅读而把握其内容。《语类》载:

> 问:"春秋当如何看?"曰:"只如看史样看。"曰:"程子所谓'以传考经之事迹,以经别传之真伪',如何?"曰:"便是亦有不可考处。"曰:"其间不知是圣人果有褒贬否?"曰:"也见不得。""如许世子止尝药之类如何?"曰:"圣人亦只因国史所载而立之耳。圣人光明正大,不应以一二字加褒贬于人。若如此屑屑求之,恐非圣人之本意。"[2]

[1] 《朱子语类》中有记载朱子对《孟子》中提出的"一治一乱"的历史观的一段议论,朱子讲:"圣贤遭时之变,各行其道。"

[2] 黎靖德:《朱子语类》第六册,中华书局1986年版,第2148页。

把《春秋》当作“史”是和朱子把春秋定位为孔子根据鲁国旧史直书其事相关的，也是和朱子反对“一字褒贬”等观点相关的。在朱子看来，把《春秋》作“史”来看，有些不可考的地方就不需要强解，有一分可考的就说一分话，而不是“屑屑求之”，弄得如此琐碎。同时，我们也应该看到，朱子把《春秋》当作“史”看，并不是要降低《春秋》的地位。当作“史”看，背后是因为《春秋》有不可解的地方，需要有“义理”作为指引，而不是“独抱遗经”刻意求索。正是因为《春秋》难晓，缺乏参照，朱子才认为要以义理作为指引去看《春秋》，这是与朱子对待历史著作的观点相通的。同时，朱子认为，《春秋》是有“大义”的，这些大义是可以从孔子记载的事上直接看出来的，正所谓“义理自见”，而不需要我们刻意推求。我们可以说朱子承认“大义”，但反对“微言”。

以上是一些细节问题的同异，还没有关涉历史观的核心问题，朱子与伊川最关键的差异，是朱子对伊川“后王知《春秋》之义，则虽德非禹汤，尚可以法三代之治”的说法十分不认同。这涉及朱子历史观的关键逻辑问题。《语类》卷八十三评价言：

> “德非汤武，亦可以法三王之治”，如是，则无本者亦可以措之治乎？语有欠。〔1〕

在伊川看来，孔子作《春秋》是为了使后王有所参照、有所标的，后王能够知道《春秋》的意义，认真研究传世的经典，则善恶自然分明，依照这些来执行，即使没有禹汤的德性，也可以达到三代的治理。而在朱子看来，此种说法忽视了政治和历史的根本，是一种“无本”的讲法。他认为，没有“本”就无法恢复“三代”之治。这个本是什么呢？在朱子看来，“本”就是人君的“心术”，是人君通过“正心诚意”的功夫最终达到的

---

〔1〕 黎靖德：《朱子语类》第六册，中华书局1983年版，第2154页。

心灵状态。

淳熙十五年戊申，朱子入朝奏事。《宋元学案·晦翁学案》记载：

> 是行也，有要之于路，以为正心诚意之论，上所厌闻，戒勿以为言。先生曰："吾生平所学惟此四字，岂可隐默以欺吾君乎？"〔1〕

就在这一次朱子所上的《戊申封事》中，朱子言：

> 盖天下之大本者，陛下之心也。……臣之辄以陛下之心为天下之大本者，何也？天下之事千变万化，其端无穷而无一不本于人主之心者，此自然之理也。故人主之心正，则天下之事无一不出于正；人主之心不正，则天下之事无一得由于正。盖不惟其赏之所劝，刑之所威，各随所向，势有不能已者，而其观感之间，风动神速，又有甚焉。〔2〕

朱子在这篇封事中直接用正心诚意向皇帝表达自己的政治思想，并明确指出他认为的政治根本是人君的心术。在朱子看来，如果君主不能够做"正心诚意"的功夫，使自己的心同于古代圣王的心，那么，即使君主有心想要恢复三代，也是无法实现的。在现实的实践过程中，很有可能出现君主的目的与最终的结果相背离的现象，甚至皇权被权臣窃取，出现"名为陛下之独断，而实此一二人者阴执其柄"〔3〕的现象。如果君主"心正意诚"，那么在朱子看来，恢复三代之治就有了必要保证。如果君主在此基础上顺应时势，"以理导势"，任用贤臣、解决现实

---

〔1〕 黄宗羲：《宋元学案》第二册，中华书局1986年版，第1498页。
〔2〕《朱子全书》第20册，上海古籍出版社、安徽教育出版社2002年版，第590—591页。
〔3〕《文集》卷十一，《庚子应诏封事》，见《朱子全书》第20册，第587页。

中的种种问题,则最终可以达到天下太平。

朱子的这一思想是一贯的,其历次给皇帝上的封事基本上都表达了这一思想内容,其给同时代政治人物的信中对此亦屡屡提及。同时,在朱子本人的著述中也嵌入了其对这一问题的理解,并把这种理解诉诸于历史,在历史中为其寻找证据。

在朱子看来,《周南》《召南》是文王教化的具体体现,在《周南》的题解中,朱子就把周的历史事实与"八条目"联系在一起,认为后世要"修身、齐家、治国、平天下",需要从文王教化中取法[1],文王的教化具有"历史经验"的意义,因为这一教化本身就是"修齐治平"实然发生过的历史事实。在总结《周南》的内容时,朱子言:

> 按此篇首五诗,皆言后妃之德。《关雎》举其全体而言也。《葛覃》《卷耳》言其志行之在己。《樛木》《螽斯》美其德惠之及人,皆指其一事而言也。其词虽主于后妃,然其实则皆所以着明文王身修家齐之效也。至于《桃夭》《兔罝》《芣苢》则家齐而国治之效。《汉广》《汝坟》则以南国之诗附焉,而见天下已有可平之渐也。若《麟之趾》则又王者之瑞,有非人力所致而自至者,故复以是终焉,而序者以为,《关雎》之应也。夫其所以至此,后妃之德固不为无所助矣,然妻道无成,则亦岂得而专之哉。今言诗者,或乃专美后妃,而不本于文王,其亦误矣。[2]

在朱子看来,《周南》实质上体现的不仅仅是"后妃之德",它要着力表现的是后妃背后的文王。朱子直接将《周南》的篇章置于《大学》"八条目"的顺序当中,认为《诗经》篇章的顺序体现的是文王教化、治理过

[1] 朱熹:《诗集传》,中华书局2011年版,第2页。
[2] 同上书,第10页。

程中的每一个具体阶段的效验。从《关雎》到《螽斯》体现的是“身修家齐”的效验,《桃夭》《兔罝》《芣苢》则是“家齐国治”的效验,而《汉广》《汝坟》则可以看做“天下平”的前兆,《麟之趾》表现的“王者之瑞”则可以看作是文王“始受天命”。可以认为,在朱子那里,“八条目”的次序可以验之于历史事实,是逻辑顺序与历史顺序的统一,而且这一统一并不是偶然出现的。

对于《召南》的总结进一步体现了这一点,朱子言:

> 愚按:《鹊巢》至于《采苹》,言夫人大夫妻,以见当时国君大夫被文王之化,而能修身以正其家也。《甘棠》以下,又见由方伯能布文王之化,而国君能修之家以及其国也。其词虽无及于文王者,然文王明德新民之功至是,而其所施者溥矣。……程子曰:天下之治,正家为先。天下之家正,则天下治矣。“二南”,正家之道也。陈后妃夫人、大夫妻之德,推之士庶人之家一也。故使邦国至于乡党,皆用之,自朝廷至于委巷,莫不讴吟讽诵。所以风化天下。〔1〕

此段总结了《召南》以及“二南”的内容,更引用程子的话直接对应于《大学》,强调文王明德、新民之功。

上述两段话明显提到了“修齐治平”,似乎没有“格致诚正”,这里需要交代的是,在朱子的《大学》注释中,修身可以含纳“格物、致知、诚意、正心”。不仅如此,朱子在《召南·驺虞》的注释中直接提到了“意诚心正”与文王之化的关系,朱子言:

> 文王之化,始于《关雎》,而至于《麟趾》,则其化之入人者深矣。形于《鹊巢》,而及于《驺虞》,则其泽之及物者广矣。盖意诚心正之功

〔1〕 朱熹:《诗集传》,中华书局2011年版,第17—18页。

> 不息而久，则其薰蒸透彻融液周徧，自有不能已者。非智力之私所能及也。故序以《驺虞》为《鹊巢》之应，而见王道之成。其必有所传矣。[1]

这一论说引入了“意诚”“心正”，并与“智力之私”作对比。在这点上，朱子与伊川一样，都反对“智力之私”，但是朱子更强调“王道之成”之次序，而这正对应《大学》八条目的次序，文王能修齐治平，起点在于“格致诚正”，这是文王的“根本”。

可见，在朱子看来，历史上的圣王如文王，其之所以能够实现周代最后的盛世，就在于“修”其根本。而后代没有再度达到这一盛世，恰是因为根本的缺失。

这里需要指出的是，伊川并不是不重视“正心诚意”的功夫，朱子很多关于正心诚意的讲法恰是来自于伊川，只不过伊川没有像朱子那么强烈地强调“正心诚意”对于历史的逻辑必然意义，而是更多地用“君—臣”模式去分析历史当中的治乱现象。在讨论伊川《周易程氏传》卦爻象征的“君臣关系”时，唐纪宇博士指出，“在中国实行君主世袭制之后，君主的产生已经不是依靠某种选贤与能式的选拔机制，所以君主是否贤明常常带有很大的偶然性，或者说在中国社会里中常之人为君似乎已经成为历史的常态，因此探讨六二、九五所代表的君臣关系可以说更具现实意义。其现实意义在于告诫儒者不论君主的才德高低与否都有推行儒家政治理想的可能，这实际上构成了对儒者积极参与政治活动的某种激励。……一方面，劝勉才智不甚高之君主，如果选贤任能依然可以成就一番不小的政治功业；另一方面，告诫有才德的儒者，如果能获得君主的信任和支持仍然可以实现儒家的政治理想和价值。”[2]那

---

[1] 朱熹：《诗集传》，中华书局2011年版，第17页。

[2] 唐纪宇：《程颐〈周易程氏传〉研究》，北京大学博士论文，第234页。

么是否就可以说朱子没有看到历史上中常之君和刚明之臣的组合达到治理的现象,进而才否定伊川的观点呢?笔者认为不能这样看。朱子对于中国历史的情势还是有着清楚的认识的,这点可以从他主持编撰的《资治通鉴纲目》中看出。既然如此,朱子和伊川之间为何会有如此差异,朱子为何不同意伊川的讲法呢?我想,这可能需要从南北宋的历史差异入手进行分析。

三、历史差异中的"历史阐释"

刘子健先生在《中国转向内在》一书中指出了南北宋知识分子之间的差异,在他看来,"十一世纪是文化在精英中传播的时代。它开辟新的方向,开启新的、充满希望的道路,乐观而生机勃发。与之相比,在十二世纪,精英文化将注意力转向巩固自身地位和在整个社会中扩大其影响。它变得前所未有地容易怀旧和内省,态度温和,语气审慎,有时甚至是悲观。一句话,北宋的特征是外向的,而南宋却在本质上趋向于内敛"。[1]南宋的知识分子相较于北宋的知识分子更加关注道德内省,而不是像北宋知识分子那样关注变革、关注外王的层面。

关于南宋知识分子不注重"外王"的说法,余英时先生在《朱熹的历史世界》中给予了充分的回应,余先生向我们展示了以朱子为中心的南宋道学群体的政治生活以及其对"外王"的关注。这里不再赘述。但是,我们也应该看到,南宋知识分子,尤其是道学群体,的确如刘子健先生所言,更加关注"道德内省",体现在政治上,则是更加关注君主的心术。在刘先生看来,南宋道学家普遍相信,治国的根基在于修身,只有教导皇帝正其心、诚其意,才能治理好国家。前述朱子和伊川的差异,可以看作是这点的一个注脚。而这点在程门高弟杨时那里就已经表现

---

〔1〕 刘子健:《中国转向内在》,江苏人民出版社 2002 年版,第 7 页。

了出来。杨时言：

> 人臣之事君，岂可佐以刑名之说，如此是使人主失仁心也。人主无仁心则不足以得人，故人臣能使其君视民如伤，则王道行矣。
>
> 或曰：特旨乃人君威福之权，不可无也。曰：不然。古者用刑，王三宥之，若案法定罪而不敢赦，则在有司。夫惟有司守法而不敢移，故人主得以养其仁心。今也法不应诛而人主必以特旨诛之，是有司之法不必守而使人主失仁心矣。[1]

在杨时看来，人主能够"视民如伤"就可以行"王道"，大臣要做的就是保证君主的仁心不失。杨时对君主心术作用的强调，似乎和朱子更为亲近。朱子的老师李侗也有这种倾向。笔者认为，朱子对于心术的强调，可以说是继承了"道南"学派的传统。

那么，为何会出现这种差异，为何南宋道学家会更关心"内在"对历史逻辑的影响呢？在笔者看来，这似乎与南北宋的历史差异有关，尤其是与南北宋"皇权"的差异有关。需要指出的是，目前史学界对南北宋差异关注较少，而笔者也不是专业的宋史研究者，对此点的判断的支持，首先源于对伊川、朱子政治文献阅读的感受，其次，对于笔者这一判断的支持还来自刘子健先生的判断。刘子健先生在《略论南宋的重要性》一文中指出，通过不断回收代理权相的权力，南宋君权不断扩大，士大夫的发言权较北宋降低。[2]随着皇权的扩大和代理权相的专权，加之不同于北宋的政治环境而导致的士大夫集团的分化，理学家不得不思考在这种情势下如何"回复三代"，尤其是在他们很难改变当时政治结构的情况下。那么，强调君主的心术，借以避免恶劣政治局势的出

[1] 杨时：《龟山集》，中国基本古籍库"清文渊阁四库全书补配清文津阁四库全书本"。

[2] 刘子健：《略论南宋的重要性》，见杭州市社会科学院南宋史研究中心编：《南宋史研究论丛》（上），杭州出版社2008年版，第3页。

现，防止奸佞把持朝政，就成了理学家无奈的，同时也是无力的一种选择。

我们知道，儒家的历史观在某种意义上指向"当代史"，他们的历史思考是基于现实政治的历史思考，那么，由于政治局势与现实处境或政治思考点的不同而导致的历史观的不同也就可以理解了。伊川与朱子的差异，在某种意义上，正是历史变动本身导致的历史观的差异的体现。

论君臣之伦的内在维度与超越维度

——以朱子为中心的讨论

莫天成[*]

君臣为五伦之一,既是人伦,亦是天伦;既须如朋友般以义相交,亦须有确定的尊卑上下之分——此为古代儒学之常识。但此常识的所以然之故,于人未必晓然。本文以君臣之伦的内在维度与超越维度——"人伦"涉及内在性层面,而"天伦"涉及超越性层面——作为主题,即是试图展开此种探究,以寻求君臣之伦超拔于特定时代而又贯穿于所有时代的普遍性意义。这或能帮助我们理解相关常识,也能为现代"彝伦攸斁"的现状提供一种批判视角以及思考方向。

朱子学遥契孔孟,往往穷究义理根源,于君臣伦理问题亦不例外,故本文拟从朱子学的角度展开讨论。孟子对君臣之伦的议论甚多,其中尤其彰明了君臣之伦的内在维度,就此而言,朱子的论述完全继承孟子;同时,朱子又对君臣之伦的更上一截的道理有了进一步的说明,从而彰显了其超越性根源。本文即从朱子对孟子君臣思想的诠释出发。

---

* 莫天成,中南大学哲学系讲师。

一、作为人性之当然的君臣之义

孟子曰:“仁之于父子也,义之于君臣也,礼之于宾主也,智之于贤者也,圣人之于天道也,命也,有性焉,君子不谓命也。”(《孟子·尽心下》)孟子主张伦常是人性的当然之理。与此相反,世人常常认为伦常之德的优劣是由天生禀赋所决定、伦常关系的好坏是由外在命运所左右,从而不复尽力于伦常之道。在五伦之中,君臣之伦尤其容易面临这一问题。比如从告子“仁内义外”之说出发,很容易推出父子之仁为人性所本有而为内、君臣之义为人性所本无而为外。这样一来,君臣之伦的彰显与否,也就可能被彻底视为是由命所定。

孟子尤其批判了当时流行的两种错误的君臣观:一类是“无君”论,另一类是以利合的君臣关系。前者,如“杨氏为我,是无君也”(《孟子·滕文公下》);陈仲子“辟兄离母,不食君禄”,孟子谓之“亡亲戚、君臣、上下”(《孟子·尽心上》);陈相听信许行所言“贤者与民并耕而食,饔飧而治”,孟子谓之“变于夷”(《孟子·滕文公上》);白圭欲二十取一,孟子谓之为“貉道”,是“去人伦,无君子”(《孟子·告子下》)。后者,如“上下交征利而国危矣”(《孟子·梁惠王上》),“今之大夫皆逢君之恶”(《孟子·告子下》)等等。“无君”论自然是不识君臣之伦的内在义,“以利合”的观点则更是将君臣之伦彻底外在化、工具化。这两种错误都甚为明显,下面只分析与此两者相似而不甚明显的错误,以进一步阐明此内在性问题。

《庄子·人间世》谓:

> 天下有大戒二:其一,命也;其一,义也。子之爱亲,命也,不可解于心;臣之事君,义也,无适而非君也,无所逃于天地之间。是之谓大戒。

庄子以"命"与"义"分别父子与君臣，谓前者"不可解于心"，而后者"无所逃于天地之间"。郭象注谓父子"自然结固，不可解也"、君臣"千人聚，不以一人为主，不乱则散，故多贤不可以多君，无贤不可以无君，此天人之道，必至之宜"。成玄英疏谓："夫孝子事亲，尽于爱敬。此之性命，出自天然，中心率由，故不可解。……夫君臣上下，理固必然，故忠臣事君，死成其节，此乃分义相投，非关天性。然六合虽宽，未有无君之国，若有罪责，亦何处逃愆！是以奉命即行，无劳进退。"〔1〕就君臣之义而言，无论是庄子本人所言的"无所逃于天地之间"，还是郭氏所言的"天人之道，必至之宜"或成氏所言的"理固必然"，都与一般的无君论有明显差异。就践履而言，成氏所谓的"忠臣事君，死成其节"更是与儒家之言无别。但是，这些言论都是在父子与君臣的比较之下展开的。细察之，庄子似乎认为父子之伦是自内而生、君臣之伦是由外所迫，成疏则更是直接以"出自天然"与"非关天性"表述两者之别。在庄学语境中，君臣之伦只是一种消极的"不得已"，明显具有某种外在性。

朱子对庄子的这种君臣观大加批评，甚至直接将之定性为"无君"：

> (庄子)看得那君臣之义却似是逃不得，不奈何，须着臣服他，更无一个自然相胥为一体处，可怪！故孟子以为无君，此类是也。〔2〕
>
> 父子之仁，君臣之义，莫非天赋之本然，民彝之固有。彼乃独以父子为自然，而谓君臣之相属，特出于事势之不得已，夫岂然哉！〔3〕

一方面，君臣之义是"民彝之固有"，为当然而不容已者，而非出于外在"事势之不得已"；另一方面，君臣之伦是"天赋之本然""自然相胥为一

〔1〕 郭庆藩：《庄子集释》，中华书局1961年版，第155—156页。

〔2〕《朱子语类》卷一百二十五，第8册，中华书局1986年版，第2991页。

〔3〕《晦庵先生朱文公文集》卷八十二《跋宋君忠嘉集》，见《朱子全书》第24册，上海古籍出版社、安徽教育出版社2002年版，第3873页。

体”,为天理自然如此者,而非出于人为之造作。概言之,君臣之义既是内在之当然者,亦是天理之自然者。庄学虽然承认君臣之义的必要性,但终究只是将之视为外在之迫使与人为之造作,因而正好与以上二义相反。

在庄子,君臣之义“无所逃”的关键理由在于“无适而非君”。对此,郭象从君主的必要性予以解释,成玄英则从现实中“未有无君之国”予以说明。依成疏推之,若真有“无君之国”,那么也就可以无“君臣之义”,君臣一伦的必然性即可由此消解。[1]所谓“普天之下,莫非王土,率土之滨,莫非王臣”,相比于庄学的这种消极态度,孟子从正面认同“无适而非君”的意义。孟子区分了“庶人之臣”与“在位之臣”。庶人之臣:“在国曰市井之臣,在野曰草莽之臣,皆谓庶人。”(《孟子·万章下》)朱子谓:“夫孟子固曰‘在国曰市井之臣,在野曰草莽之臣’矣,则固无所适而不为臣。但不传贽而仕于其朝,则不得同于在位之臣耳。”[2]人臣可以根据出处进退之义,决定是否出仕而成为“在位之臣”。即使是无位之民,也仍有其作为臣的义分,如“往役,义也”(《孟子·万章下》),朱子注:“往役者,庶人之职。”[3]而君主也对之有相应的责任,如“君之于氓也,固周之”(《孟子·万章下》),朱子注:“视其空乏,则周恤之,无常数,君待民之礼也。”[4]君臣之义的意义完全是积极的,其本性

---

〔1〕宋司马温公以孔子之“君命召,不俟驾行矣”非难孟子之不赴齐王之召,杨龟山即本于庄子此意以作回应:“先王之时,天下定于一,尺地莫非其有,一民莫非其臣也,则士于其时无适非君也,无所逃于天地之间,则‘君命召,不俟驾行矣’,礼也。周衰,诸侯各擅其土地,士不遇于齐,则之楚、之魏无不可者,非一国所能专制也,故士于斯时有不为臣之义。”(《孟子精义》卷四,《朱子全书》第7册,上海古籍出版社、安徽教育出版社2002年版,第694—695页)龟山认为,孔子身处天下一统的时代,所以“无所逃于天地之间”,不能不为臣;而孟子身处天下分裂的时代,“无适而非君”这一条件不成立,所以孟子可以不为臣。龟山的这种看法颇为流行,朱子对此提出了严厉的批评:“以无所逃而不俟驾,有所适而不为臣,尤非所以明君臣之义也。”(《孟子或问》卷四,见《朱子全书》第6册,第941页)

〔2〕《论语或问》卷十,见《朱子全书》第6册,上海古籍出版社、安徽教育出版社2002年版,第784页。

〔3〕《孟子集注》卷十,见《朱子全书》第6册,第392页。

〔4〕同上书,第390页。

不因现实而改变，其具体义分则可因不同情况而各异。[1]

通过比较孟、庄的相关论述，君臣之义的内在性获得了一些说明。接下来的问题是，这是一种怎样的内在性？一种可能的理解是，将君臣之义视为内在于人自身的需求，但同时将之视为实现人之其他目的的手段。问题是，即使此目的是善的，并且可以避开“以利合”的诘难，但如此理解的“内在”义也仍然不是孟子与朱子之意。彻底内在之物必诉诸人性之“当然”，其自身即是目的。君臣各有其当然之分，下面试从臣的角度呈现此义。

孟子辟杨朱，一则谓“杨子取为我，拔一毛而利天下，不为也。”(《孟子·尽心上》)一则谓“杨氏为我，是无君也。”(《孟子·滕文公下》)朱子分别注谓“为我害仁”“杨朱但知爱身，而不复知有致身之义”。[2]可见孟子对杨朱的批评包含“无天下”与“无君”两面，亦即“害仁”与“不义”两面。相应地，臣之忠君，其义也应包含“爱天下”与“尊君”两方面。“尊君”本身即内在于人性，有其独立意义，并非为了实现“爱天下”的外在手段(虽然“爱天下”本身是善的)。墨子“摩顶放踵利天下”，看似并非如杨朱之“但知爱身”，而是爱天下，但由于“兼爱”而平视一切人，且

[1] 即使在现代君臣之伦已经坍塌的情况下，君臣之义也并非彻底消亡。只不过即使是在履行“君臣之义”，人们也更习惯于使用“权利”话语来刻画与理解这种“义行”。晚清朱子学者夏灵峰谓：“国家有收税之义，即有保护人民之义；人民有纳税之义，即有参预政事之义。二者皆尽乎义之当然，而非有所利于其间。自霸学家造为权利、义务对待之说，于是国家之收税，人民之参政，皆视以为上下权利所存，互相钳制，而君民一体之义绝矣。”(夏灵峰：《孟子讲义》卷上，《中国近代思想家文库·夏震武卷》，中国人民大学出版社2014年版，第140页)夏氏反对当时的权利、义务对待之说，而主张名分、义务对待之说：“名分者，名义上之所应得；义务者，名义上之所当行。……所谓‘权利、义务’者，必易以‘名分、义务’而后可也。(家长于家族)有监督之名分，必有扶养之义务；(家族于家长)有服从之义务，必有受扶养之名分。自家而国，其道一也。”(夏灵峰：《〈大学衍义〉讲授》，《中国近代思想家文库·夏震武卷》，中国人民大学出版社2014年版，第53页)“名分”本于“礼”，“名分、义务”实即关联于“礼义”，孟子辨义、利的同时也以礼、义二者并提：“无礼义，则上下乱。”(《孟子·尽心下》)“名分”对具有某名分以及与此名分相关的人都有要求，而且它直接关系到名分系统下每个人的自我身份认同的问题。同为“监督”、“受扶养”，但作为“权利”与作为“名分”，其意义迥异。

[2] 《孟子集注》卷十，《朱子全书》第6册，上海古籍出版社、安徽教育出版社2002年版，第435、331页。

仅以君为实现利天下之工具，实际上也是“无君”。

孟子谓“士之仕也，犹农夫之耕也”（《孟子·滕文公下》），朱子对此论曰：

> 内则父子，外则君臣，人之大伦也。况君子学先王之道，必得君而事之，然后有以行其道而及于人。使其君为尧、舜之君，其民为尧、舜之民，是君子之所愿欲也。退而穷处，盖不得已而然耳。[1]

以“况”字为分界点，这段对君臣关系的解释可分出两层意思：一为“人之大伦”，二为“得君行道”。人们容易错误地将后者当成君臣之义的实质，但实际上，后者只是“君子之所愿欲”，前者才是内在于人性的当然之理。“君子之所愿欲”是仁心的一种发露，虽然它也是内在于人性的，但问题在于，这种“愿欲”并不是非满足不可的，也并不能“求则得之”，所以严格来说它并不直接具有孟子意义上的内在义。即使所愿所欲得不到满足，作为人性之当然的君臣之义也仍然不可消除，所以孟子谓：“广土众民，君子欲之，所乐不存焉；中天下而立，定四海之民，君子乐之，所性不存焉。”（《孟子·尽心上》）“君臣之义”属于这里所说的“所性”的范围，而不属于“所乐”“所欲”的范围。“人之大伦”的说法可以根本杜绝将“君臣之义”视为行道之工具的误解，而“得君行道”的说法则难以避免这种误解。就君臣之伦而言，前者比后者更为优先，尊君本身就是目的而非手段，这也是作为“人伦”的君臣之义（亦即本于人性之当然的君臣之义）的一大要义。[2]

---

〔1〕《孟子或问》卷六，见《朱子全书》第6册，上海古籍出版社、安徽教育出版社2002年版，第950—951页。

〔2〕当然，这里也存在着天人之辨：从天的角度而言，可以认为后者比前者更为优先，所谓“天生民而立之君”，“君”可谓是天之仁民的“工具”。但由于天人有别，如果人也以君为“工具”，那么就是对天的僭越。人只应以义尊君，由此而自然地实现天地仁民的结果。《孟子》“民贵君轻”章，朱子认为“民之贵”与“君之贵”有其各自的合宜之处：“以理言（转下页）

上述“行道”与“行义”的二分在《论语·微子》中也有体现：“不仕无义。……君子之仕也，行其义也。道之不行，已知之矣。”朱子注此谓：“仕所以行君臣之义，故虽知道之不行，而不可废。然谓之义，则事之可否，身之去就，亦自有不可苟者。”[1]道虽不行，君臣之义不可废。当然，此“义”实包含“可、否”“去、就”，而并非一味地“可”与“就”。朱子门人辅汉卿谓：“君臣之义虽本乎天，而具乎我者也；道虽存乎我，而其行止则系乎天者也。具乎我者不可废，而系乎天者则非敢必也。”[2]道之行止“系乎天”，而义之行否“具乎我”。由这样一种天人之辨可见，就君臣之伦而言，人性之当然首先在于行义而非行道。

隐者因“道之不行”而废君臣之义，大抵是只愿行道而不愿行义，与墨家同病，而病根在于未明上述天人之分，未明作为“人伦”的君臣之伦的关键所在。当然，行道与行义并非相离，朱子谓：“义合而从，则道固不患于不行；不合而去，则道虽不行，而义亦未尝废也。是以君子虽知道之不行，而未尝不仕，然亦未尝怀私徇禄，而苟一时之安也。由此观之，道、义之未尝相离也，亦可见矣。”[3]虽然人的内在本分在于“行义”，但“行义”也是实现“行道”的正确之途。另外，由于理学所主张的“天生民而立之君”“君民一体”等并不仅是一种应然，而更是一种自然事实，所以，“尊君”与“爱民”(或“爱天下”)也应是一体两面而并非相离的，“尊君”实是实现“爱民”的正确之途。总之，欲行道而不欲行义，爱

(接上页)之则民贵，以分言之则君贵，此固兼行而不悖也，各于其时视其轻重之所在而已尔。”(《孟子或问》卷十四，见《朱子全书》第6册，上海古籍出版社、安徽教育出版社2002年版，第1007页)或可从天人之别的角度理解此论：“以理言之”即是从天的角度而言，所以“民贵”；“以分言之”即是从人的角度而言，所以“君贵”。现代的孟子诠释者一味主张“民贵”，可见其偏蔽所在。

〔1〕《论语集注》卷九，见《朱子全书》第6册，上海古籍出版社、安徽教育出版社2002年版，第229页。

〔2〕胡广等纂修，周群、王玉琴校注：《四书大全校注》(上)，武汉大学出版社2015年版，第728页。

〔3〕《论语或问》卷十八，见《朱子全书》第6册，第895页。

民而不尊君，实际上都是将君臣之义划在了人性之外，都是对人之固有本性的舍弃，且破坏了天人之分。〔1〕

以上大致说明了君臣之义的内在性：(一)君臣之义在内而非在外，(二)君臣之义自身即是所当然而不容已者、是目的而非手段。〔2〕“义”本身可包含三层意义：义之在天，义之在人，义之结果(亦即“利”)。对内在性问题的探讨主要在第二层，但其他两层意义亦不容忽视。就第三层而言，由于“利”是“义之和”，所以君臣之义能带来君臣之间的共利以及“利天下”的结果，这是由天所保证的。但由于这只是君臣之义的

〔1〕以此来看所谓“得君行道”与“觉民行道”的刻画，其问题在于，它只聚焦于“行道”而忽视了“行义”的维度。即使接受这种刻画，也需要看到，前者尚知维护君之名，而后者已无视君之名，由此或可见君臣之伦的沦丧历程。不以爱民为基础的尊君，则谄媚而已；不以尊君为基础的爱民，其实也并不高贵，因其只需要怜悯之心流露就够了，无需任何条件，也不必承担尊君所带来的任何危险。因君之暴而不尊之，必不能真正爱民，因为民也可能成为暴民。仁体而义用，悖义也不可能实现仁。只欲“行道”而不欲“行义”，单主“爱天下”而不主“事君能致其身”，都是有问题的。这种偏失在明末甚为明显(典型者如黄梨洲)，而现代对“无义之仁”的倡导更是到了无以复加的地步。王船山对此早已甚为戒备，对于《论语》“不仕无义”章，船山训其义谓：“忍于弃世者，不知有仁，则愈不知有义。……贤智聪明之志，非不可以桀然自命，而有所出以受统于君、公者，诚非是而心有所不安。恝然安其所不安，而心失其制。耳目手足之用，非不可以自养，而有所听以共效于天下者，诚非是而事有所不成。孑然不恤其成，则事失其宜。……天生我为人，则统之于君；天生我为君子，则所效为仕。凛然不敢亢之心，自见之皇然不敢康之志。故君子不以天下为污隆，而以此身为分义。……凡以为仕计者，非怀才而欲见，不可见而姑已也；亦非仅哀斯民之疾苦而思援之也。盖以义在必行，而不可任贫贱骄人之气以废大伦也。”(《四书训义》卷二十二，见《船山全书》第7册，岳麓书社2010年版，第947—949页)船山对隐者的批判包含仁与义两方面，而以后者为重：“不知有仁，则愈不知有义。”船山认为，君子之出仕，并非只是仁心发动，并非“仅哀斯民之疾苦而思援之”，更是行君臣之义。所谓君臣之义，船山直接化用了朱子对“义”的定义语“心之制，事之宜”，认为“统之于君”是“心之制”的要求，“所效为仕”是“事之宜”的要求。

〔2〕朱子在此两方面还有不少论述：就(一)而言，如：“君臣之义与生俱生，果非从外得也。”(《晦庵先生朱文公续集》卷五《答尤尚书》，见《朱子全书》第25册，上海古籍出版社、安徽教育出版社2002年版，第4742页)又如：“天下之义，莫大于君臣。其所以缠绵固结而不可解者，是皆生于人心之本然，而非有所待于外也。”(《晦庵先生朱文公文集》卷七十九《邵武军学丞相陇西李公祠记》，见《朱子全书》第24册，上海古籍出版社、安徽教育出版社2002年版，第3782页)就(二)而言，如：“臣之事君，犹子事父，东西南北，唯命之从，此古今不易之理也。”(《晦庵先生朱文公文集》卷二十二《申省状》，见《朱子全书》第21册，上海古籍出版社、安徽教育出版社2002年版，第1015页)

功效,所以不能以此理解君臣之义的实质,前文对此已有论及。[1]就第一层而言,人之“义”源于天之“义”,君臣之义不仅是作为“人性之当然”,更是出于“天理之自然”,此层意义尚待阐发。孟子所说的“命也,有性焉,君子不谓命也”虽然涉及此层,但毕竟论述得少,而朱子对此的阐发则甚为丰富:

> 仁有两般:有作为底,有自然底。看来人之生便自然如此,不待作为。如说“父子欲其亲”、“君臣欲其义”,是他自会如此,不待欲也。父子自会亲,君臣自会义。既自会恁地,便活泼泼地,便是仁。[2]

> “天生蒸民,有物有则”,君臣之义,根于情性之自然,非人之所能为也。故谓之君,则必知抚其民;谓之民,则必知戴其君。如夫妇之相合、朋友之相求,既已联而比之,则其位置名号,自足以相感而相持,不虑其不亲也。[3]

如果说孟子尤其凸显了君臣之义的内在性,那么上述议论就是朱子从超越性的向度对孟子之说所作的进一步拓展。以上阐发的关键有二:其一,朱子认为“君臣自会义”“君臣之义,根于情性之自然”,又谓其为“活泼泼地”,此乃直指君臣之义的天理源头,而此源头的关键在于“仁”。实际上,也只有理解到“仁”这一根源,前述孟、庄对君臣之义的相反态度才可得索解。其二,所谓“天生烝民,有物有则”,如果从作为

---

[1] 义利之辨应包含两个层次:从人(或“人心”)的角度来说,必须严守义利之辨,义利如冰炭之不相容;从天的角度来说,《易·文言传》谓“利者,义之和”,利不从别的德目来,却从义而来,可见利与义之间具有最大的亲近关系。论者常以上述两个层次相互妨碍,而认为两者不相妨碍的学者,又常不知将之统一于何处,其原因皆在于天人关系之不明。

[2] 《朱子语类》卷六,第1册,中华书局1986年版,第112页。

[3] 《晦庵先生朱文公文集》卷七十二《古史余论》,见《朱子全书》第24册,上海古籍出版社、安徽教育出版社2002年版,第3504页。

创生者的天的角度来看,完整的君臣之伦应包含“君臣之物”(如所谓“位置名号”等)与“君臣之则”,而前文涉及的主要还只是内在于人性的君臣之则。接下来须围绕以上两点考察君臣之伦的超越维度,以揭示其作为“天伦”的意义。

二、出于天理之自然的君臣之伦

在广为后世征引的《跋黄仲本朋友说》一文中,朱子谓:

> 人之大伦,其别有五,自昔圣贤皆以为天之所叙,而非人之所能为也。然以今考之,则惟父子、兄弟为天属,而以人合者居其三焉,是则若有可疑者。然夫妇者,天属之所由以续者也;君臣者,天属之所赖以全者也;朋友者,天属之所赖以正者也。是则所以纪纲人道,建立人极,不可一日而偏废。虽或以人而合,其实皆天理之自然,有不得不合者,此其所以为天之所叙,而非人之所能为者也。[1]

父子兄弟为“天属”之伦[2],夫妇、君臣、朋友为“人合”之伦——在朱子之前,这类看法本也常见,但论者主要是从伦理关系是否可以断离的角度来看待二者的差异的。[3]这固然没错,但“人合”之伦与天的关系并

[1] 《晦庵先生朱文公文集》卷八十一《跋黄仲本朋友说》,见《朱子全书》第24册,上海古籍出版社、安徽教育出版社2002年版,第3836—3837页。

[2] 按:“天属”语出《庄子·山木》,原与“利合”相对。

[3] 试举朱子之前的宋代学人的用法数例。王荆公新学学派学者龚深之:“父子,天性也,则以恩属而不离;君臣,人合也,则于事终而可退。”(龚深之:《〈周易〉新讲义》卷二,清佚存丛书本)程门弟子游廌山:“以臣畜君,至于和且至,则畜道成矣。犹当尚德以载之,不可以贤临之也。尚德者,无所不用德也,故象以为‘德积载’。何则?君臣、夫妇,人合也,人合者易以睽,故虽贞而厉。”(游廌山:《易说》,《游廌山集》卷二,清文渊阁四库全书本)湖湘学派胡致堂:“子为叛逆,父则诛之,其割恩为难,何者?以天性故也。臣为叛逆,君则诛之,其正义非难,何者?以人合故也。”(胡致堂:《斐然集》卷二十三,清文渊阁四库全书本)

不明了。朱子既同意“人合”之说，又认为“人合”之伦也是“天之所叙”，是“天理之自然，有不得不合者”。[1]在朱子看来，五伦既是天伦又是人伦，“天属”与“人合”的差异，与“天伦”“人伦”的差异无关。[2]

朱子对五伦皆为“天之所叙”的论证方式是，以父子兄弟之伦为中心，以“天属”之伦统摄五伦。如“君臣者，天属之所赖以全者也”，君臣一伦的要义即在于保全父子兄弟之伦。对于这种论证，一种误解是：父子、兄弟二伦为“天属”，其他三伦则是人(或者圣人)为了成全前两伦而人为设计的。这必然导致如下推论：只要能保全父子、兄弟之伦，此外的三伦可以因应时代而变化甚至被废黜——这在今天也并不是不可想象的。这种思路，虽然也是以“天属”之伦为中心，并建立其他三伦与“天属”之伦的强关联，但问题在于，如此理解的三伦必将沦为人为的工具、手段，而不是朱子所谓的“天理之自然”。

朱子此《跋》所论，原本针对宋人王深甫《告友》一文。王氏谓：“父子兄弟之亲，天性之自然者也；夫妇之合，以人情而然者也；君臣之从，以众心而然者也。是虽欲自废，而理势持之，何能也?”[3]王氏认为“父

〔1〕朱子之后，论者多能肯定五伦的天性根源，直到反理学思潮出现，这种认识又遭到普遍的否定。如清人毛西河基于汉唐注疏认为，《尚书》中的“五典”(五伦)并非孟子所言的“人伦”：“五伦只父、母、兄、弟、子五者，有天合而无人合……惟《孟子》所言，以战国人所传伦类异名推记契教，此不必合一者。且是人伦，非五伦。”(毛西河：《四书改错》卷十四，华东师范大学出版社2015年版，第307页)毛氏认为“五伦”只有“天合”的父子、兄弟之伦，而孟子所言的五种“人伦”并非“五伦”，是受战国时代的思想影响，非《书》之原义。这就再次否定了从孟子到朱子所发明的“人合”之伦本于天性的思路。

〔2〕“天伦”以“自然”言，“人伦”以“当然”言。清代朱子学者桑弢甫对此有明确说明：“自来称天伦、称人伦，此各有实义当晰。何谓天伦？父子兄弟，固以天合。若君臣之义‘无所逃于天地之间’，夫妇‘一与之齐，终身不改’，朋友‘闻声相思’、‘倾盖如故’至‘久要不忘’，俱有天存焉，故五伦皆天伦。此非予之私言也，‘天秩’、‘天叙’发自《皋谟》，朱子亦尝言之。苟昧乎天之由来，一伦未尽，即悖天矣。何谓人伦？《传》言‘为人君’、‘为人臣’、‘为人父’、‘为人子’，兄弟、夫妇、朋友可即此推。《中庸》言‘五达道’，不加亲、义、别、序、信字，欲令人顾名思义，缘名责实，一为虚位，即不成之为人。……明乎天之自然而不可易，人之当然而不可离，认得真、做得彻，乃可俯仰无愧怍。”(桑弢甫：《弢甫集》卷十七《道山书院学规》，清乾隆刻本)

〔3〕王深甫：《告友》，见吕东莱编：《宋文鉴》卷一百二十七，清文渊阁四库全书本。

子之亲”是天性自然，而“夫妇之合”是出于“人情”，“君臣之从”是出于“众心”。朱子认为王氏忽视了夫妇与君臣之伦的天理依据：“病其推之不及于天理之自然，顾以夫妇、君臣一出于情、势之偶合。”〔1〕但朱子并不否定夫妇之情、君臣之势的意义：

> 父子也，兄弟也，天属之亲也，非其乖离之极，固不能轻以相弃。而夫妇、君臣之际，又有杂出于情物、事势而不能自已者，以故虽或不尽其道，犹得以相牵联比合，而不至于尽坏。至于朋友，则其亲不足以相维，其情不足以相固，其势不足以相摄，而为之者，初未尝知其理之所从、职之所任，其重有如此也。〔2〕

夫妇之间有“情”（“情物”）以“相固”，君臣之间有“势”（“事势”）以“相摄”，所以“虽或不尽其道，犹得以相牵联比合，而不至于尽坏”。朱子此说看似与王氏所谓“虽欲自废，而理势持之，何能也”相同，但其间差异实不容忽视。王氏将情与势视为夫妇与君臣两伦成立的根基，而且情不过是“人情”，而“势”不过是“众心”所成，它们全是属人的，是由人自身的需要而被建构的。朱子则将这两伦的根基奠定于“天理之自然”，并从这一根基出发肯定“情”与“势”的意义。这样一来，“情”与“势”的源头就不是系属于人而是系属于天。所以，即使人未尽夫妇、君臣之道，出于天理自然的“情”与“势”也仍然会起作用；即使人要废黜夫妇与君臣之伦，而通过其他方式持续与保全天属之伦，但“情”与“势”所关涉的两种人际关系也仍然不可能消亡。如果再进一步琢磨王氏与朱子的语意，他们对“情”与“势”所持的是两种完全相反的态度：在王氏看来，这两者只是因为人的需要而不可被消除，这是一种无可奈何的态度；但

〔1〕《晦庵先生朱文公文集》卷八十一《跋黄仲本朋友说》，见《朱子全书》第24册，上海古籍出版社、安徽教育出版社2002年版，第3838页。

〔2〕同上书，第3837页。

朱子则将此视为天对人的恩德，所以即使人“不尽其道”，但天也仍然通过它们使其“牵连比合”，使其不陷入彻底的坏乱之中，由此岂不亦可见天地之仁？

前文所论及的误解之所以会产生，乃因为它是以人之需求为中心所进行的运思。这提示我们，需要放下“人”，首先从“天理之自然”的角度出发来理解各项伦理。朱子以“父子兄弟”为中心，似乎同样是以人为中心展开论述的。但在朱子学的系统里，“天属”之伦之德为“仁”，亦即“天地生物之心”。如此，论“父子兄弟”便不止于是论人，同样也是关涉天。天地生物之心以“生”为主，其中也就必然包含“成”。“生”之义必然要求夫妇、父子之伦，而“成”之义则必然要求君臣、朋友之伦。

实际上，朱子一向主张要从超越性的角度思考人伦的根源问题。他曾屡以“穷究道理根原”教诲陈北溪：“凡看道理，须要穷个根源来处。如为人父，如何便止于慈？为人子，如何便止于孝？为人君、为人臣，如何便止于仁、止于敬？如论孝，须穷个孝根原来处；论慈，须穷个慈根原来处。仁、敬亦然。凡道理皆从根原处来穷究，方见得确定，不可只道我操修践履便了。”〔1〕“为人君，止于仁；为人臣，止于敬”，这是人的“操修践履”之事，但朱子强调“不可只道我操修践履便了”，而要“从根原处来穷究”。北溪依朱子之教，写作了《孝根原》《君臣夫妇兄弟朋友根原》《事物根原》，阐述五伦的义理根原。朱子甚为赞赏，认为“看得甚精密”。陈北溪关于君臣根原的议论如下：

> 夫天之生人，群然杂处，愚智不能皆齐，不能以相安，必有才智杰然于中，为众所赖以立者，是君臣盖天所命自然如此也。然天尊地卑，乾坤定矣，则君君臣臣之所以当义，亦岂自外来乎？……惮于为义而事骄谄，则是不循天命之正为君臣，而以私意为君臣矣，岂

〔1〕《朱子语类》卷一百一十七，第7册，中华书局1986年版，第2815页。

天地统摄之权所寓哉?[1]

君君臣臣秩然有序,不仅是出于人群安治的必然需求,更且是“天命自然如此”。从现代流行的观点看来,这种论述属于老生常谈,无非是将政治中的君臣关系与“天”作一种牵强比附。但陈北溪将“统摄之权”划归于“天地”,实与将它划归于“君”或“民”——由此可形成“君权”或“民权”的观念——的做法有别。如果说“君权神授”之说是以“君权”为核心,通过比附神命论以论述“君权”的合法性,那么北溪之说的核心乃在“天地统摄之权”而非“君权”,其意则更接近于“神授君权”或“神权君受”。与单纯从人的角度肯定君权不同,北溪之说实有进一步从天的角度肯定君权之意。这意味着,人固然需要君臣之伦才能得到安治,君主也固然需要通过君权才能统摄臣民,但这都是靠后的问题,更为基础的问题在于:是天地自身要统摄其所生的杂然不齐之物,所以才将其统摄之权“寓于”君臣之间,使君臣之间能够藉由此物而形成一体、上下相安,此为天地之仁的内在要求。[2]从五经到孔孟再到理学家,儒家对于权势的重视古今相承,如《尚书·洪范》谓“惟辟作福,惟辟作威,惟辟玉食”,孔子谓“天下有道,礼乐征伐自天子出”(《论语·季氏》),孟子主张“定于一”、反对“二天子”,朱子也反对权臣:“君臣之际,权不可略重,才重则无君。”[3]一般而言,通过义、利之辨,即可将儒家肯定权势的方式

[1] 陈北溪:《北溪大全集》卷五《君臣夫妇兄弟朋友根原》,清文渊阁四库全书本。

[2] 与此相似,对于朋友之伦,人们也较易忽视“天”这一更基础的理解角度。陈北溪论朋友根原谓:“天之生人,人必与人为群,决不能脱去与鸟兽为伍,于是乎党类侪辈成焉,是朋友亦天所命自然如此也。”并以朋友之伦为“天地并育并行之道所寓”。(陈北溪:《北溪大全集》卷五《君臣夫妇兄弟朋友根原》,清文渊阁四库全书本)朱门弟子对此质疑:“朋友之义,自天子至于庶人,皆须友以成,而安卿只说‘以类聚’,莫未该朋友之义否?”朱子谓:“此亦只说本来自是如此。‘自天子至于庶人,未有不须友以成’,乃是后来事,说朋友功效如此。”(《朱子语类》卷十三,第1册,中华书局1986年版,第234页)质疑者即是只从人自身的需要(“须友以成”)理解朋友之伦,所以朱子指出其所言只是“后来事”。

[3] 《朱子语类》卷十三,第1册,中华书局1986年版,第233页。

与其他学派（如法家）相区分。但如果进一步从此处所阐发的天人之辨出发，指出权势之归属于天地之仁的神圣性的一面，其义将更为完备。值得补充的是，除了“权势”外，职位、利禄等亦皆有正当意义。孟子有“天位”“天职”“天禄”之说（《孟子·万章下》），《朱子集注》引范氏之言：“位曰‘天位’，职曰‘天职’，禄曰‘天禄’，言天所以待贤人，使治天民，非人君得专者也。”[1]可见位禄与权势一样，其终极归属也是天。即使它们被为政者所专擅而导致名实不合，也并不能改变其根本属性。

天地只能通过“立君臣”的方式——即让万物处于君臣之伦中——来行使其统摄之权，而要实现这种统摄，天与人各有其分内之事：（一）天命君臣之伦，包含“君臣之物”与“君臣之则”。其中，“君臣之物”应包括“位置名号”（或“名位”）与“权势”；相应地，“君臣之则”即应包括“君臣之礼”（或“君臣之名分”）与“君臣之义”——孟子也以礼、义言“君臣之则”：“无礼义，则上下乱”（《孟子·尽心下》）——其中，“君臣之礼”也可以归属于广义的“君臣之义”。（二）从人的角度来说，“君臣之则”同时内在于人而为“当然”，此即北溪所谓“君君臣臣之所以当义，亦岂自外来乎”。人应当明晓“君臣之则”，基于自身名分而履居“天位”、践行君臣之义，由此便可实现天地之统摄、赞助天地之化育。

结合前文对于“义”的三层意义的划分，从“自然”与“当然”的角度出发，可以对君臣之伦作进一步拆分。君臣一伦有三种自然：“君臣自然之则”“君臣自然之物”与“君臣自然之利”。其中，只有“自然之则”兼属于天和人，就其属于人而言，即是“君臣当然之则”；“自然之物”与“自然之利”只属于天，需要通过人践行“当然之则”以裁成“自然之物”，获得“自然之利”。由于只有“君臣当然之则”才是属于人的本分，所以下述着重在“自然之物”与“自然之利”的主张都可以视为对天的僭越：道

---

〔1〕《孟子集注》卷十，见《朱子全书》第6册，上海古籍出版社、安徽教育出版社2002年版，第387页。

家无君论者妄图消除权位；法家或民主论者，以“权势”为人之私有而力求尊君抑臣或尊民抑君；功利主义者以“利害”作为君臣之伦的实质。这些思想都将属天之物当成属人之物，纠缠计较，而忽视了人所应当尽心的礼与义，彻底颠倒了天人之分。值得指出的是，服膺礼、义者，也未必都能对权位有恰当的理解与处置。如荀子认为，明君临民应“临之以势，道之以道，申之以命，章之以论，禁之以刑”（《荀子·正名》）董子谓：“为人君者，固守其德，以附其民；固执其权，以正其臣。”（《春秋繁露·保权位》）荀子在“道之以道”之外格外强调“临之以势”，董子主张以非德的方式巩固君权，都有法家色彩。究其原因，荀、董都没有从“天地之仁”这一神圣性的维度理解君权，而只是将之视作属人之物，所以不免杂染法家思想而不能恰当地安置之。[1]

君臣之伦既然是出于天理之自然，就不是“人为”可以制造或消除的。其一，就其非人为制造而言，朱子谓：“虎狼之父子，蜂蚁之君臣，豺獭之报本，雎鸠之有别，则其形气之所偏，又反有以存其义理之所得，尤可以见天命之本然，初无间隔，而所谓道者，亦未尝不在是也。是岂有待于人为，而亦岂人之所得为哉！”[2]在动物界，有所谓“蜂蚁之君臣”“虎狼之父子”，可见这种关系不限于人类；在夷狄，有所谓“夷狄之有君，不如诸夏之无也”（《论语·八佾》），朱注引程子之说谓“夷狄且有君长，不如诸夏之僭乱，反无上下之分也”，可见即使在未蒙圣人礼乐教化的夷狄之地也存在君臣关系；即使是盗贼，也有上下总属关系，如《论

〔1〕欠缺此一维度，则很容易无视孔孟对权势的重视，反而将荀子对权势的重视当作是其比孔孟进步、高明的地方，如萧公权谓：“孔孟重君主之道德而不重其权势，申商重君主之权势而不求其道德。荀子乃兼重之，集成并美，其说似臻尽善。”（萧公权：《中国政治思想史》，商务印书馆 2011 年版，第 120 页）如果说荀子对权势的重视是受法家影响，那么也正是在这里，荀子错失了孔子的原旨。另外，董子有“屈民而伸君，屈君而伸天”之说，大抵也含有“天权”之意，但其中“天权”与“君权”是对立的，“君权”本身并非“天权”，所以仍然与理学的观点不同。

〔2〕《中庸或问》卷上，见《朱子全书》第 6 册，上海古籍出版社、安徽教育出版社 2002 年版，第 551 页。

语·阳货》“礼云礼云，玉帛云乎哉”章，朱子注解引程子之说：“盗贼至为不道，然亦有礼乐。盖必有总属，必相听顺，乃能为盗。不然，则叛乱无统，不能一日相聚而为盗也。”[1]其二，君臣关系不以人为意志而消除。如《论语·为政》“十世可知”章，朱子以“三纲五常”解“所因”，认为这是万世不灭的：“秦灭先王之法，汉惩亡秦之祸，皆非欲因其礼而损益之者。然其所谓君臣、父子、夫妇之实，则秦不能有以甚异乎周，而汉亦不能有以甚异乎秦也。……推之万世，亦莫不然，虽昏狂乖乱之极，不能出此，但其得失有多少之差耳。”[2]即使“昏狂乖乱之极”，“君臣、父子、夫妇之实”也不可能被消除。朱子曾以“天做底”与“人做底”对应《论语》中的“所因”与“所损益”，并以三纲五常释“所因”：“所因之礼，是天做底，万世不可易；所损益之礼，是人做底，故随时更变。”[3]正因为君臣之纲是“天做底”，所以“万世不可易”。“人做底”在于“损益”，圣人损益得恰好，秦则损益得极坏，但都是以“天做底”为基础进行的。[4]

不同的“君臣之物”对于“君臣之则”的体现有程度上的多少、性质上的正邪之别，而“君臣之物”始终都在。虽然它的存在不表示它合乎君臣之则，但取消君臣关系一定意味着破坏天理。简言之，虽然不能说“有君即善”，但可以说“无君即恶”。《论语·八佾》“夷狄之有君”章，程门弟子范、吕二氏认为，夷狄虽然有君主，但不如诸夏之无君而有礼义，如此即是以礼义为必不可少，而君主为可有可无。[5]这不仅是使“君臣之物”与“君臣之则”相分离，更且是将“君臣之则”悬在了空虚之域。朱

---

〔1〕《论语集注》卷九，见《朱子全书》第6册，上海古籍出版社、安徽教育出版社2002年版，第222页。

〔2〕《论语或问》卷二，见《朱子全书》第6册，第657—658页。

〔3〕《朱子语类》卷二十四，第2册，中华书局1986年版，第595页。

〔4〕今人以三纲为法家之说，固是不当；但若以三纲为儒家之说，其实也未莹。既然三纲是“天做底”而非“人做底”，那么就无所谓中西古今之别，亦无所谓儒法之别。

〔5〕这种看法在理学兴起之前即已流行，如释慧琳、邢昺等皆作如此解。参见程树德：《论语集释》，中华书局2014年版，第190—191页。

子对此批评道:“臣之不可无君,犹人之不可无首也。植遗腹、朝委裘,盖出于一时之不得已。然自有中国以来,其能如是而不乱者,盖亦希矣,圣人岂以是为可常哉!”[1]朱子此说尤其凸显了“君”本身(“物”)相对于“礼义”(“则”)的客观独立意义,可将此视为理学意义上的“政治客观性”。但必须指出,不能因此认为朱子支持君臣可以不依礼义行事。《论语·八佾》“君使臣以礼,臣事君以忠”章,谢上蔡谓:“不能使臣以礼,谓之以贵治贱则可,非为君之道。不能事君以忠,谓之以贱事贵则可,非为臣之义。”[2]谢氏认为在礼义之道以外,另有贵贱相处之道,朱子反对说:“谢氏所以为说,则是别有贵治贱、贱事贵之道,而无待于礼义,必为君臣而后始以礼义相与也,而可乎?”[3]总之,“君臣之物”与“君臣之则”都来自“天理之自然”,其关系可用“不离不杂”来表述:不杂,所以“君臣之物”有其客观独立性;不离,所以“君臣之物”虽有独立性,但也内具天赋的本然之则,而人则须以此“则”规范、裁成此“物”。

所谓“有物有则”,验之夫妇之伦,必有男女互相吸引的情欲存在;验之君臣之伦,必有等级性的权势存在。从积极的意义上说,人践行夫妇、君臣之伦理,正是践行天地之仁,能存续、保全父子兄弟之伦,且能对情欲、权势有恰当的安顿。从消极的意义上说,即使人不遵循伦理规范而欲取消夫妇、君臣之伦,其自然之则与自然之物(情欲与权势)也不可能被消除。问题在于,由于“自然之则”既属天而又内在于人,所以人虽然不能消灭它(所谓“秉彝不可殄灭”),但如果无视它,就一定会遮蔽、削弱、戕害它;而“自然之物”只属于天,所以不论人如何无视它,它也不会因此而蒙受遮蔽、削弱。由此引发的问题,就君臣一伦而言,既

[1] 《论语或问》卷三,见《朱子全书》第6册,上海古籍出版社、安徽教育出版社2002年版,第662页。
[2] 《论语精义》卷二上,见《朱子全书》第7册,第123页。
[3] 《论语或问》卷三,见《朱子全书》第6册,第670页。

然废除君臣之伦在实质上只不过是无视君臣之则、不践君臣之义，而不能消除或削弱“君臣之物”，那么脱离君臣之则的约束的君臣之物，即使一时可以发挥其最基本的仁爱万物的功用，但也势必因其不得安顿而带来巨大的危险。〔1〕

三、君臣之总属与尊卑的先天原理

上节主要从“君臣之物”与“君臣之则”两方面表明了君臣之伦与天地之仁的内在勾连，且尤其彰显了“君臣之物”的天理根源。接下来的问题是：从超越性的层面出发，究竟会对君臣之伦生成怎样的具体规定？或者：五伦皆为天伦，皆由天地之仁所规定，那么天对君臣这一伦赋予了怎样独特的性质？依儒学常识，君为统领而臣为从属、君为尊而臣为卑，此即君臣之伦的特质所在，接下来须对此特质的先天原理作进一步推衍。

朱子以父子兄弟之伦为核心统摄五伦，而陈北溪则直接以天地生

〔1〕 佛老忌惮男女情欲，中国现代思想忌惮君臣权势。佛老在安顿情欲的问题上倾注极大之心力，现代对权势问题的纠结或与此相似。佛老对待情欲，一方面有去欲、禁欲之意，另一方面有宰欲、化欲之意，但终究是没有领会情欲本身所具备的天则，即不是以实理处置欲，而是以“空”处置欲。对于权势，或主张去除，或主张驯化，同样也都没有领会其本来归属于天的特质。当然，情欲与权势确实本就很难安顿，恶往往由其不得安顿而起。圣人依天则而作礼，极详极谨于夫妇、君臣之礼，岂是偶然？现代学者认为，宋明儒学解决了内圣（心性）的问题，当今儒学之开展当解决外王（政治）的问题。在笔者看来，情欲与权势应属两大领域中的难点问题。如果不能从天命论的根源（“仁”）出发，以伦理中的常德（“义”）为主导，以圣人所作礼法（“礼”）为依归，外王领域中的权势问题同样也不可能得到好的解决。周桂钿说：“制约人的权力的重要手段通常不外三种，即宗教、法律和道德。”（周桂钿：《中国传统政治哲学》，河北人民出版社2007年版，第397页）从形式上看，笔者的说法与其三分法类似。但本文认为，在此三者中，以仁为核心的天命根源最为重要（荀子、董子所缺者即在此）。而且既然权势本是属天，那么本文也并非主张“制约人的权力”，而毋宁说是“裁成天赋的权力”。现代君主制的倒塌，只是在遗忘天命之神圣性（“仁”）后，进一步取消君臣之名分（“礼”），并将原本作为人之内在常德的“义”转变为与权利相对而生的“义务”，惟独剩下光秃秃的权势不能变革与取消，其危险性不言而喻。

化之理为核心统摄五伦。在北溪看来，父子之伦的成立是因为“天之生人，决不能天降而地出、木孕而石产，决必由父母之胞胎而生”，而君臣是“天地统摄之权所寓”，夫妇是“天地生化之根所寓”，兄弟是“天地之序所寓”，朋友是“天地并育并行之道所寓”。[1]统摄者的存在，使得各伦常之间呈现出紧密的配合关系。《国语·晋语》谓：“民生于三，事之如一。父生之，师教之，君食之。非父不生，非食不长，非教不知，生之族也，故一事之，唯其所在则致死焉。”朱子采此入《小学》。《孟子·梁惠王下》引《尚书》之言谓：“天降下民，作之君，作之师。”将这两段话关联起来：“天降下民”是通过“父生之”的方式，而“作之君”与“作之师”的意义则在于“养”与“教”，“养”与“教”合起来的意义即是成就民。这样一来，天通过一“降”一“作”两个方向相反的方式，达成了一个完整的回环——既生之又成之。这一回环跟慈与孝的回环相吻合，就此而言，君与师是助人实现孝（事奉父母/天地）的两翼（见本小节末“人伦配合图”）。“父生之”是赋性赋形，而“师教之”与“君食之”则是使其复性践形。上节朱子所谓“君臣者，天属之所赖以全者也；朋友者，天属之所赖以正者也”，即可与此相照应。下文将在与父子、师友、兄弟的关联与比较中进一步呈现君臣一伦的先天特质。

孟子以仁、义分言父子与君臣，在宋代遭到非孟派学者晁以道（司马温公弟子）的批评：“（孔子）曰‘父子之道，天性也，君臣之义也’，先儒谓‘父子之常道，加以尊严，又有君臣之义也。’……君、父无二体，忠、孝非两端，仁、义不可于君臣、父子而分矣。呜呼！仁之所至，义亦次焉，故曰：‘立人之道，曰仁与义。’子夏之言曰：‘父至尊也，天子至尊也，君至尊也，是故三年之服一也。’愚尝谓七十之后诸子者，非亲见圣人之比也。”[2]晁氏以《孝经》之言为本而主张忠孝一体、君父一体。从其所征

〔1〕 陈北溪：《北溪大全集》卷五《君臣夫妇兄弟朋友根原》，清文渊阁四库全书本。
〔2〕 晁以道：《景迂生集》卷十四《大辩》，清文渊阁四库全书本。

引的“先儒”之言来看，显然是受唐明皇《孝经御注》的影响，而非《孝经》本义。[1]孟子自然不认同君父为一，但晁氏认为“仁之所至，义亦次焉”，并非毫无道理。义与仁之间的关联值得细究。

君虽不可比于父，但可比于宗子。张子《西铭》谓：“大君者，吾父母宗子；其大臣，宗子之家相也。”朱子注解：“乾父坤母而人生其中，则凡天下之人，皆天地之子矣。然继承天地，统理人物，则大君而已，故为父母之宗子；辅佐大君、纲纪众事，则大臣而已，故为宗子之家相。”[2]一方面，宗子继承父母，代表父母统理众子；另一方面，宗子又代表众子，其统领众子之所为，终究是为了事奉父母。与此相似，“大君”既“继承天地，统理人物”，又统领人物以事奉天地(事奉各自之父母)。[3]

仁只是生，义则是生生之仁的内在条理，意味着“各正性命”。天人关系、父子关系都是以生生之仁为中心。从“生者”的角度来看，父为一，天也为一；但从“所生者”的角度来看，则有多个“所生者”。所生者之间不能只有无差别的平等，而必有其不可紊乱的次序条理，以形成一有序的统一体，与“生者”一对一地承接。这种次序条理，也就是兄弟、君臣之伦。父子之伦并不只是兄弟之伦得以成立的事实前提而已，更重要的是，父子之伦必内在地要求众子以兄弟之伦的方式统合在一起。[4]与此相似，君臣之伦也是天人之伦的内在要求。消极地说，条理

---

〔1〕唐明皇改动经文，别为诠释，有其特别的政治意图。参见陈壁生：《古典政教中的“孝”与“忠”——以〈孝经〉为中心》，《中山大学学报》(社会科学版)2015年第3期。

〔2〕《西铭解》，见《朱子全书》第13册，上海古籍出版社、安徽教育出版社2002年版，第142页。

〔3〕《易·序卦传》谓“有父子然后有君臣”，从父子如何过渡到君臣？历来注家多以尊卑之序为二者之间的中介(可简单表示为“父子→尊卑→君臣”)，此说较为笼统，且有将父子与君臣混同的危险。清代朱子学者汪双池以“昆弟”之义作为过渡(可简单表示为“父子→兄弟→君臣”)，其义可谓明白恰切：“有夫妇则有父子，子之先后则有昆弟。长子主器，大宗之义，即君臣立焉。”(汪双池：《理学逢源》卷四，见顾廷龙主编、《续修四库全书》编纂委员会编：《续修四库全书》第947册，上海古籍出版社1996年版，第326页)

〔4〕以父子关系为起点，众子必然因其血缘关系而形成“兄弟关系”。但如果这种关系中没有兄、弟之间的差序与统属，那么它就只具有“brother”的意义，而未达及“兄弟之伦”。

以尊卑之序的形式呈现——众子统于宗子,众臣民统于一君——如此则不乱。积极地说,由此统属而达成的兄弟关系,能共同事奉父母,更好地实现孝;君臣通过孟子所说的“共天位”“治天职”“食天禄”等,能共同事奉天地,更好地实现仁。当然,宗子如果残贼祖宗、父母,那么必须行改易之事;“大君”如果残贼仁义,则不再具备“继承天地,统理人物”的资格而为独夫,废黜或革命也就是理所当然的。[1]

问题是,天地为何必须通过君臣之伦来实现统摄?在父子、兄弟、夫妇三种家族伦理之外尚有师友一伦,如果以“师”为统领者而以“友”实现“类聚”的目的,不也无甚欠缺吗?在《西铭》中,张子除了以宗子比大君,还以孝子比圣贤:“圣,其合德;贤,其秀也。”朱子注解:“圣人与天地合其德,是兄弟之合德乎父母者也;贤者才德过于常人,是兄弟之秀出乎等夷者也。”[2]宗子与孝子之间差异明显,大君与圣贤之间也要有所区别。依朱子注,大君是“继承天地,统理人物”,而圣人是“与天地合其德”,贤人是“才德过于常人”。君、师都与“天地”关系密切,但分别承担着异质的功能。其中“统理”的功能只能由君承担,而且君也不适合承担师所禀受的功能。下面试析之。

孟子明确区分了父子之伦与师友之伦的不同责任:“古者易子而教之。父子之间不责善,责善则离,离则不祥莫大焉。”(《孟子·离娄上》)朱子注谓:“易子而教,所以全父子之恩,而亦不失其为教。责善,朋友之道也。”[3]孟子基于父、师之分而主张的“易子而教”,在朱子的

---

[1] 宋代尊孟派学者余隐之通过“易大宗”解释革命的合理性,朱子对之表示认可。余氏谓:“先儒谓宗子有君道。……不幸大宗者恣为骄侈,荒耽酒色,横逆残暴,子弟不能堪,谏诤之不听,益又甚焉。夫欲说其族者,将使之率子弟事之,助其为恶欤?将使之躬行孝弟,收合其亲属欤?至于众族归己而易其大宗,于义苟可为,亦不得辞。此伊尹之相汤,吕望之相武,而其用心正有类此。”(余隐之:《尊孟辨》,转引自《晦庵先生朱文公文集》卷七十三《读余隐之〈尊孟辨〉》,见《朱子全书》第24册,上海古籍出版社、安徽教育出版社2002年版,第3545页)

[2] 《西铭解》,见《朱子全书》第13册,第142页。

[3] 《孟子集注》卷七,见《朱子全书》第6册,第347页。

诠释里，非但不是不得已，反而是两全其美。与此相似，孟子对于师友之伦与君臣之伦也有严格的区分，如其述子思对鲁缪公之意谓："以位，则子君也，我臣也，何敢与君友也？以德，则子事我者也，奚可以与我友？"(《孟子·万章下》)而区分师友与君臣二伦同样也是两全其美："用下敬上谓之贵贵，用上敬下谓之尊贤。贵贵尊贤，其义一也。"(《孟子·万章下》)[1]如果混同这两伦，以师道代君道，或者君行师道，都会出现问题。

以师道代君道的问题。对于朋友，孟子谓："不挟长，不挟贵，不挟兄弟而友。友也者，友其德也，不可以有挟也。"(《孟子·万章下》)朋友之伦的意义在于"辅仁"，不可掺杂长幼、贵贱、兄弟等因素。朱子认为"师"属于朋友之伦："师之义，即朋友，而分则与君父等。朋友多而师少，以其多者言之。"[2]师之行教与友之辅仁之所以可能，在于"人同此心，心同此理"。君臣之间是"总"与"属"的关系，其间带有权势，且以达成良好的政治共同体为目标。师友与君臣关系的实质差别意味着，从师友一伦出发不仅无法推导出任何政治共同体的概念，而且因其"不可以有挟"的特质，还会拒绝政治共同体中的某些要素。另外，《礼记》谓"礼闻来学，不闻往教"，孟子谓"人之患在好为人师"(《孟子·离娄上》)，于不上进的人则又谓"不屑之教诲"(《孟子·告子下》)，可见师者

〔1〕宋代司马温公质疑孟子"父子之间不责善"之说谓："经云：'当不义，则子不可不争于父。'传云：'爱子，教之以义方。'……'不责善'，是不谏不教也，可乎？"(司马温公：《疑孟》，转引自《晦庵先生朱文公文集》卷七十三《读余隐之〈尊孟辨〉》，《朱子全书》第24册，第3515页)可见温公不免混父子与师友两伦为一。温公也质疑孟子之以"宾师"自处："孟子居齐，齐王师之。夫师者，道人以善，而救其恶者也，岂谓之无官守、无言责乎？"(前揭书，第3512页)可见温公不免混师友与君臣两伦为一。另，前文载，温公弟子晁以道质疑孟子分离君、父而主张君父一体，如此则又是混父子与君臣两伦为一。父子、君臣、师友三者之理可谓仁义之核心，其意义极其重大，但在理学自觉承接孟子之前，它们各自的界限又显得如此含糊不清，由此亦约略可见理学的尊孟运动对于重建近世人伦秩序的意义。但理学区分父子、君臣、师友，是要表明三者应互相配合以共同成就，而非欲其如后世之截然分裂而互不干涉，此又不可不知。

〔2〕《朱子语类》卷十三，第1册，中华书局1986年版，第234页。

的主要责任在于维护与保证道的尊严，尤应自尊以尊道。与此相反，为君者则应俯身以下民，主动作为，且无不当治之民。君道与师道完全相反，因其相反，适以相成。但如果以师道代君道，那么政治的广大性将无从保证，且师道亦将受戕害。

君行师道的问题。孟子谓："今有璞玉于此，虽万镒，必使玉人雕琢之。至于治国家，则曰'姑舍女所学而从我'，则何以异于教玉人雕琢玉哉?"(《孟子・梁惠王下》)又谓："汤之于伊尹，学焉而后臣之，故不劳而王；桓公之于管仲，学焉而后臣之，故不劳而霸。今天下地丑德齐，莫能相尚，无他，好臣其所教，而不好臣其所受教。"(《孟子・公孙丑下》)所谓"姑舍女所学而从我""好臣其所教"，即君之自贤，其实质是君行师道。德如商汤，仍然学于伊尹，可见即使是圣君，也不能自以为师。这并不只是在普泛地强调谦德或学习的重要性。在君臣关系中，君已经占据尊贵的权势名位，如果更以师道尊严自亢于上而不能礼贤下士，必然导致君臣不交而有悖君道。另外，师之教人本当惟仁是辅、惟善是求，不宜夹杂任何名位权势的考量，所以无论其所责之善如何高标，学者也只是在仁与不仁的意义上赞成或反对之。如果君行师教，其所行之教便难免因夹杂权势而失效。当然，这并不是否定君所承担的教化之责。父子之间虽不责善，但因其具有天然勾连，父亲"以身作则"之身教必然具有最为直接的教化意义，而能与师教形成配合。与此相似，君之为民父母，其教化之责也更多是在"以身作则"的意义上说。人君居高位而能尊贤礼士，不仅不会造成权威压迫，反而会对臣民产生更大的教化意义。在此，君臣之间天然的总属关系——此关系是"上行下效"的根本原因——发挥了决定性的意义。〔1〕

上文将君臣与兄弟之伦作类比，也说明了君臣与父子、师友之间的

〔1〕就此来看，"君德"对于政治教化的意义自然是举足轻重的。孔孟与理学之注重"君德"，不能被理解为只是普泛地强调修身的重要性，更不能被理解为是"政治被吞没于道德"(牟宗三语)。

差异。概言之:父子伦理与君臣伦理之间是“仁”“义”之别,而君臣伦理与兄弟、师友伦理之间则属于不同的“义”之间的差别。从天的角度来看,虽然各种以“义”为主的人伦都是以实现“仁”为终极目的,但君臣之义有其独特的实现仁的方式,即“总属”。有“总属”则必有“尊卑”,而现代的平等观念则反对尊卑。下文拟从“仁义”的角度出发,对尊卑问题作进一步分析。

“仁”与“义”落实到不同的对象上会呈现出差别,朱子谓:“仁是‘亲亲而仁民,仁民而爱物’,义是长长、贵贵、尊贤。”〔1〕又谓:“仁只是一路,不过只是个不忍之心,苟能充此心便了。义却头项多。”〔2〕仁虽然有亲亲、仁民、爱物之别,但作为“心之德,爱之理”,其义“只是一路”,都是从生生不已的根源中生发出来;而义作为“心之制,事之宜”,则牵涉对不同事物的合宜处置,所谓“长长、贵贵、尊贤”,“头项多”。《孟子》首章对君言仁义,朱子谓:“义者,宜也,其发则事皆得其宜,而所宜者莫大于尊君,故人义则必不后其君矣。”〔3〕孟子又言从兄为义:“义之实,从兄是也”(《孟子·离娄上》),朱子注谓:“义主于敬,而敬莫先于从兄。”〔4〕而《中庸》又谓尊贤为义:“义者,宜也,尊贤为大。”由此可见,君臣、兄弟、师友三伦,于“义”为最要。父母、义理之天、气化之天三者同处至尊,为“一”,主于仁;〔5〕兄弟、师友、君臣相应地分别位于三者之

〔1〕《朱子语类》卷五十六,第4册,中华书局1986年版,第1332页。

〔2〕《朱子语类》卷六十一,第4册,第1472—1473页。

〔3〕《孟子或问》卷一,见《朱子全书》第6册,上海古籍出版社、安徽教育出版社2002年版,第919页。

〔4〕《孟子集注》卷七,见《朱子全书》第6册,第350页。

〔5〕孟子虽然没有使用理、气这一对概念,但他对天与命的含义都作了二分,这实与理气的二分一致。对天的二分,如:“天下有道,小德役大德,小贤役大贤;天下无道,小役大,弱役强。斯二者,天也。顺天者存,逆天者亡。”(《孟子·离娄上》);对命的二分,如:“莫非命也,顺受其正。”(《孟子·尽心上》)这种区分并不难理解,问题是孟子并没有索性将它们归为异质的概念,而是系属于同一概念之下,这就值得玩味。义理之天与气化之天都是天、理命与气命都是命,所以同为至尊;但作为人,敬畏天命的适宜方式并非听任于气,而是应以理转化气,这才是以人顺天,并进一步实现天命的统一性。

下,为"多",主于义。主于义的三者又与"三达尊"相照应:"天下有达尊三,爵一,齿一,德一。朝廷莫如爵,乡党莫如齿,辅世长民莫如德。"(《孟子·公孙丑下》)由于三者之尊各有所宜,可见"达尊"不是"至尊",其尊具有相对性。"达尊"之所以应当为人所尊,是因为至尊者的存在。《论语·季氏》曰:"君子有三畏:畏天命,畏大人,畏圣人之言。"朱子注:"大人、圣言,皆天命所当畏。知畏天命,则不得不畏之矣。"[1]"大人"即"三达尊":"有位、有齿、有德者,皆谓之'大人'。"[2]"天命"即是至尊者,在朱子看来,如果"知畏天命",那么三达尊都是"天命所当畏"。

仁主于一体,义主于分别。以"仁"为主的父母、义理之天以及气化之天是自我的根源,对我而言都不是他者;[3]而但凡"义"所关涉的人伦,其中都有他者的存在。自我与他者同源于至尊者,我因至尊者的存在而得以与他者相识,他者在这个意义上来说即是另一个自我:兄长是在同体血缘意义上的另一个自我,是人所认识的第一个他者;君主是与我共戴天地意义上的另一个自我,是自我之外的他者的总体之代表;师友是在修德体道意义上的另一个自我,是人所认识的贤于自己的他者(即"先知先觉")。同时,由于自我与他者距离至尊者有远近之别,所以其中必然会产生尊卑之序。三伦之中,兄、师、君分别都离至尊者更近,所以都更尊于我。父母为我的来源,我之所以自爱自尊,原因不在于自身,而是与我之来自父母有关。兄弟也是父母所生,所以所有自尊自爱的理由都适用于对待兄弟;[4]且兄

---

〔1〕《论语集注》卷八,见《朱子全书》第6册,上海古籍出版社、安徽教育出版社2002年版,第215页。

〔2〕《朱子语类》卷四十六,第3册,中华书局1986年版,第1173页。

〔3〕以父母为例,由于父母与子女一体,"父母"只以第一与第二人称的方式出现,在任何场合都不可能以第三人称的方式出现。在与家族之外的人交往之时,"父母"反而是以第一人称出现的,如"家父""家慈"等。

〔4〕在此意义上,爱兄弟或应重于爱子女,因其离父母更近。程子谓:"今人多不知兄弟之爱。且如闾阎小人,得一食,必先以食父母,夫何故?以父母之口重于己之口也。……独爱父母之子,却轻于己之子,甚者至若仇敌,举世皆如此,惑之甚矣。"(《河南程氏遗书》卷十八,见程颐、程颢:《二程集》,中华书局1981年版,第242—243页。朱子采此入于《小学》。)

长先我而生，所以兄长更尊于我。[1]天地生众人，我只是众人中的一员，而“大君”则是所有人的首领。“大君”所履之名位权势是天之所予，是在“气化之天”的意义上“继承天地”，地位自然尊贵。

现代平等观念首先破坏的并不是“以义合”的人伦关系（君臣、师友）中的相对性尊卑，而是以仁为主的人伦关系中的绝对性尊卑，即天人、父子之尊卑。后者坍塌了，前者的坍塌才会接踵而至。那么，如“上帝面前，人人平等”一语所示，如果只取消君臣间的相对性尊卑，但仍然保留天人间的绝对性尊卑，这是可能的吗？问题是，只有站在至尊者的角度，这才是可能的，而这就必须发生一种对至尊者的僭越。取消相对性尊卑的同时，至尊者也必然会因为这种僭越而名存实亡。君臣间的相对性尊卑必以天人间的绝对性尊卑为前提，而天人间的绝对性尊卑又必会生成君臣间的相对性尊卑。舍其一项而偏主另一项，都会带来严重的问题。

人伦配合图

四、君臣后天相交之道

本文第一节仅仅表明了君臣之伦是内在于人性的，并未涉及对此内在君臣之分的践行问题；上文从超越性的层面对君臣之伦所作的讨

---

〔1〕宗子之所以尤其尊贵，乃因其为父母的继承者。继承者并非人为规定，而是必须从“继承”这一概念之中必然地推导出来：宗子必须是能让“父母有后”这一事实获得决定性成立的人。基于此，年齿便成为决定性因素。长子与次子的差异，跟次子与三子的差异显然不同。

论,亦仅涉及了君臣之间先天的上下尊卑之序,至于君臣在后天该如何维护此一秩序、其尊卑之间该如何才能实现交互,则亦未说明。接下来须进一步讨论君臣后天的相交之道,以丰富对内在性问题的说明。

对于名位权势、尊卑贵贱等问题,前文所论主要是从正面肯定其意义,但实际上,孟子的相关态度中存在张力。他一方面将现实中的名位等看作"人爵",另一方面又将其称为"天位""天职""天禄";一方面认为"古之贤王好善而忘势,古之贤士何独不然?乐其道而忘人之势"(《孟子·尽心上》),应该"说大人,则藐之,勿视其巍巍然"(《孟子·尽心下》),另一方面又认可"贵贵"。既"贵贵"又"忘人之势",既"敬之"又"藐之"——如何看待其间的矛盾?今天的研究往往注重孟子"藐大人"的一面,并以"以德抗位"、"以道抗势"称扬之,实是认为孟子亦有轻君之心,而宋代非孟论者则正是以此否定孟子。称扬者与否定者,大抵各偏一边,而忽视了上述张力的存在。那么该如何理解这种张力?

非孟派学者以孔子之"畏大人"质疑孟子之"藐大人",朱子对此辩护道:

> 吕侍讲……曰"藐之所以敬之",则所以发孟子言外之意者尽矣。……予尝以为后世之畏大人,非畏大人也,畏其巍巍然而已矣,故进而君公之,退而尔汝之。孟子之藐大人也,不视其巍巍然者而已矣,故虽不肯枉尺而直寻,而齐人之所敬王,莫孟子如也。[1]

朱子认可吕氏"藐之所以敬之"的说法。用孟子的话说,"藐之"(或"忘人之势")实质上是"勿视其巍巍然",而"敬之"(或"贵贵")是"非尧舜之

---

〔1〕《孟子或问》卷十四,见《朱子全书》第6册,上海古籍出版社、安徽教育出版社2002年版,第1014页。

道不敢以陈于王前”。世俗之“进而君公之”即是不能“藐之”,“退而尔汝之”即是不能“敬之”,正好与孟子之说完全相反。朱子认为:“若能勿视其巍巍然,而不失夫畏大人之心,乃是真能畏大人者矣。”[1]在朱子看来,正确的方式应该是“敬其人而藐其势”。“敬之”与“藐之”不仅不互相矛盾,而且互相补充。要从根本上理解这一点,须回到天人之辨:权势属天,不应该成为人关注与着力的中心,所以人应该“藐之”“忘势”;人惟一能做的是思考怎么合理地践天位、行天权,即务于人之本分,践行君臣之义,如此即是“敬之”“贵贵”。尊卑贵贱本是“天做底”,是先天既定的秩序;而“忘势”“藐之”则是“人做底”,需要人在后天的积极作为。人后天的作为根本上是为了维护“天做底”秩序,所谓“藐之所以敬之”,即有此义。[2]

要维护先天的尊卑秩序,一方面需要君臣双方各自安于其尊卑之定分,另一方面则需要君臣上下之间形成交互。朱子认为,这两方面的义理之间具有体用关系:“物理之始终变易,所以为恒而不穷。然所谓不易者,亦须有以变通,乃能不穷。如君尊臣卑,分固不易,然上下不交,也不得。父子固是亲亲,然所谓‘命士以上,父子皆异宫’,则又有变焉。惟其如此,所以为恒。论其体则终是恒。然体之常,所以为用之变;用之变,乃所以为体之恒。”[3]在尊卑差异的基础上,以义交互,不仅不互相妨碍,反而相辅相成。没有尊卑贵贱,就无法达成上下之间的总属;没有交互,就无法使尊卑关系下的双方稳定地结合为一体。

---

〔1〕《晦庵先生朱文公文集》卷四十五《答廖子晦》,见《朱子全书》第22册,上海古籍出版社、安徽教育出版社2002年版,第2090页。

〔2〕君臣先天之尊卑定分,近于兄弟之义;后天之上下交互,近于朋友之义。就先天之尊卑定分而言,《易·序卦传》所谓“有父子然后有君臣”,乃是从父子→兄弟→君臣,其中间环节为“兄弟”;就后天之上下交互而言,孟子所谓“居下位而不获于上,民不可得而治也。获于上有道,不信于友,弗获于上矣。信于友有道,事亲弗悦,弗信于友矣”(《孟子·离娄上》),乃是从父子→朋友→君臣,其中间环节为“朋友”。君臣之伦,大抵兼有兄弟与朋友两面之义。

〔3〕《朱子语类》卷七十二,第5册,中华书局1986年版,第1820—1821页。

现代的不少研究往往以伦常中的交互之义反对其中的尊卑之义，但基于以上论述可见，单纯的尊卑说与单纯的交互说都是片面的。另外必须指出，在朱子看来，君臣后天之交互本是为了维护其先天之尊卑，尊卑是体而交互是用，这与今天单纯的“相辅相成”、两面兼顾之说也不同。[1]

就君臣各安其尊卑之分而言：天赋君位的尊贵性需要君主修德以维护之，擅自作威、谋求权势只能破坏之。孟子谓梁襄王“望之不似人君”，既肯定君位的尊贵性，又批判梁王对此的破坏。所以朱子说：“有人君之德，则必有人君之容，有人君之容，则不必作威而自有可畏之威矣。苟无其德，而欲矜势位以厉威严，是乃所以益见其盈满而妄作耳。”[2]为臣须修臣职，且安于自身所处的卑位。程子以周公之例说明这一点：“曾子之孝亦大矣，孟子才言‘可’也。盖曰：子之事父，其孝虽过于曾子，毕竟是以父母之身做出来，岂是分外事？……臣之于君，犹子之于父也。臣之能立功业者，以君之人民也，以君之势位也。假如功业大于周公，亦是以君之人民势位做出来，而谓人臣所不能为，可乎？”[3]就君臣以义交互而言，孟子的相关论述颇为丰富。如《孟子·

---

〔1〕方朝晖认为，从“顾全大局”之义出发，可以统合“抽象绝对服从”与“具体相对自主”。就“服从”与“谏诤”而言，他认为：“这两者不但不矛盾，且相辅相成。如果权威代表大局，服从于权威有时就是必要的，有利于更好地维护全体利益；但如果不问是非地服从权威，就是愚忠，也会对全体利益不利。”（方朝晖：《“三纲”与秩序重建》，中央编译出版社，2014年版，第17、41页）方朝晖的论述结构与此处相似，但他并未区分体用，所以貌同实异。方氏从“人”与“利”出发立论，本文则从“天”与“义”出发立论。方氏的说法虽然能推导出“臣对君应服从与谏诤”，但如果没有在天与人之间作出明确的分别，而只是从人类利益的角度出发进行考量，那么君臣之义就被奠基在了“大局之利”上，其所谓“义”的实质也不过是“义者，利之和”，而不是天命与人性之义。

〔2〕《孟子或问》卷一，《朱子全书》第6册，上海古籍出版社、安徽教育出版社2002年版，第922页。

〔3〕《河南程氏遗书》卷十八，见程颢、程颐：《二程集》，第236页。今人或以王荆公之“以德抗位”为承自孟子，且将理学之兴起置于所谓“后王安石时代”之脉络下。值得指出的是，程子曾基于孟子之义，就君臣、父子之伦对王荆公有严厉批评：“介甫说鲁用天子礼乐，云‘周公有人臣所不能为之功，故得用人臣所不得用之礼乐’，此乃大段不知事君。……介甫平居事亲最孝，观其言如此，其事亲之际想亦洋洋自得以为孝有余也。臣、子身上皆无过分事，惟是孟子知之。”（《孟子精义》卷七，见《朱子全书》第7册，第723—724页）

尽心上》"古之贤王好善而忘势"章,朱子注谓:"言君当屈已以下贤,士不枉道而求利,二者势若相反,而实则相成,盖亦各尽其道而已。"[1]《孟子·公孙丑下》"孟子将朝王"章,朱子注谓:"宾师不以趋走承顺为恭,而以责难陈善为敬;人君不以崇高富贵为重,而以贵德尊士为贤,则上下交而德业成矣。"[2]

五伦皆有其先天秩序,亦皆需人在后天尽其当然之分以维护此秩序。那么,君臣作为"人合"之伦,在"人"以及"后天"的层面有何特殊性?可将之与"天属"之伦作一比较。简单地说,"天属"与"人合"的差异是就其关系的具体成立方式来说的:父子与兄弟关系的建立,不是个体所能选择的,所以为"天属";君臣、夫妇与朋友关系的建立,需要人在后天进行选择,非由天定,所以为"人合"。具体而言,若将君臣与父子作比较,可见"人合"的君臣之伦有如下特性:

其一,就相交之过程而言。朱子谓:"父子兄弟夫妇,皆是天理自然,人皆莫不自知爱敬。君臣虽亦是天理,然是义合,世之人便自易得苟且。"[3]何以"义合"的关系便容易产生"苟且"?仁主于一体,父子关系中有"自我"而无"他者",其相合依赖于"天属"而非"人合"。且人生而有亲亲的良知良能,父子关系一开始就一体无间,所以人在后天只需要不断地向本来的一体无间作回溯、保守良知良能而不失,如舜之"大孝终身慕父母"即是典范。"人合"的伦理关系则需要人在后天以"义"相合。"义"主于分别,有分别即有"自我"和"他者",所以"义合"(或"人合")的伦理关系尤其要求"自我"与"他者"的共同承担,但同时也容易陷入"利合"的苟且之中。所以,一方面,"义合"必然尤其要求"人合"、要求人的主动性与责任意识;另一方面,因为有"自我"即可能产生私

[1]《孟子集注》卷十三,见《朱子全书》第6册,上海古籍出版社、安徽教育出版社2002年版,第428页。

[2]《孟子集注》卷四,见《朱子全书》第6册,第296—297页。

[3]《朱子语类》卷十三,第1册,中华书局1986年版,第233页。

欲,“自我”时时处于“上达循义”与“下达徇利”的关口,所以“人合”必须为“义合”而不为“利合”,方可实现一体之仁。[1]总之,在“天属”的关系中,人有现成的一体关系可以直接回溯与保守;而在“人合”的关系中,人只能朝向未来,在不断变化的时宜中,通过“自我”与“他者”对义的共同承担,才能昭著其义并实现一体。清代朱子学者汪双池谓:“人合亦以天,但因合而后著。”[2]即此可见,人的后天作为对于“人合”之伦的彰著具有重大意义。

其二,就相交之结果而言。父子主于仁,恩情一开始即饱满,后来反而容易发生迁移或损耗;君臣主于义,恩情是在“人合”(义合)的过程中随时间而积累增厚。孟子所谓“君之视臣如手足,则臣视君如腹心”(《孟子·离娄下》),亦即因义而生恩。当然,君臣之恩也不是出于人为造作,而是来自于仁。主于仁者所蕴含的恩,与以义相交而形成的恩,差别在于,前者是先天本具,后者是后天累积,两者之间有体用关系。换言之,君臣后天以义相交所生成并积累的恩情,可以看作是天地之仁自身的延展与流淌。[3]

现代思想对“臣道”的阐释多有歪曲,下面拟对此作出澄清。通过比较荀子对臣道的论述,可以更清晰地发现理学家所论臣道的特殊之处。荀子区分了“事圣君”、“事中君”与“事暴君”。对于“事圣君”,荀子谓:“事圣君者,有听从,无谏争。”“恭敬而逊,听从而敏,不敢有以私抉

---

〔1〕 王船山谓:“父子之仁,性也;君臣之义、夫妇之礼,道也。道率性而成乎性之用,则天理人欲并行其间以听修道者,非犹夫父子之一乎性矣。君臣之间有利焉,夫妇之间有情焉,是以修道者正其义,以明夫不谋利也;崇其礼,以明夫不狎情也。”(《春秋家说》卷上,《船山全书》第5册,第127—128页)船山将天属的父子之伦与人合的君臣、夫妇之伦分别划归于性与道,并认为父子之伦是“一乎性”、纯乎理,所以不待“修道”;君臣、夫妇之伦则非纯乎天理而可能伴随人欲(“有利”“有情”),所以待人之“修道”。这与本文以仁、义划分二者的方式不同,但结构上有相似之处。

〔2〕 汪双池:《理学逢源》卷四,《续修四库全书》第947册,第327页。

〔3〕 以兄弟之交为譬:孟子所谓“孩提之童,无不知爱其亲”,此时并没有“无不知爱其兄”;“及其长也,无不知敬其兄”,稍长之后知道以义与兄长相交,其亲亲之爱便得以流淌至兄长处。

择也，不敢以有私取与也，以顺上为志，是事圣君之义也。”（《荀子·臣道》）与此形成对比，程子谓：“夫圣莫圣于舜，而禹、皋陶未尝忘规戒，至曰‘无若丹朱好慢游，作傲虐。’且舜之不为慢游傲虐，虽至愚亦当知之，岂禹而不知乎？盖处崇高之位，儆戒之道不得不如是也。”[1]又如《尚书·旅獒》中周之太保劝诫武王，朱子谓：“是时武王已八十余岁矣，太保此书谆谆如教小儿相似。若自后世言之，则为非所宜言，不尊君矣。”[2]荀子以君之贤否决定具体的事君之道，实际上是以“尊贤”之义而非“尊君”之义决定臣道，这就有混淆君臣与朋友两伦、“尊贤”与“尊君”（“贵贵”）两义的问题。在程朱的论述里，就君臣一伦而言，即使是圣君，“君”的意义也远大于“圣”的意义。由于君“处崇高之位”，所以臣子必儆戒教诲如此。臣道既不因君自身如何而改变，自然也不因时代的不同而有别。[3]

韩文公以“臣罪当诛兮，天王圣明！”刻画文王事纣之心，此语对后世影响甚大。朱子亦曾肯定韩氏之言，并谓：“臣子无说君父不是底道

---

〔1〕《河南程氏文集》卷六《上太皇太后书》，见程颐、程颢：《二程集》，中华书局 2016 年版，第 543 页。

〔2〕《朱子语类》卷七十九，第 5 册，中华书局 1986 年版，第 2051 页。

〔3〕吴震以朱子为例阐述儒家的政教观认为：三代以上，圣王政治是“官师合一”“政教合一”；三代以下，在政教分离的基础上，晚周儒学开创出独立于权贵而遵从“道”的精神传统，宋代所倡导的“回向三代”则旨在通过对三代的追忆与想象而批判、改变现实社会，而并非意图重返三代“官师政教合一”的旧传统。这种历史的断裂表现在君臣关系上，“在宋代道学家看来，君臣一体是一种理想，但是现实状态却表现为君臣的互相制约。”（吴震：《孔教运动的观念想象：中国政教问题再思》，复旦大学出版社 2019 年版，第 24—41 页）本文并非反对三代前后所存在的差别，但笔者认为如果将此差别视为截然断裂的，必然会将三代“乌托邦”化，而基于三代理想的所谓现实批判也必然成为空谈。从程朱上述所言可见，即使是三代以上圣君贤相式的君臣关系，其“一体”也只是“义合的一体”，而“义合”必然包含“批判”“制约”。“批判”“制约”并不是在三代以后才变得需要，不能认为其存在即是破坏“一体”、不够“理想”。“义合的一体”本来就不同于“仁本的一体”，它从来就不是一种封闭的、静态的、现成的东西，而是需要“人”在开放的、动态的现实中通过可否、去就、赞成与批判等来实现的，这是由“君臣之义”的本性所决定的。孟子谓“责难于君谓之恭，陈善闭邪谓之敬”，《礼记·檀弓》亦谓“事君有犯而无隐”，这些都是臣的义分所在，不能将之视为衰世之下的不得已之举。

理，此便见得是君臣之义处。”[1]朱子门人陈器之基于朱子之说而谓“天下无不是底君父”[2]，也广为后人征引。但这些说法都不乏批评者，如王船山谓韩昌黎此语：“显出他没本领、假铺排勾当，又何曾梦见文王心事来！朱子从而称之，亦未免为其佞舌所欺。”又谓陈器之之说是套用“天下无不是底父母”，“于理一分殊之旨全不分明”。[3]吕晚村谓：“天下无不是之父母，不可谓天下无不是之君上。”[4]此问题亦与理学的君臣观关系密切，下面笔者将本于孔孟之旨以及朱子的相关论述，对此作一简要说明。

朱子晚年也曾对韩文公之说提出质疑，且与船山之说相似：

> 尝疑这个说得来太过。据当日事势观之，恐不如此。若文王终守臣节，何故伐崇？只是后人因孔子“以服事殷”一句，遂委曲回护个文王，说教好看，殊不知孔子只是说文王不伐纣耳。尝见杂说云：“纣杀九侯，鄂侯争之强，辩之疾，并醢鄂侯。西伯闻之窃叹。崇侯虎谮之曰：‘西伯欲叛。’纣怒，囚之羑里。西伯叹曰：‘父有不慈，子不可以不孝；君有不明，臣不可以不忠。岂有君而可叛者乎？’于是诸侯闻之，以西伯能敬上而恤下也，遂相率而归之。”看来只这段说得平。[5]

在这里，朱子认为“臣罪当诛兮，天王圣明”的说法“说得来太过”，是“说教好看”，而“君有不明，臣不可以不忠”的说法则“说得平”。对于臣之当忠，两种说法意思一致，差别主要在于对君的认识评价上：一则谓“圣

[1] 《朱子语类》卷十三，第1册，中华书局1986年版，第233页。
[2] 《四书大全校注》(下)，第923页。
[3] 王船山：《读四书大全说》，下册，中华书局1975年版，第621—622页。
[4] 吕晚村：《四书讲义》，中华书局2017年版，第29页。
[5] 《朱子语类》卷七十九，第5册，中华书局1986年版，第2038页；按：本段乃沈僩所录，为戊午(1198)以后所闻，恐此段所论能更全面而平实地反映朱子之意。

明”，一则谓“不明”。其实君主之明与不明不难判断，问题在于，既然如此，如何理解朱子所说的“臣子无说君父不是底道理”？

《论语·八佾》“君使臣以礼，臣事君以忠”章，朱子谓：

> 自人臣言，固是不可不忠。但人君亦岂可不使臣以礼！若只以为臣下当忠，而不及人主，则无道之君闻之，将谓人臣自是当忠，我虽无礼亦得。如此，则在上者得肆其无礼。后人好避形迹，多不肯分明说。却不知使上不尽礼，而致君臣不以善终，却是贼其君者也。若使君能尽礼，则君臣划地长久。[1]

即使君使臣不以礼，臣也应当事君以忠，这一点本无甚问题，但朱子认为光说这一点不够。在朱子看来，只主张责臣而不主张责君是“好避形迹”，与韩文公之言的弊病一样。如果为了“避形迹”“说教好看”，而将“君有不明，臣不可以不忠”的说法进一步转变为“君可以不明、君可以不使臣以礼，但臣不可以不忠”，那么意味就会发生极大变化。[2]对此，朱子提出两点批评，一是从君的角度看，这将导致君“肆其无礼”；二是从臣的角度看，如果臣认为君可以不明、可以不使臣以礼，认为即使君主昏乱也不妨碍自己尽本分、君之“是”与“不是”与自己无关，那就是“贼其君”。第一点批评人所共知。第二点批评更重要，但也更易为人所忽视。“贼其君”之语本出自孟子，故孟子之言乃是解读“臣子无说君父不是底道理”一语的关键。

孟子谓：“责难于君谓之恭，陈善闭邪谓之敬，吾君不能谓之贼。”（《孟子·离娄上》）朱子《集注》引范氏之言：“人臣以难事责于君，使其

---

〔1〕《朱子语类》卷二十五，第2册，中华书局1986年版，第626页。

〔2〕如宋末陈古迂抨击孟子的君臣报施之论（即手足腹心、犬马寇仇之说）谓：“国可以负臣，臣不可以负国。……君臣果相报如此，施之敌己以下犹不可，而况君臣乎？天下无不是之君父，君于臣未尽，则臣于君不可不尽也。”（陈古迂编：《文选补遗》卷二《报匡衡召》，编者按语，清文渊阁四库全书本）陈氏之说即增加了“可以”一词。

君为尧、舜之君者，尊君之大也。开陈善道以禁闭君之邪心，惟恐其君或陷于有过之地者，敬君之至也。谓其君不能行善道而不以告者，贼害其君之甚也。”[1]所谓“责难”“闭邪”，显然是认为君有“不是”，而且对君的“不是”表现出极大的关切；同时，所谓“使其君为尧舜之君”“惟恐其君或陷于有过之地”，实是认为君“无不能”，而臣对于君之“是”与“不是”负有极大之责任。君之“无不能”，并不是在普泛意义上说“人皆可以为尧舜”。孟子谓：“有是四端，而自谓不能者，自贼者也；谓其君不能者，贼其君者也。”(《孟子·公孙丑上》)孟子将“自贼”与“贼其君”相提并论，可见臣之成就其君与其成就自身同样责任重大。如果要落实“臣子无说君父不是底道理”一语，那么须知：父母之“无不是”乃主于根源性的“生生之德”而言，而君之“无不是”则只能主于朝向未来的“人能弘道”而言，二者之间须有严格区分。父母对我而言已然“无不是”，而君之“无不是”则有待后天的进一步实现，其反面乃是“吾君不能谓之贼”。这要求人臣认可君之“无不能”并且“致君尧舜上”，其具体方式则是带有浓重的劝导与批判色彩的“责难于君”“陈善闭邪”。

[1] 《孟子集注》卷七，见《朱子全书》第6册，上海古籍出版社、安徽教育出版社2002年版，第338页。

《通书》师道论探析

——以朱子的诠释为中心的讨论

王亚中*

黄百家曾言:“《蒙》《艮》二卦,义似不相连,《通书》以卒章者,思四十章中屡言师道,盖元公以师道自任,《蒙》以养正为圣功,而《艮》有始终成物之义,殆隐然欲以先觉觉后觉乎!”[1]周子一生行同隐逸者,知之者甚少。在唐宋师道重建历史脉络中,其身影之显赫似不如之前的韩文公和稍早的“宋初三先生”,也不如其后的二程、张、朱。但其实,周子在以师道自任,具有充分的师道自觉意识方面并不逊色于在其前后的儒者。这一方面当然是因为有了“二程”这样的弟子,另一方面则是因为其师道自觉并不主要表现在师道的实践方面,而是表现在对师道的认识上。周子作为理学的开创宗师,其对师道的理解也相应地具有了理学的特点,如黄百家所观察到的,从《通书》中隐然可见周子先觉者的身份自觉。而且,《通书》四十章中“屡言师道”,我们通过分析和阐发这些章节,可以了解到周子对师道的认识包括哪些方面的内容,以及这些内容各自具有怎样的内涵。

---

* 王亚中,清华大学哲学系在读博士生。

〔1〕 黄宗羲:《宋元学案》,中华书局1982年版,第494页。

在进入正文讨论之前，需要交待的是，周子《通书》文辞简约，但又严密着实、意蕴深厚，讨论其思想如果只局限于其文本，则鲜有不流于臆想误读者。我们希望真正进入其思想世界，就必须要借助理学的解释传统，这当中，朱子作为周子思想的权威解释者[1]自然是我们最主要的参考依据。此外，与朱子思想紧密关联的理学家如程子、曹月川等，他们的相关讨论能够与朱子的诠释相互发明，也成为了重要参考。下面，我们即依托于这些解释资源展开讨论。

一、师道问题的发生：教化传统中的人性论与圣凡之别

《通书》中涉及师道的主要有《师第七》《幸第八》《爱敬第十五》《颜子第二十三》《师友上第二十四》《师友下第二十五》《圣蕴第二十九》《蒙艮第四十》这些章节。一种比较直接的方法是把这些章节综合起来考察周子的师教观[2]，此诚然有理，但本文以为，一个更为基础的问题需要首先予以考虑，即《通书》的许多章节之间实质上构成了内在的思想关联，那么，在周子的这一思想体系中师道处于怎样的位置？这个问题其实也是问：师道作为一个问题在周子的思想体系中是如何发生出来的？

《通书》自《诚下第二》章论人性起，以下的《诚几德第三》《圣第四》《慎动第五》《道第六》《师第七》这几章之间具有非常紧密的脉络关联，以下通过对这几章的分析，我们可以呈现出本节试图探讨的内容。

周子《诚下第二》言“圣，诚而已矣”，其意乃谓诚是圣人之本领，圣人之为圣人全在于此而无他，故圣人只是尽此诚而已。对此圣人实体

---

〔1〕 朱子曾言“《通书》、《太极》之旨，更宜虚心熟玩，乃见鄙说一字不可易处。政使濂溪复生，亦必莞尔而笑也。”以朱子之严谨，而又如此自信，其解释始终是我们应该认真对待的。这段话见朱杰人、严佐之、刘永翔主编《朱子全书》（第23册），上海古籍出版社、安徽教育出版社2002年版，第2981页。以下所引朱子书的内容皆出自此版本。

〔2〕 这一做法可以参见胡静：《论周敦颐〈通书〉中的师教观》，《理论界》2018第3期。

之诚,既可以向上追溯其根源,也可以自圣人之心表现于外而见之于形而下之世界。圣人之诚来源于天道之诚[1],《诚上》一章,以及《太极图说》的大部分内容皆是发明此义。要而言之,天道之诚本身流行不息,对此可分为:诚通,诚复两个阶段。周子言诚等同于太极本体,故诚亦可言诚体。诚体由内通达于外而复藏于内的流行过程即形成一诚道,而此诚道流行不息的实质内容只是在生物与成物。万物皆资此诚道而始生,又在万物之生化过程中,诚体复建立其自己于万物之中,故万物皆禀具诚体。结合《太极图说》可知,虽然万物皆得此诚体而生,然惟有人得其秀而最灵,故能不失其性之全。而人类之中,圣人出类拔萃能够实然全体此诚,故为至诚。对于天道之诚,一言以蔽之可曰:纯粹至善。惟其在天地为纯粹至善,而人不失其全体为性,故人性至善。圣人能全体此诚,故圣人亦为至善。因此,至善可就天道、人性、圣人而言,由天道之诚为根据保证了人性为至善,而圣人全体此诚,故圣人实证了人性至善。周子此章虽是论人性之诚,然必通过圣人而后人性之诚为至善之义乃可见,此亦即同于孟子"道性善,言必称尧舜"之旨。[2]

对此至善之意,周子曰:"诚,五常之本,百行之源也"。又当如何理解?天道之诚是动静循环,流行不息,诚体之在圣人同样是流行不息,故周子言"静无而动有,至正而明达"。静无与至正对应,动有与明达对应。静而曰无,又言其为至正,则知非虚无。静无之无亦不同于《太极

---

〔1〕唐君毅先生言:"吾意在《复性书》中言诚之为人性,其旨与濂溪,初无大殊别;而于诚之谓天道之一义,则习之实尚未之能及。濂溪乃视诚为一天道,故能言此天之诚道之表现于使万物之各自生而自成,以正其性命处,由此以见此诚道之统天之生物之仁与其成物之义。故此天之诚道,既为一立体性的贯注于天地万物,使之由生而成,而树立于其中之道。"此论先以历史眼光比较周子与李习之之不同,又对天道诚体作了精要解释,可参看。见《中国哲学原论·原性篇》,中国社会科学出版社2005年版,第210页。

〔2〕牟宗三先生发明此义。其言曰:"濂溪言天道、言诚体,言寂感,未有不本于圣不归于圣者。本于圣,是表示此种理境由圣心而开发;归于圣,是表示此种理境由圣心而证实。……天道、诚体、寂感之为实体是道德的实体。道德的实体只有通过道德意识与道德践履而呈现而印证。圣人是道德意识道德践履之最纯然者,故其体现此实体(诚体)亦最充其极而圆满。"《心体与性体》(上),见《牟宗三先生全集》第5册,联经出版社2003年版,第350页。

图说》中“无极之无”,无极之无是无方所、无形迹的意思,而静无,朱子言其是“未形”。此二者稍有区别,无方所、无形迹是表明太极本体非是形而下者,由此“无”并不能发展出“有”来。而静无之“无”非是从形而下世界之中挑出一个形而上之诚体来单指,而是言在心之诚,故其所指乃是心体而非诚体、性体。朱子用“未形”言“静无”,未形和有形构成过去时和将来时的关系,故由“未形”可以流行发展出“动有”来。“动有”对应“明达”,诚体由圣人之心流行于外则真实可见,故曰:“明达”。明是“诚则明”之义,达则是通达于事事物物之间而无不诚,无不善。由静无而动有的过程,周子言“诚则无事矣”、又言“至易”“易简”,即表明此过程无意、必、固、我,皆是自然流行。关联于《诚几德》章,我们能加深对诚何以是五常之本,百行之源的认识。《诚几德》章言:

> 诚无为,几善恶,德:爱曰仁,宜曰义,理曰礼,通曰智,守曰信。性焉安焉之谓圣,复焉执焉之谓贤,发微不可见、充周不可穷之谓神。

此章前部分言“诚、几、德”,后部分区分圣、贤。对于两部分的关系,曹月川的概括极为准确,其言曰“此明太极二五之在人而有体用之分,复人品之不同也。”[1]故前部分乃是讲普遍人性,而圣与贤则是根据诚体在人之实现状况、存在状态之不同而分出的不同人品。

“诚无为”之无为除了朱子《通书解》所言的“实理自然,何为之有!”的自然义外,《语类》亦言“诚无为”是“寂然不动”之义,即前一章所言之“静无”。对于此章所言之“德”,朱子解曰“其别有是五者之用,而因以名其体焉,即五行之性也。”[2]朱子之意即是说:诚体由静无通达于外则分别生出爱、宜、理、通、守五者之大用,而同时又可以即此五者之用,

〔1〕《通书述解》,见《曹端集》,中华书局2003年版,第34页。

〔2〕朱熹:《通书解》,见《朱子全书》第13册,上海古籍出版社、安徽教育出版社2002年版,第100页。

知其内在必有五行之性为其体,故称其名曰仁、义、礼、智、信,可知五行之性即是五常之性。五行之性和五者之大用是德之体用的关系,周子之意是说由显露于外的五者之德用而见出内在之德体,然必是先有五行之性才能生出五者之用来。五行之性作为德之体与诚体的关系即是诚体之条目,故朱子称二者的关系是“实理全则五常不亏”。由此德体所生出的五者之用在事事物物之中即演绎出孝、悌、忠、顺等种种德行来。以上通过诚与德的分析,可知何以诚是五常之本,百行之源,亦即诚何以为至善。

周子在《诚下》章又言“五常百行非诚,非也,邪暗塞也”,朱子解曰:“静而不正,故邪;动而不明不达,故暗且塞。”此亦关联于动静言:盖五常百行本为诚之表现,根据诚而成就。然“非诚”则是诚体未能流行,故五常之性昏昧不存,而行于外者亦无实然德行,此即“不诚无物”。朱子解邪是“静而不正”,稍有可议之处:周子言“几善恶”,可知恶是要到“动之几”之时才可能生出,而静则必然是实然之善存于其间,在凡人虽或不能如圣人是至正,但亦不当言其为不正,故周子言邪则必然非静之时。[1]此外,周子《诚下》一章,既言诚又言非诚,如前所言,人因诚体而生而成,诚体是人之本性,何以又会有诚与非诚之不同?此则须从“几”说起。

周子论“几”,除言“几善恶”外,其后又言“几动于彼,诚动于此”(《思第九》)。两处所言之“几”不同。后者所言之“几”是事之几,即事未形著时的善恶吉凶朕兆。常人惯常所见在于已著之形,故此“几”只有对圣贤才敞开显现,如有“见几而作”、“知几其神乎!”、“哲人知几”等说。“几善恶”之“几”是心之几,乃人皆有之,周子曰“动而未形,有无之间者,几也”(《圣第四》),朱子又言“动于人心之微”。故知“几善恶”之

---

〔1〕 此义朱子在《语类》中亦有说明。“人杰曰:若既诚而无为,则恐未有恶。若学者之心,其几安得无恶?曰:当其未感,五性具备,岂有不善?及其应事,才有照顾不到处,这便是恶。”见《朱子全书》第17册,上海古籍出版社、安徽教育出版社2002年版,第3151页。

“几”，即同于《大学》所言的“慎独”之独，乃人所不知而己所独知的念虑之微。[1]“几善恶”与“诚无为”相对，诚无为是寂然不动之时，此时诚体精一纯粹，不杂于气质。当诚体自人心之内流行于外的过程中，朱子言“天理固当发见，而人欲亦已萌乎其间矣”，即有了善恶之分。盖因诚体之流行过程中，生命固有的气质必然参与其中而发挥作用，若生命中具有偏暗邪塞之气，则会阻碍诚之流通，当诚向外不能顺畅直遂地表现时，恶之“几”便产生。唐君毅言：“恶之为恶，依他章所说，其始点只原于不中，而不免于偏。偏即是邪。偏由于对另一偏之不见，即是暗。”[2]可见，偏暗邪塞正是源自生命所禀赋的气质之不中正。对此，我们又当关联于《师第七》章才能明其义。

《师第七》言：“性者，刚柔善恶，中而已矣。”又曰：“刚善、为义、为直、为断、为严毅、为干固；恶，为猛、为隘、为强梁。柔善，为慈、为顺、为巽；恶，为懦弱、为无断、为邪佞。惟中也者，和也，莫不中节也。”朱子解曰：“此所谓性，以气禀而言也。”故知此是言气质之性，因为有刚柔善恶不同，从根本上造成了善恶之几[3]，由此生出了人间无数善恶之行来。

刚柔善恶即刚善、柔善、刚恶、柔恶四种人品类型，而造成人品种类不同则是因为人所禀气质不同。周子论气禀以阴阳五行而言，又曰“五行一阴阳也”，故可以阴阳统言气质。人所禀偏重在阳气则其性刚，偏重在阴气则其性柔，而性刚与性柔又可以各自再分：性刚者，若所禀阳气得中则是刚善之人，所禀阳气过不及则是刚恶之人；性柔者根据其所禀之阴气是否得中亦有柔善、柔恶之别。此四种类型，刚恶、柔恶固然是得气质之偏，而刚善、柔善虽然是刚而得中与柔而得中，然

---

[1] 朱子注《大学》“诚意”章曰：实与不实，盖有他人不及知，而己独知之者。故必谨之于此，以审其几也。

[2] 《中国哲学原论·原教篇》，见《唐君毅先生全集》第22卷，九州出版社2016年版，第44页。

[3] 由气禀之刚柔善恶，进而有了后天之习染，二者皆影响了人心之陷溺，故是造成善恶之几的缘由。

也是偏，惟圣人则并刚与柔亦不见，惟有一中而已。周子言“惟中也者，和也”，“天下之达道也，圣人之事也”是以和为中，言圣人之事即是时中，此处不是直接言圣人之性，不过，时中之中本于未发之中，未发之中言其体，时中之中言其用[1]，故朱子解曰“此以得性之正而言也。”即表明由此见圣人之性，盖即其用而指其体也。因此，“性者，刚柔善恶中而已矣”是指包括圣人之性在内的五种类型的人品。此与《理性命》章言“刚善刚恶、柔亦如之，中焉止矣”相合，对此一句，朱子解曰“所谓中，乃气禀之得中，与刚善、刚恶、柔善、柔恶为五性而属乎五行、初未尝以是为太极也。”[2]可见中不是指太极本体而是指气禀之得中，即言圣人之性。[3]

此外，刚柔善恶中之“中”，除了是指圣人之性外，也是指人人具有的五常仁义礼智之性。因为刚善、柔善、刚恶、柔恶此四种人品，其中的善恶并不是气禀自身的善恶，而是源自五常之性，如周子所举的例子中，义、直、断、猛、隘、慈、顺等无不是五常之性或正或偏的呈现。[4]只因气禀各异，故此五常之性具于气禀之中而有了差异。然气禀虽异，五常之性则普遍具于人，因此，“中”又可说成是刚柔善恶之中。[5]惟人人有此中之性，自易其恶，自至其中才成为可能。

---

〔1〕 参见《朱子语类》卷62；见《朱子全书》16册，上海古籍出版社、安徽教育出版社2002年版，第2004—2005页。

〔2〕《朱子全书》第21册，第1568页。

〔3〕 唐文明在《气化、形化与德化——周敦颐太极图再论》一文中，对这两章提出了一种值得重视的理解，其认为“惟中也者，和也，中节也，天下之达道也，圣人之事也”既然是在说圣人之事，那么就是指圣人立教致中和以化成天下之事，而不是仅仅在说圣人之性。进而，他认为此一句对应《理性命》章“刚善刚恶、柔亦如之，中焉止矣”的“中焉止矣”，由此，得出这一句不仅仅是在说性，而是在说尽性。其说旨在强调周子之说不仅是言天道性命之理而且是立足人道言三才之道。该文与本文发表于同书，可参看。

〔4〕 此即同于程子言“善固性也，恶亦不可不谓之性”的意思。

〔5〕 曹月川言：“太极之数，自一而二，刚柔也；自一而四，刚善、刚恶、柔善、柔恶也；遂加其一中也，以为五行。濂溪说性，只是此五者。他又自有说仁义礼智底性时。若论气禀之性，则不出五者，然气禀底性，只是那四端底性，非别有一种性也，所谓刚柔善恶之中者。”(《通书述解》，见《曹端集》，中华书局2003年版，第42—43页)

从周子的人性论可以看到,基于五常之性在不同根器的人身上的存在状态不同,即气禀之性的不同而产生了圣凡之别。

周子对圣人的论述言"圣,诚而已矣",其意与"性焉安焉之谓圣"相同。惟《圣第四》从"诚神几"论圣则有一些意思需要说明:首先,这只是把前文中的"圣,诚而已矣"的意蕴拓开为三,诚即诚体,神即诚之用,几是指诚体流行发见之端,亦即是神之端。其次,此处言"几"是圣人之几,而几善恶之"几"则是常人之几,二者有所不同:常人之几是五性感动,其心发为念虑之微,而又善恶混杂之时,而且,所感之外物已经是形著之物而非事之几。圣人之几则是"实理发见之端,而众事吉凶之兆",即圣人之心能洞察事之几微,心与事几之间构成感应关系,故曰"几动于彼,诚动于此",彼即事,此即心。第三,对于神,有"善应"和"应而妙"两面。善应是指:处事之几时,此时事情未形,然理亦萌,故能料事如神,以心之诚应合此已萌之事理,从而使应对之事无不善,无不吉。应而妙则是指:神之发端于圣人之心固是微妙而不可见,然其效验则充满周遍,如"协和万邦"、"黎民于变时雍"皆是其效。而且,这种效验的生成并不依赖于任何媒介,只是基于一体关联而发生感应。

对于凡人之性,周子固然可以通过刚、柔、善、恶四者刻画出人品种类。颇有意味的是,周子曰"复焉执焉之谓贤",贤者当然属于刚善、柔善一类中去,但周子并不是从气禀之性角度论贤,而是从学问工夫的角度论贤。这一点表明,成就贤之为贤不在于天生气禀而只在于学问工夫。因此,一切凡品之性虽各有不同,然只要能"复焉执焉"即能成贤。

学问工夫的施展之地正是在"几"处着力,《慎动第五》章即要求学者慎之于动之"几",所谓慎就是"思"之义。朱子曰:"几有善恶之分,于此之时,宜当穷察识得是非。其初有毫忽之微,至其穷察之久,渐见充越之大,天然有个道理开裂在那里。此几微之决,善恶之分也。若于此分明，则物格而知至，知至而意诚，意诚而心正身修，而家齐国治天下平[1]”，即学者初始时，心之几是微妙易忽，善恶混杂难辨的，如果能穷察念虑之微，思其善恶是非，久之则能豁然明辨发端之善恶。此学问工夫之实质即是通过自身诚体之明而实现对善恶之“几”的无不明、无不知，进而又以神之妙运化邪恶之“几”于未形以复归于善。若学者动能合于圣人之道，成德于一身，既而则能“守之贵、行之利、廓之配天地”（《道第六》）。

由上可知，凡人之性因气质之偏未能实现如圣人的“中之性”，因此在“几”处发生了善恶的分途。欲变化气质关键在于“几”，针对“几”学者有相应的学问工夫。这一思路在现代学者看来很自然，如牟宗三先生在《心体与性体》论周子部分即采取类似的思路，他概括《师第七》章主旨为作圣之功的目的是变化气质。在对这一章作了简化处理后，又略过第八章，直接分析《思第九》章，指明“如何实现变化气质关键在于思”，由思才能通微，即能知“几”，进而才能无不通以至于圣，故思是圣功之本，为学之要。

这个论述看似自然，习以为常，但实际上，一落到现实生活中就失效了。对这一点，周子已经点明，《道第六》言“圣人之道……岂不易简！岂为难知！不守、不行、不廓耳”，朱子解曰“叹学者自失其几也。”可知：“几”虽然是善恶福祸的关头，是圣贤吃紧为学者立言，但现实生活中学者却常常是自失其“几”，继而导致“邪动，辱也，甚焉害矣。”（《慎动》第五）。造成自失其几，一方面是因为气质之偏，难以依靠自身识见就能明辨善恶之几。其次，几又是毫忽之微，如果欠缺持久的学问工夫亦很难觉察其中善恶。因此，为了解决《道第六》章提出的现实问题，周子在《师第七》章言“故圣人立教，俾人自易其恶，自至其中而止矣”。其言“自易其恶”、“自至其中”正可与“学者自失其几”相对应，即，如果没有圣人教化则学者常自失其几，相反，学者能够自作工夫以易其恶而至于中则必须要有圣人

〔1〕《朱子全书》第17册，上海古籍出版社、安徽教育出版社2002年版，第3150页。

教化传统的建立。在圣人教化传统的影响下,学者才能有明辨善恶的根据,自觉到固有的本性,进而根据圣人之教去实现善性。这个意思也得到了程子的呼应,《遗书》记曰“王彦霖以为:‘人之为善,须是他自肯为时,方有所得,亦难强。’曰:此言虽是,人须是自为善。然又不可为如此却都不管他,盖有教焉。‘修道之谓教’,岂可不修!”[1]

现代学者论述周子思想时忽视圣人立教这一环节,这也就是没有认清周子学问属于古典教化传统的性质。[2]实际上,周子非常重视教化的重要性,如《师友第二十四》言“人而至难得者,道德有于身而已矣。求人至难得者有于身,非师友,则不可得也已!”《师友第二十五》亦言“人生而蒙,长无师友则愚。是道义由师友有之。”都指出了人如果欲求拥有至尊至贵的道德,就必须要有师友的切磋砥砺。

由以上论述可知,师道在周子思想体系中实际上占据了非常重要的一环。周子言天道诚体、言人性论和圣凡之别,最终都需要教化传统才能落实。必须要有师之教,天道诚体才能真正在常人身上实现为道德,而常人才能因师之教而自行变化气质,成圣成贤。那么,师道是如何具体发挥作用的呢?以及师道又是如何建立起来的呢?

二、师道之确立:暗者求于明与先觉觉后觉

周子在《师》第七章言:“故圣人立教,俾人自易其恶、自至其中而止

---

〔1〕 程颐、程颢:《二程集》,中华书局 2016 年版,第 2 页。

〔2〕 唐文明在《儒家美德伦理传统的衰落与复兴》一文中指出“启蒙主义的错误其实在于企图用哲学来扫荡一切教化传统,最终目的是用哲学来取代教化,以哲学的方式重新建构原本来自教化传统的伦理知识和伦理信念。”其指出的问题相当程度发生在了现代学者对周子思想的解读上。该文还区分了教化传统中的伦理思考和现代哲学对伦理问题的思考的不同,教化传统中的伦理思考归于圣贤,其中包含了大量与实际生活密切相关的厚实概念,这些概念运用于伦理实践,从属于教化传统的历史开展,成为人们伦理知识和伦理信念的重要来源,此不同于现代哲学分析下的伦理理论,旨在发明一些用于检测实际伦理信念和伦理原则的概念工具,其说亦可参看。论文见于唐文明:《彝伦攸斁——中西古今张力中的儒家思想》,中国社会科学出版社 2019 年版,第 189—190 页。

矣。故先觉觉后觉,暗者求于明,而师道立矣”。这段话通过两个“故”字区分了两个层次。其中,圣人立教应当是指孔子,故周子又言“道德高厚,教化无穷,实与天地参而四时同”(《孔子第三十九》),即是说孔子以其道高德厚而确立了万世之教统,孔子之道与教皆与天地四时并立共存,此是第一层次。第二层是说在孔子建立教统之中包括了师道的确立这一面向。经孔子确立师道之后,历代的儒者在其所处的时代中,成为师道的具体实践者与担当者。〔1〕

具体而言师道的建立,周子认为包括了“先觉觉后觉”与“暗者求于明”两个方面,“先觉觉后觉”体现了师的主导性地位,“暗者求于明”,自暗者向明者请教而言,是暗者属于被动接受的一面。但是,如果从暗者能够发出真诚求教的意愿而言,则暗者亦同样具有主动性。因此,师道得以建立,有赖于师与弟子同时具有主动真诚的讲学与受教意愿。另外,《蒙》卦又言:“匪我求童蒙,童蒙求我”,则又可知,须是先有“暗者求于明”以感其师,而师乃应之以教,如此师弟子之间其志乃得以相应。若无暗者之求,则为师者亦不当轻施其教。故以下,我们先讨论“暗者求于明”是如何发生的?

《师第七》章之后是《幸第八》章,这一章的主旨在于说明什么样的人可以成为学生。其言:

> 人之生,不幸不闻过,大不幸无耻。必有耻,则可教;闻过,则可贤。

这一章标题是《幸》,而内容则是讲不幸,看似与题目有出入,但其实“何谓幸”亦在其中,比照周子“不幸”和“大不幸”之说,我们可以把“幸”和“大幸”补充出来。即:有耻则是有幸,闻过而改以进于圣贤则是

〔1〕 对孔子立教和师道确立的分析可以参见唐文明《治统与教统》一文,载《近忧:文化政治与中国的未来》,华东师范大学出版社 2010 年版。

大幸。周子对幸与不幸的理解与《太极图说》"修之则吉，悖之则凶"之"吉凶"相关联，所以为幸、为大幸者，即能够因此而修行圣人之道，所以为不幸、大不幸者则是悖逆于圣人之道。

闻过而改以至于圣贤是人生大幸，朱子又言："人须知耻，方能过而改"[1]，则有耻又是改过而进于贤的前提。与此对比，无耻则是人生大不幸。可见，在人生的大幸与大不幸两极分化中，与是否有耻关系密切。那么，耻为何是造成人生两极分化的机关所在？另外，这一章还提到"必有耻，则可教"，即表明有耻是成为一个学生的内在基础，这又当如何理解？两个问题之间其实是相互关联的，以下即对此进行讨论：

耻是一种身心一体的体验，当人生出耻心则会感到羞愧、耻辱，同时还会有"赧然见乎色，瞿然形乎四体"的身体反应。耻的体验总是令人不快的，而在一些圣贤人格那里，因道德耻感极敏锐，这种体验会更加强烈，如伊尹"若挞于市"。[2]朱子言"耻者，吾所固有羞恶之心也。"故耻感正是人羞恶之心的发动。当其发动时，还会具有一种是非之明在其中，当人未生出羞恶之心时，或许也能意识到恶。但此时对于恶的认识可能只是轻描淡写的"见闻之知"。而如果是在耻心的引动作用下，人则会对在己或在人的恶有体之于身心的体验，此对于是非善恶的认识则是一种"德性之知"或即现代学者所称之"体知"(杜维明语)。根据这种体验，人对于恶的认识也就会愈加真切而显明，因此，可以说羞恶之心与是非之心是一体两面，同时俱存。

通过这个认识，可以加深对这一章的理解：当人为恶时，周子虽言"恶者，天恶之"(《爱敬第十五》)，但既然道心惟微，则人是可以欺天而讳恶的，如前一节言"学者自失其几也"正是如此。若此时，能够闻过于他人

---

〔1〕《朱子语类》卷94；见《朱子全书》第17册，上海古籍出版社、安徽教育出版社2002年版，第3157页。

〔2〕更详细的对羞耻的现象学描述，可以参见陈少明：《明耻——羞耻现象的现象学分析》，载《体知与人文学》，华夏出版社2008年版，第188—203页。

则表明不能再欺人，同时，因为恶被他人知晓而萌发羞耻之心，故恶会如此显明地呈现在自己心中，也就不能再自欺。人如果能够不再自欺欺人则能够不再欺天，既而就能够做到有所不为，此等于是给自己树立了一个防止堕落的堤坝，因此是人生之幸。相反，如果无羞耻之心，则虽闻过，亦因缺乏对耻的体验而无所动于衷，既然对恶缺乏切身的“体知”，那么，要么是无所忌惮于为恶，要么是周子言“今人有过，不喜人规，如护疾而忌医，宁灭其身而无悟也”(《过第二十六》)此正是人生之大不幸。

既然有耻之心则能够闻过，那么，当人能够接受他人劝告，其实已经透露出可以受教的端倪。但这还不够，孟子言“耻之于人大矣哉!”，耻的意义绝不止于不为恶而已，耻而能够受教的意义亦不止于此。朱子《通书解》中对于无耻的注解颇有意味：其言“无耻，我不仁也”。耻是羞恶之心，是义之端。但朱子却言“不仁”。朱子作仁之解发明周子两个意思：一、朱子所言仁即是诚体。周子言“君子乾乾，不息于诚，然必惩忿窒欲、迁善改过而后至。”(《乾损益动第三十一》)即是说人希求不息于诚体，必先去恶。人如果无耻则必不能去恶，因此必不能存诚，即不仁也。二、无耻是不仁，而有耻恰恰是有仁心之发动。这一点在明道、上蔡师徒之间有最为鲜活的体现：

> 谢先生初以记问为学，自负该博。对明道先生举史书不遗一字。明道曰：“贤却记得许多，可谓玩物丧志。”谢闻此语，汗流浃背，面发赤。明道却云“只此便是恻隐之心”。及看明道读史，又却逐行看过，不差一字，谢甚不服，后来省悟却将此事做话头接引博学之士。[1]

明道对上蔡的教导很传神，而且，更有趣的是上蔡也用此事来接引

〔1〕《伊洛渊源录》，见《朱子全书》第12册，上海古籍出版社、安徽教育出版社2002年版，第1040页。

其弟子,这让我们意识到,这不仅是一个随机指点的特例,它更是具有典型意义的教育通例。其所以典型,或许正是因为是周子发明的“必有耻则可教”原则的具体体现。[1]

如果我们只是把耻理解为义之端,那么,就只能在“有所不为”的意义上拒斥恶。而如果认识到耻其实是恻隐之心、仁之端的发动,则更有生生不息,积极向上之意。对此,陈少明已经有非常好的论述,其言“羞耻心,还有另一层非常重要的意义,它也是爱,不是爱人而是自爱。羞耻感是自卑的体现,而自卑的背后有自尊的渴望。”“儒家言君子,不仅是谦谦君子,而且是顶天立地的大丈夫。一个人能知耻即有羞耻心,从消极方面说,是会阻止他精神上沉沦,从积极方面讲,则是具备使一个人被尊重的内在素质。”“道德修养中,知耻不是轻苗淡写的事情,而是需要立志砥砺磨炼,在精神领域冲锋陷阵的壮举。真是耻之用大矣哉。”[2]因此,可知有耻对于一个人而言则能够发愤而向上求善。

以上指出耻的两层意义,可以理解周子论师道建立时所说的“暗者求于明”的内在心理机制。因为有耻则能知自己身上的恶,此是生命气质中涵具的邪暗郁塞之渣滓,而有耻则能够发愤向上以求迁善改过,然暗者以其愚则须是有明者之教,否则不能明善去恶,故也就有了暗者求于明的一面。

除此之外,周子《爱敬第十五》章之言又能更完整的体现出弟子求于明之真诚意愿。其言“间曰:有不善?曰:不善,则告之不善。且劝曰:庶几有改乎?斯为君子。有语曰:斯人有是之不善,非大恶也。则曰:孰无过,乌知其不能改?改则为君子矣。不改为恶,恶者天恶之,彼岂无畏邪?乌知其不能改!故君子悉又众善,无弗爱且敬焉。”对此朱子解曰:“恶无不劝,故不弃一人于恶。不弃一人于恶,则无所不用其爱敬矣。”[3]为师

〔1〕 这个事例当然也是表达了理学家反对记问之学,引导学者从事性理之学的意思。

〔2〕 陈少明:《体知与人文学》,华夏出版社 2008 年版,第 201 页。

〔3〕 两段引文具见《通书注》,见《朱子全书》第 13 册,上海古籍出版社、安徽教育出版社 2002 年版,第 111 页。根据校勘记把原文“太恶”改为“大恶”。

者即有如此之言和如此用心，为弟子者亦必爱敬其师而诚笃求学。

再就老师一面而言。周子以“先觉觉后觉”言师之教，其所言之“觉”在儒家教育史上有深厚传统。《论语》“君子喻于义”，《学记》“君子之教，喻也”，《韩诗外传》“古谓知道者为先生，犹言先醒也。不闻道术之人，则冥于得失，茫茫乎其犹醉也。故世人有先生者，有后生者，有不生者”，《白虎通》“学之为言觉也，悟所不知也。”都是和“觉”相同或相近的意思。“先觉觉后觉”出自《孟子》中伊尹所言：“天之生此民也，使先知觉后知，使先觉觉后觉也，予天民之先觉者也，予将以斯道觉斯民也，非予觉之而谁也”。[1]我们要理解周子之意，亦须回到这一原出处中。

伊尹言“使先知觉后知，使先觉觉后觉”，程子解曰：

> 孟子尝言觉字矣，曰：“以先知觉后知，以先觉觉后觉。”知是知此事，觉是觉于理。[2]

程子用事和理分别指所知和所觉的内容，这个区分看似是一个指经验事相，一个指形而上的道理。顺承此解，朱子又言：

> 知，谓识其事之当然。觉，谓悟其理之所以然。觉后知后觉，如呼寐者而使之寤也。言天使者，天理当然，若使之也。[3]

朱子之解以所知指事的当然之则，所觉指理之所以然，因此，二者都是指理。我们以为程朱的解释应该并无不同，程子说所知的是事，不仅仅是说经验事相，而主要是说事之当然之则。因为伊尹说“先知觉后

---

〔1〕《孟子·万章上》，见《朱子全书》第6册，上海古籍出版社、安徽教育出版社2002年版，第377页。

〔2〕程颐、程颢：《二程集》，中华书局2016年版，第196页。

〔3〕《朱子全书》第6册，第378页。

知”,而不是“先知知后知”[1],中间既然是“觉”字,表明所知的对象需要有内心的醒悟明觉,故所知与心是不相外的关系,而经验事相只是见闻之知,不当言觉。

程朱对所知和所觉的区分,首先是因为对知和觉的基本认识。朱子言“知者因事因物皆可以知,觉则是自心中有所觉悟。”可见,知是在事物之中求一个知解,而觉则是指内心觉悟。因此,朱子以当然之则指所知,所以然之故指所觉。但问题是,当然之则和所以然之故都是在说理,为什么能够做出这种分别对应?《朱子语类》言:

> 广曰:“‘所以然而不可易者’是指理而言,‘所当然而不容已者’是指人心而言?”曰:“下句只是指事而言。凡事固有所当然而不容已者,然又当求其所以然者何故。”[2]

可以看到朱子这里也会类似于程子,认为“所当然”是指事而言,但朱子之意并不是要混同事情和当然之则,只不过因为当然之则一定要在事情之中,才指事亦言之,故朱子接着又说“凡事固有所当然而不容已”。“所以然”则是指当然之则的本源根据,故“所以然”亦即是所以当然。既然当然是一定要在事之中的,先知先觉者即可以借助事相而分析描摹出当然之则来,此如孟子因“以羊易牛”之事向齐王指出恻隐之心来。而“所以然”则似虚无缥缈之物,故不能如当然之则那样直接着实指出。对于所当然和所以然的区分,陈北溪有更加明白的说法,其言:

---

[1] 龚自珍早年有《辨知觉》一文,即误解伊尹之言是“先知知后知”。他对于所知的理解就是具体的知识,如他引历法和农业为例。他认为知是圣人和凡人共知,而觉则是圣人独觉,先觉觉后觉只是先圣俟后圣。龚自珍区分知与觉,坐实所知是事,所觉是心。其目的在于区分圣凡不同,但这与伊尹旨在说人人皆能同归于圣贤似不同。见《龚自珍集》,河南大学出版社 2016 年版,第 249—250 页。

[2] 《朱子全书》第 14 册,上海古籍出版社、安徽教育出版社 2002 年版,第 626 页。

当然、所以然皆言理，当然是就目今直看其合当如此，是理之见定形状也。所以然是就上面委曲看其因甚如此而来之来历根原也。[1]

当然是理之见定形状，既有形状故可以通过知解的方式把握。“所以然”是当然之则的来历根原，故不可通过知解的方式把握，而只能是觉而得之，故程朱把当然之则和所以然分别对应所知和所觉。但其中亦有一点须要说明，虽然可以通过知解的方式把握当然之则，但当然之则终究是理，因此，对当然之则的真正获得亦不能仅仅停留在知的层面，故朱子言“今人知得此事，讲解得这个道理，皆知之之事，及其自悟则又自有个见解处。”可见，后知者先是基于先知者对当然之则的讲解，而后，及其觉悟自有个见解。这也就是为什么先知觉后知，中间亦用“觉”字的原因。

相较而言，“所以然”似虚无缥缈之物，那么，先觉者又如何觉后觉者？首先，“所以然”虽然不如当然之则那样可以因事把捉，但也还是可以知解的方式分析言说，故“夫子之性与天道，不可得而闻也”(《论语·公冶长》)并非是绝对的不可得而闻，只是夫子罕言之。其次，对“所以然”之理之觉恰恰是寓于当然之则中，若学者无对当然之则的觉为前提，而先觉者躐等讲授“所以然”之理则只是虚说，无益于觉。朱子言：

或问：“格物”章本有“所以然之故”。曰：后来看得且要见得“所当然”是要切处。若果见得不容已处，则自可默会矣。[2]

可见，欲求得所以然之故，须是要见得“所当然”是要切处。若见得所当然而至于当然而不容已，则可默会所以然之故也，默会亦即觉悟，

〔1〕《北溪大全集》卷40，《四库全书》电子版。
〔2〕《朱子全书》第14册，上海古籍出版社、安徽教育出版社2002年版，第586页。

故朱子曰“见得不容已处,便是所以然”。因此,先觉者觉后觉,其用力处主要在当然之则的层面进行讲授,如“子所雅言,《诗》《书》执礼,皆雅言也”(《论语·述而》)。学者基于对当然之则的积累体悟,先觉者在恰当的时机通过直接指示“性与天道”而使学者觉“所以然”,盖如夫子知曾子真积力久,将有所得,是以呼而告之以一贯之旨,此即“所以然”之理也,而曾子亦果能默契圣人所指,此即先觉觉后觉也。因此,朱子会说“圣贤教人,多说下学事,少说上达事。说下学工夫要多也好,但只理会下学,又局促了。须事事理会过,将来也要知个贯通处。”〔1〕

既然“先知觉后知”和“先觉觉后觉”是如此关系,我们可以进一步推知周子只言“先觉觉后觉”而不言“先知觉后知”,有两点意义:第一,表明教学宗旨和目的,先知觉后知是教学的基础和下手处,而先觉觉后觉则是进一步求“所以然”之理,“所以然”之理即性命之理,故可以说教学的目的和宗旨在于复性。第二,觉其“所以然”,并不会遗弃当然之则,以孝这一当然之则为例,朱子言:“知所以必着孝是如何,所以为孝当如何,这便是里。见得到这般处,方知决定是着孝,方可以用力于孝,又方肯决然用力于孝。人须是扫去气禀私欲,使胸次虚灵洞澈。”〔2〕可见,知得孝之所以然,并不会遗落事为之中的当然之孝,对“所以然”之觉能使人去私欲,洞澈胸次,为行当然之事提供了最坚实的依据和动力,人由此能够诚心诚意为孝,而且,知如何用力于孝。

所知和所觉是在说“觉”的对象,朱子又言“先知觉后知,先觉觉后觉,中央两个觉字皆训唤醒,是我唤醒他”。〔3〕“觉”本身是“唤醒”的意思,唤醒只是一个譬喻,其具体过程又是怎样的?

朱子解“先觉觉后觉”言:“师者,所以攻人之恶,正人之不中而已矣。”这与“刚柔善恶中”相对应,即是指从刚恶、柔恶改变到刚善、柔善;

〔1〕《朱子全书》第18册,上海古籍出版社、安徽教育出版社2002年版,第3691—3692页。
〔2〕《朱子全书》第14册,第523页。
〔3〕《朱子全书》第16册,第1859页。

再从刚善、柔善至于中的过程。朱子这里用“所以”，表明变化气质虽然是教学的实质，但又不是直接针对人的气质之性而教学，所针对的应该是学者之心。师者通过在心的层面攻学者心之恶，正学者心之不中而期待学者之觉，学者能有心上的觉悟才能自易其气质之恶，自至其中。这也就能够理解周子说“俾人自易其恶，自至其中而止矣”的意思，自易其恶、自至其中属于变化气质，此在于学者自身，师之“俾”即是指点学者心之偏差处，学者通过心上的觉悟而自求变化气质。

具体而言，学者之心有不正之处，则发而为言行，言行之偏邪正是生于其心之不正，故为师者正可以通过学者之言行知其心之偏失处。教者作为先知先觉者，将其所知的当然之则指示出来。其中，言语是最主要的一种交流方式，通过言语，教师示学者以当然之则，惟其所言之理乃是蕴蓄于其心中之理，故知人求实现道理之甘苦难易，因而所言能无使有德者厌，无德者惑。而后知后觉者虽闻师之辨明当然之理，但因为其心尚有偏失，故心与当然之理之间存在距离，不能当下因闻师之言而旋即融释其惑，化其偏失。但既然心与言之间相联通，后知后觉者正可以通过师者之讲授而自求觉悟其中的当然之理，这一过程亦即前面说的先知觉后知的过程。〔1〕

“唤醒”这个譬喻还表达了一个很重要的意思，即觉只是觉其固有之性。此有三点意义：第一，教学过程中会有攻人之恶，正人不中的具体教法的实施，因此先觉者会向弟子提出各种要求，要求后知后觉者对其自身做加减法，但后觉者始终只是在觉其固有之性而已，并非是先觉者把自己所觉之理施予后觉者。及后觉者之觉，并无增加和减少。其次，先觉者所觉之理与后觉者所觉之理只是相同之理，及其已觉，先觉与后觉并无不同。当后觉者没有觉的时候，先觉者只是独觉，但先觉者

---

〔1〕 伊川言：“尝见李初平问周茂叔云：某欲读书，如何？茂叔曰：公老矣，无及也。待某只说与公，初平遂听说话，二年乃觉悟。”此为周子唤醒他人之一例。见程颐、程颢：《二程集》，中华书局 2016 年版，第 278 页。

知其所觉之理其实是人人所共有的,他人此时虽未能觉,但必求有以觉之。而且,虽然他人未觉,自己独觉,亦对于"唤醒"这一使命充满了信心,因为所觉的只是普遍存于所有人之心之性理。第三,此理乃是天所赋予人人皆有之理,而先觉者先有此觉,则必然求觉他人。伊尹言"天之生此民也,使先知觉后知,使先觉觉后觉"正是天使之然也。这里可以看到,周子对于教育的理解和其之前的柳开不同,柳开言"天之生人贤愚也,造化之道矣。吾谓若然者,师可教而能易之,力其与造化敌乎!何可轻其师哉?"[1]同样是要表达对于教师的重视,但是柳开认为教育事业全是人的事业,通过教育改变人之贤愚是在同天地造化相对抗,乃是对天地造化大业存在的缺陷的一种弥补。而在周子"先觉觉后觉"的理念之下,教育事业则是一件辅相裁成、代天宣化、寅亮天工之事业,因此,教师实际上是一种天职。[2]

三、师道之典范:圣师与圣徒

周子在《师第七》章区分了圣人立教统和确立师道两个层次,这两个层次对应于圣与师的不同,无论是圣人立教统还是确立师道都具有超越个人和时代的普遍性意义。但同时,孔子自身又是以圣人之资致力于授徒设教的事业,因此又可以称孔子是圣师[3]。孔子作为圣师是其所确立的师道的最为典范的实践者。《通书·蒙艮第四十》章中发明

---

〔1〕《续师说》,见《柳开集》,中华书局 2015 年版,第 7 页。

〔2〕"什么是天职观念?天职观念意味着对某种神圣的职分的富于生命感的体验,有了它,人便能由衷地守住与某种神圣的职志关联在一起的生命的重心。做好一件艰难甚至危险的事,除了不可少的兴趣,往往需要足够强的生命力的支持。教师应该视教学育人为天职。"黄克剑说的对神圣职分的体验亦即是伊尹言天使之然也。惟有此体验,而师得以视其自身之职业为天职。参见黄克剑《天职观念与范本教育》一文,《福建论坛》(社科教育版)2004 年第 3 期。

〔3〕如陈北溪言"《论语》二十篇皆圣师言行之要所萃",见《北溪字义》,中华书局 1983 年版,第 79 页。

蒙卦之义既是属于师道的具体内涵，也可以从中见出孔子对蒙卦之义的具体实践。以下，我们即对此章进行分析。周子言：

> "童蒙求我"，我正果行，如筮焉。筮，叩神也。再三则渎矣，渎则不告也。"山下出泉"，静而清也。汩则乱，乱不决也。慎哉！其唯"时中"乎！〔1〕

朱子解曰："'时中'者，《彖传》文，教当其可之谓也。初则告，渎则不告；静而清则决之，汩而乱则不决。皆时中也。"〔2〕可见此章讲了两种情形，一是"初筮告"之时，一是"静而清"之时，周子以为学者处此二者之时，为师者正当发其蒙以果决学者之行。朱子解中提到"教当其可之谓也"出自《学记》"当其可之谓时"，旨在强调教学过程中时机的重要性，此是属于教人之术、教法层面的内容，对此已有学者作了出色研究〔3〕。本节关心的问题则是，何以"初筮告"与"静而清"是教当其可之时？朱子以为此章旨在发明圣人主静之义。

对于《蒙卦・卦辞》的"初筮告，再三渎，渎则不告"王弼和孔颖达都是结合《彖辞》"初筮告，以刚中"来理解。既然"刚中"一定是指师，那么，"初筮告"也是就师而言。故其意曰："童蒙既来求师，师当以初心所念所筮之义，一理而剖告之。师若弃此初本之意，而犹豫迟疑，歧头别说，则非刚中之道。而童蒙之人，闻之亦亵渎而烦乱也。童蒙来问本为决疑，转亦渎乱，师则不如不告。"可见王、孔理解"初筮告"则在对老师提出要求。然而，周子理解"初筮告"则是兼顾老师与学生，其意为："学者求教于师，即如筮者叩神以决疑。当筮者初筮之时，心诚专一，则神

---

〔1〕〔2〕《朱子全书》第13册，上海古籍出版社、安徽教育出版社2002年版，第129页。

〔3〕如陈元晖先生把教学中的"时"的问题称作是"教学上的火候"，他对此有详细的论述。参见氏著《中国教育学史遗稿》中《〈学记〉——儒家的"教学论"专著》，北京师范大学出版社2001年版。

告之吉凶，若求筮者之心有二三，即表明已生疑惑，神亦就不再告之。如果学者之心亦同初筮者一样专一而明，师即当告之；而若其心亦有二三，则师亦不当决其所行也。”周子对“初筮告”的理解正照应了学者有耻能受教而爱敬其师的情形，此时学者之心收敛不向外、不走作，亦即其心能主静之时。当此之际，为师者正当把握其心志，坚定其为学志向，使学者勿贰以二，勿参以三，则如泉水之流虽遇艰险而果决其行，否则，学者此时虽有向学志愿，然还只是如始出之泉，涓涓之微，易壅于沙石。

至于《蒙》卦《大象》文“山下出泉”，山为静，泉为清，周子解为“静而清也”。周子以此形容学者之心，以为当学者之心至于静而清之时，为人师者当果决其行。此处正是“主静”之义的表现：

《太极图说》言“圣人定之以中正仁义而主静”，既言“中正仁义”又言“主静”。朱子曰：“周子之言主静，乃就中正仁义而言”[1]，则主静不外于中正仁义四者之间，即“中仁是动，正义是静”。[2]对于朱子之解，张南轩并不认可，其言“某意却疑仁义中正分动静之说，盖是四者皆有动静之可言，而静者常为之主，必欲于其中指二者为静，终有弊病，兼恐非周子之意”。[3]南轩以为仁义中正四者各有动静，即仁义中正四者皆是性，属静，而性发为四端则是动，并不当如朱子“指其中二者为静”。然朱子终坚持己意，这是因为“中仁是动，正义是静”的说法，其实是要强调“智包四德”之义。朱子以为“中与正即是礼与智”[4]，中正仁义即等同于仁义礼智四德，性中有此四德而仁、礼属动，义、智属静。义是静

〔1〕《答张钦夫》，《朱子全书》第21册，上海古籍出版社、安徽教育出版社2002年版，第1421页。

〔2〕《朱子全书》第17册，第3138页。

〔3〕《答朱元晦秘书》（第4书），《南轩先生文集》卷20，《朱子全书外编》第4册，第315—316页。

〔4〕“后来仔细看，乃知中正即是礼智，无可疑者”，见《朱子语类》卷94，《朱子全书》17册，第3135页。

之始，智是静之极，而静之极一方面专属于智，但同时，当此湛然虚明之中，仁义礼智四德皆敛藏其中，此即“智包四德”之义。[1]因此朱子解“静而清”曰：“山静泉清，有以全其未发之善，故其行可果。”静则是未发属静之极，清则是能鉴物。其心得以全其未发之善即是仁义中正四德全具。

朱子解“主静”之“静”曰“静者，诚之复而性之贞也”。“智包四德”主要是从性之贞一面进行讨论，除此之外，主静还包括有诚之复之义。仁中义正即是元亨利贞[2]，《诚上》章言“元、亨，诚之通；利、贞，诚之复”，则诚体之流行可分为动静两个阶段：元、亨即仁、中，属动，是诚体之发用流行，以其自内而通达于外则曰诚之通。利、贞即义、正，属静，是诚体之收敛归藏。周子称此曰“诚之复”者，盖如牟宗三言“静复以立体”，即诚体在发用流行之中固然不离本体，但只有当诚体摄用敛藏之时才得以显其本体。因而，朱子亦曰“元亨是发用处，必至于利贞乃见乾之实体”。[3]由此可知，周子讲主静，即是主于此诚体或太极本体。人心主于此本体，则是“静而无静”（《动静第十六》），当感物而应事时，无不是此诚体太极应之于外，则所应皆善也。

以上对主静之义的分析，关联于周子发明《蒙》卦，则可知“初筮告”是学者义之端萌发时，此是静之始，而学者有收敛身心，诚心向学之愿。“静而清”则是学者因育德而处于静之终时，此二者皆是静之义的体现，师即当教之而果决其行。故前者能坚定为学志向，而后者则能沛然莫之能御。其中，学者能至于“静而清”，已是地位高者之事，或许《论语》

〔1〕 朱子曰：“智本来是藏仁、义、礼，惟是知恁地了，方恁地，是仁、礼、义都藏在智里面。”见《朱子全书》第15册，上海古籍出版社、安徽教育出版社2002年版，第1767页。

〔2〕 朱子曰“乾之元、亨、利、贞。元即仁，亨即中，利即义，贞即正。”《朱子全书》第17册，第3137页。

〔3〕 对于此一义，朱子有一比喻可以帮助理解。其曰：“水之或流、或止、或激成波浪，是用；即这水骨可流、可止、可激成波浪处，便是体”（《语类》卷6）。当水流动之时，水之骨子即本体固然在其中，但我们所见到的是水的奔涌流淌，此则是水之用。而当水静止之时，水之静虽然也是水之用，但静止之中则易见此水之骨子，进而可知水或为浪花、或静止，皆是水之本体所造成。

"颜渊问仁"章中的颜子可以当之。当孔子告之以仁之纲目全体,颜子言下判然,而能应之以"回虽不敏,请事斯语矣",此正是颜子经孔子之教而能果决其行之表征,而夫子即以称之曰:"语之而不惰者其回也与!"盖孔子教颜子正如时雨之润万物,万物发荣滋长,进而不止。

周子解《蒙》卦最终又言"慎哉,其唯时中乎!"表明了教当其时的重要性,而惟有圣师才能在教育中真正做到"时中",因此是蒙卦教义的最理想实践者。

相对应于圣师,孔门弟子中惟有颜子才能"发圣人之蕴"。周子《圣蕴第二十九》言:

> "'不愤不启,不悱不发,举一隅不以三隅反,则不复也。'子曰'予欲无言。天何言哉?四时行焉,百物生焉。'然则圣人之蕴,微颜子殆不可见。发圣人之蕴,教万世无穷者,颜子也。"[1]

讨论这一章以前,有两点须首先予以说明:第一,《通书》此一章两引《论语》,而朱子解释"颜子发圣人之蕴"之"发",曰:"谓之发者,乃亦足以发之发"同样是出自《论语》。因此,讨论"颜子发圣人之蕴"须是关联于《论语》才能理解。第二:"颜子发圣人之蕴"包括两个方面意思:一是指颜子对圣人而言,颜子得圣人之全体。二是指颜子对学者而言,因颜子发圣人之蕴,学者得以通过颜子知得如何学孔子,即学颜子之所学。本节内容则主要限制在第一个方面颜子对圣人而言,即讨论颜子何以为孔门典范。第二个方面则到论二程章节部分再作分析。

颜子发圣人之蕴之发,朱子认为是"亦足以发"之发,那么,我们首先对此章作一个完整引述。同时,这一章与"回也非助我者也"一章意

---

〔1〕《通书解》,见《朱子全书》第13册,上海古籍出版社、安徽教育出版社2002年版,第122页。

蕴吻合，相互发明，故亦引之关联起来讨论。

子曰：吾与回言终日，不违如愚。退而省其私，亦足以发。回也不愚。（《为政》）

子曰：回也非助我者也，于吾言无所不悦。（《先进》）[1]

“吾与回言终日，不违如愚”可看作本章前一节，主要言孔颜之间的教学：自孔子而言，则是“吾与回言终日”，《通书》引“不愤不启”章是要说明孔子之教不轻发，必当其可而教。然对于颜子则竟成“终日言”，则可见颜子在孔子心中地位之高，而孔子亦是倾囊相授，例如“颜渊问仁”一章，孔子则连本带末、由纲至目一齐告之；自颜子而言，则是“不违如愚”，此非是不违孔子之一二格言，而是于孔子之言无任何违逆[2]，故“不违如愚”实际即等同“于吾言无所不悦”之意。[3]无所违逆见颜子对孔子之言有绝对之信赖与尊崇，确知孔子无言非教，无事非法，无善非道。无所不悦则见颜子对孔子之言有绝对之亲切，无言非其固有之义理，无言不切中其心事。此尊与亲之情感相互交融，尊之中必然有亲之情，亲之中亦必然有尊之意，不可分也。

颜子对孔子之言是“无所不悦”，此正可以对比其他弟子，如“子路不悦”，则是于孔子之言不能无所不悦。又如冉求“非不悦子之道，力不足也”，盖冉求与颜子之悦只是同一种悦，然悦之浅深有不同[4]，因此，

---

〔1〕《朱子全书》第14册，上海古籍出版社、安徽教育出版社2002年版，第77、158页。

〔2〕此处所言意思出自丁纪《孔颜之间》一文，本节多有参考其说处。该文见《天府新论》2020年第4期。

〔3〕薛文清亦言“颜子于圣人之言无所不悦，正与不违如愚互相发”薛瑄《读书录·读书续录》，凤凰出版社2017年版，第157页。

〔4〕《论语》“学而时习之”一章，朱注引程子之言“学之正，习之熟，说之深而不已焉耳”，可见悦有浅深之不同。

冉求则有力不足之懈怠，而颜子闻圣人之言则欣悦不已，故是“语之而不惰者其回也与”。此二子所同之悦亦即是孟子所言“理义之悦我心”(《孟子·告子上》)之“悦”，故此“悦”实际上是人天生具有的能力，人在后天有可能丧失这一能力，而惟有颜子把此“理义之悦我心”之固有的心灵能力完好无损的保留了下来。

“不违如愚”朱子注曰“有听受而无问难也”，有问难是于孔子之言有疑问，颜子于孔子之言则是无所疑问。同样，朱子注“无所不悦”亦言“无所疑问”。因此，无所不悦之中即包括了“无疑”的意思。但对于此无疑，朱子无论是在注“不违如愚”，还是在注“无所不悦”，突出的意思都是说因为颜子于圣人之言默识心通，即颜子对孔子之言能够做到无所不明、无所不知，因此才能实现“不违如愚”和“无所不悦”。对此，我们一方面说，固然颜子因资禀极高以及竭其力于博文约礼之学，因而于孔子之言能够触处洞然，条理皆明。但体会周子此处之意，其用心是要把颜子作为后学之楷模典范，落脚点在于“学颜子之所学”。那么，如果仅仅从极高的一面见颜子之无所不悦，则失去了作为后学典范的意义，亦即“学者无下手处”。我们前面已经指出“无所不悦”是一种心灵的固有能力，因此，是普遍存在于任何人之心中，并非是需要先有了明通义理才能够发生此“悦”的情感。恰恰相反，“悦”在知之先，颜子正是基于对孔子之言有无所不悦的情感自然生发，而后才能借助这一兴起的精神力量去心解领会孔子言中之义理。因此，颜子之无所不悦实际上并非是到了无所不明之后才发生的，而是作为颜子为学之开端与基址，贯彻于整个为学之历程中。颜子对孔子有着天然信赖感，以及对孔子所言的内容自然生发无限歆慕向往之情，终生不改，步亦步趋。[1]唐君毅先生有一段话，亦发明此义，其言曰：

---

〔1〕 此一段意思也出自丁纪《孔颜之间》一文。

> 直接自对其人格之崇敬，以了解其思想事业，乃了解古今第一流之大人物，一必由之路。了解耶稣，了解释迦，了解穆罕默德，了解甘地，需要如此。了解孔子，亦需要如此。流俗的论调说，我们一定要先分析出其思想，了解其社会地位，其对人类之贡献，乃能对其人格生出崇拜敬服之心，只是道理的一半。另一半是，你如根本不承认有比我们自己更伟大之人格，而有一向上心，愿意去崇敬一更伟大之人格，并求有如此之人格之崇敬之；则我们无论在现实社会与历史世界中，均永远不会发现此人格的。人真有如此之心，则对人们数千年所共同崇敬之人格，我们纵全不了解其一切，我们亦一闻其名，念其为过去如许多之人所敬服；我们即油然不能自已，先生一向往畏敬之情。此情即我们最后真能了解之之基础。我们如根本上毫无此心，则你对其思想之分析，对其社会地位之了解，对其所贡献于人类者之了解；便亦不能向上提摄起来，凝聚起来，以统会的形成一精神人格之气象，而体现之于你的心。这一种直接依于对其人格先存畏敬之心，以了解孔子，乃中国以前人了解孔子之一普遍方式，而是这数十年才丧失了的。〔1〕

这种传统中国普遍理解孔子的方式，或正是始于颜子，盖颜子正是这一认识方式之最为典范的实践者。基于此无所不悦之情感，颜子终能够发圣人之蕴。亦即是说，正是有了孔颜之间“吾与回言终日，不违如愚”的相契相合，颜子才能够做到“亦足以发”。因此，“不违如愚”章的两节之间构成了一种内在的因果关联。

此章言“亦足以发”的意思在“回也非助我者也”一句中有所暗示。

---

〔1〕《孔子与人格世界》，见唐君毅：《人文精神之重建》，广西师范大学出版社2005年版，第158页。

对于“非助我者”朱子注曰“其辞若有憾言,其实乃深喜之”又引胡氏之说“夫子之于回,岂真以助我望之。盖圣人之谦德,又以深赞颜氏云尔。”其中表达了两个意思:一是孔子谦德,盖孔子至圣圆善自不待他人之助,以助而言当然是自谦。其次,颜子对于孔子之意义不在于助孔子。助孔子,朱子注曰“若子夏之起予,因疑问而有以相长也”,即是在师生问答之间,教学相长,如子夏能够启发孔子之志意。相较而言,颜子则是“不违如愚”,有听受而无问难,故不同于子夏一般助孔子。就此而言,孔子若有憾焉。但其实孔子是深喜之的,为何孔子会深喜之?

对此,我们关联于“不违如愚”章可得知,“回也非助我”和“不违如愚”两章中孔子表现的情感是类似的,“不违如愚”,曰“如愚”,亦类同于“非助我者”,皆有欲扬先抑之意,故最后孔子言“回也不愚”,则又是赞颜子。由此,我们可以知道“回也非助我者也”章中孔子深喜颜子或即是因为“退而省其私”时,见颜子“亦足以发也”。

那么,“亦足以发”比起“起予者之助孔子”高明在哪里?何以孔子深喜之?这个问题正是理解周子说“圣人之蕴,微颜子殆不可见”的关键,孔门诸多弟子,何以只是颜子才能发圣人之蕴?这个问题很复杂,此处我们暂且从以下几个方面进行说明。

首先是对于《论语》“退而省其私,亦足以发”这一句,朱子解曰“及退省其私,则见其日用动静语默之间,皆足以发明夫子之意,坦然由之而无疑”,因此,发的直接意思就是发明,当颜子燕私独处之际,即能把孔子终日所言者,无不尽心尽力全部实践在日用动静之间。在他人或仅为一场思想交流,而在颜子则是尊所闻,行所知,作为立身准则。此如“颜渊问仁”,孔子告之以仁之纲目本末,颜子则曰“请事斯语”,即能见之于实行之中。

其次,“亦足以发”之“发”是发荣滋长之意。吕泾野言“‘亦足以发’不但语处、动处是发,虽静默处亦发也。如物得化工,时雨发荣,滋长自不能已。”〔1〕此处把“发”理解为得时雨滋润而发荣滋长，其意正是来自于《孟子・尽心上》中言“君子之所以教者五：有如时雨化之者，有成德者，有达财者，有答问者，有私淑艾者。此五者，君子之所以教也。”〔2〕对于孟子这里区分的五种类型，朱子以为“时雨化之者”“若孔子之于颜、曾是已”。“有达财者”则如“孔子之于由、赐”，子夏应当属于子路、子贡这一层级中，故亦是属于达财者一类。子夏之助孔子，从孔子的角度是子夏启发了孔子，而从子夏的角度来看，子夏则是受孔子之教诲而得以达其财，即通过孔子之因材施教而充分实现其自身的资禀才能。相较而言，颜子则如朱子注曰“草木之生，播种封殖，人力已至而未能自化，所少者，雨露之滋耳。及此时而雨之，则其化速矣”，则是颜子学孔子而“既竭吾材”、盖已经是尽人力而至于前所言“山静泉清，有以全其未发之善，故其行可果”之际，故得孔子之时雨滋润则沛然莫之能御。

最后，“亦足以发”即“发圣人之蕴”，由此可以见出颜子乃是得孔子之全体，故朱子《通书解》言“学之者唯颜子为得其全。”此即言颜子是“具体而微”的孔子，若子夏则只是得圣人之一体。我们通过“起予”和“无所不悦”之不同稍可以见出其中区别。子夏之起予，是因为孔子与弟子之间的问辨而启发了孔子，然并非孔子未知其理而子夏晓之，事实上只是子夏启发了孔子之志意。而问辨的发生表明的正是因为子夏对孔子之言有疑问，有疑才有所问，有问而后子夏才有助于孔子。若颜子则无所不悦于孔子之言，因此无疑问也。对此，张子言：“回非助我者，无疑问也。有疑问则吾得以感通其故而达夫异同者矣。”〔3〕可知，有疑问恰恰体现的是子夏与孔子之道之间有异有别，虽然子夏通过请教孔

〔1〕吕柟：《四书因问》卷3，文渊阁《四库全书》。

〔2〕《四书章句集注》，见《朱子全书》第6册，上海古籍出版社、安徽教育出版社2002年版，第440页。

〔3〕《张载集》，《中华书局》1985年版，第43页。

子,得孔子之言而可以会其同,然其所同者,犹在言语之间,未能心契神受,则终与圣人有别。若颜子不待请教而自能默识心融,则是与孔子真得以相契相应也。[1]故李延平又言"颜子于圣人根本有默契处,不假枝叶之助也,如子夏乃枝叶之功"。[2]

〔1〕朱子对"犹在言语之间"和"默识心融"有一形象区别,可资发明。《语类》:"仲愚问:'默识心融',如何?曰:说个'融'字最好,如消融相似。融,如雪在阳中。若不融,一句只是一句在肚里,如何发得出来。如人吃物事,若不消,只生在肚里,如何能滋益体肤。须是融化,查滓便下去,精英便充于体肤,故能肥润。如孔子告曾子'一贯'之语,他人闻之,只是个'一贯',曾子闻之,便能融化,故发'忠恕而已'出来。"见《朱子语类》卷24,《朱子全书》第14册,上海古籍出版社、安徽教育出版社2002年版。

〔2〕《朱子语类》卷39,见《朱子全书》第15册,第1405页。

道学视域下“皇帝王霸”历史观的开展

蔡　杰*

宋明道学兴起的一项重要理论基础，是道统观的建立；而与道统论息息相关的，则是道学家对圣王时代与汉唐时代的认识。整体而言，道学家所持历史观是相对一致的，其中“皇帝王霸”论是其历史认识中的一种最为细致的划分。因而，对道学视域中“皇帝王霸”历史观的溯源、理论建构与后世发展的探讨，对整个宋明理学道统论的研究，乃至对道学家所把握的“道”及古今儒门历史观转变的研究都具有重大意义。

一、王通的“皇帝王霸”论及其遗留问题

“皇帝王霸”论其实不止在宋明道学中出现，其源头甚早，可以追溯至先秦时期。〔1〕随着朝代历史演进，道学时代的“皇帝王霸”论注入许多新内容，包括如何评价汉唐功业的问题，所以道学视域中的“皇帝王霸”论亦由最初的缤彩纷呈，发展到最终彻底的理学化，这是伴随着宋

* 蔡杰，清华大学哲学系在读博士生。

〔1〕 这方面的研究，可以参考罗根泽《古代政治学中之“皇”“帝”“王”“霸”》（罗根泽《管子探源》，岳麓书社 2010 年版，第 160—174 页）与向晋卫《“皇帝王霸”观与战国秦汉的历史演进》（《社会科学战线》2016 年第 12 期）。

明道学的兴起而发生的。我们现在一般会将宋明道学的源头追溯到唐代中期的韩愈和李翱,实际上道学中的许多政治思想问题,在更早的王通思想中已有涉及,至少其“皇帝王霸”论已带有较为浓厚的道学色彩。[1]所以即便道学源头在于王通的观点尚未定论,但是将道学中“皇帝王霸”论的问题意识追溯到王通那里,应该没有太大问题。

对王通的“皇帝王霸”论的理解,需要从名实的角度进行,才有可能充分厘清王通“皇帝王霸”论的相对混杂的整个框架。[2]从历史名分来看“皇帝王霸”,即在名的层面上,王通承认历史上“二帝三王”的存在,并且也肯定唐虞、夏商的“二帝三王”时代是美好社会;但王通对“皇帝王霸”治道的认识,采取的是一种中道的态度,亦即任何治道都需要从现实出发,采取相应最合适的办法。[3]王通认为帝治时代的唐虞之道与王治时代的夏商之道已经无从再照搬运用于后世,但是到周公时代,却仍然能够成就盛世,这是因为周公采用的是中道。所以王通推崇周公之道“曲而当,私而恕,其穷理尽性以至于命”,所谓“曲”与“私”与唐虞之道、夏商之道的坦荡阔直、大公无私的品质是完全相悖的,但是周

〔1〕在宋明道学兴盛时期,许多重要的道学家无论褒扬或贬抑,均讨论过王通的问题,包括朱熹、陈亮、陆九渊、王阳明等,直至明末黄道周更是十分推崇王通的思想,在其《坊记集传》《表记集传》中广泛引用王通的言论。可见,王通在宋明道学的话语中具有不可忽视的地位,张岱年先生为《王通论》作书评时云:“理学的产生,旧时认为是在北宋,近代哲学史家追溯到唐代中期的韩愈、李翱等人。《王通论》的作者则认为就理学的几个基本观点而言,理学的产生可以追溯到王通和王通以前。……《王通论》的作者根据史料,提出关于理学产生的新见解,是很有意义的。”(张岱年、郑凯堂:《一本有新意的学术新著》,《中国社会科学》1986 年第 1 期。尹协理、魏明:《王通论》,中国社会科学出版社 1984 年版)

〔2〕从名实之辩的角度去看王通的“皇帝王霸”论,其实也是王通本人提供的一个重要视角,但至今尚未有人从这一视角对其思想进行考察。王通的“皇帝王霸”论在名与实的关系上相对混乱,或者说他自身尚未较好地处理“皇帝王霸”的名实关系,这也是其“皇帝王霸”论所遗留下的问题在后世产生争论分歧的重要原因。

〔3〕王通认为“唐虞之道直以大,故以揖让终焉。必也有圣人承之,何必定法?其道甚阔,不可格于后。夏商之道直以简,故以放弑终焉。必也有圣人扶之,何必在我?其道亦旷,不可制于下。如有用我者,吾其为周公所为乎?”(王通:《中说译注》,张沛译注,上海古籍出版社 2011 年版,第 51 页)其中所谓唐虞之道是指帝治时代,夏商之道即指王治时代。可以看出,王通对此二帝三王时代的治道是十分称赞的。

公之道对于周公时代而言,虽曲而当,虽私而恕;也就是说,周公之道是应对周公时代最合适、最恰当的一种治世方法,故而周公能够成就一番盛世。[1]所谓"当"与"恕"就是合于中道的现实治道,是周公本于穷理尽性而采用的治道,是一种符合天道之最高标准的方法;而"曲"与"私"或者"直"与"公"不过是名义上的价值评判而已,其根本依据仍然要归宿于实质性的性、理、命。可以看出,理想的王道在王通看来,并不是一成不变的治世方法,其治道必须也只能依凭于现实。

不过周公的治道在王通看来,只是一个历史上的成功案例,一个可供参照的正确标准,王通更想解释的可能是对汉代治道的认识问题:汉家制度是王道还是霸道?王通对汉代治道大致持肯定的态度,并且认为汉代治道基本上符合王道,盛赞汉代"七制之主,道斯盛矣",意思是说汉代这七位君主俨然上古帝王。[2]所以汉代治道在王通看来,就是较为成功的治道,是根据汉代现实情况而采取的最合适的治道方案。

在王通对唐虞之道、夏商之道、周公之道、汉代之道的论述中,有一层潜在的内涵是认为汉代之后才开始行霸道,故而汉之后天下分裂与战乱纷争,是为明证。那么可以推断:在王通思想中,过往历史是由好的时代朝着坏的时代演进的。这一历史观也由传统儒家所秉持。但是王通并没有将这一层潜藏的意思明确地阐发出来,根本原因即是他的"皇帝王霸"论是名实分开的。从道德实质上看,即在实的层面上,王通认为"皇帝王霸"四种治道的道德性是逐次递减的:"强国战兵,霸国战

---

[1] 王通:《中说译注》,张沛译注,上海古籍出版社 2011 年版,第 93 页。历来有批评周公的"僭越"行为,譬如历史上周公行成王之权进行分封,诛杀管蔡而经营洛邑。王通为周公作出辩护,认为周公是根据当时的现实情况而采取的最合适的办法,而且是符合天道标准的,此即王通中道思想的体现。

[2] 王通:《中说译注》,第 152 页。王通提出"二帝三王,吾不得而见也,舍两汉将安之乎?大哉七制之主!其以仁义公恕统天下乎?其役简,其刑清,君子乐其道,小人怀其生。四百年间,天下无二志,其有以结人心乎?终之以礼乐,则三王之举也"(王通:《中说译注》,第 50 页),可见王通认为汉家制度是接近于王道的。

智，王国战义，帝国战德，皇国战无为。”[1]但是此处“皇帝王霸”四种治道并没有明确对应于历史上三皇、五帝、三王、五霸四个时代，王通在此提出的只是一种基于道德标准上的治道选择。也就是说，历史名分上的“皇帝王霸”与道德实质上的“皇帝王霸”是分开的，王通尚未明确地用道德实质上的“皇帝王霸”那一套道德标准去圈定历史名分上的“皇帝王霸”。所以王通自己也看到，上古历史中的“帝”与后世名义上的“帝”是不对等的，此即后世君主使用“皇帝”这一称号所引发的名实问题。王通多次回应这一问题：

> 天子而战兵，则王霸之道不抗矣，又焉取帝名乎？故帝制没而名实散矣。
>
> 文中子曰：“帝之不帝久矣。”王孝逸曰：“敢问《元经》之帝何也？”子曰：“絜名索实，此不可去其为帝，实失而名存矣。”
>
> 薛收曰：“帝制其出王道乎？”子曰：“不能出也。后之帝者，非昔之帝也。其杂百王之道，而取帝名乎？其心正，其迹谲。其乘秦之弊，不得已而称之乎？政则苟简，岂若唐虞、三代之纯懿乎？是以富人则可，典礼则未。”薛收曰：“纯懿遂亡乎？”子曰：“人能弘道，焉知来者之不如昔也？”[2]

王通似乎已意识到他的“皇帝王霸”论是名实分开的，指出后世君主所

---

〔1〕王通：《中说译注》，张沛译注，上海古籍出版社2011年版，第141页。对这几种治道的道德定性，与后世邵雍的历史观建构有较大相似性，可见王通的“皇帝王霸”论对邵雍有一定的影响。而王通在“皇帝王霸”之外，另立一个“强国”之道，应是受到荀子的王霸思想的影响，荀子提出“用国者，义立而王，信立而霸，权谋立而亡。三者，明主之所以谨择也，仁人之所务白也。王夺之人，霸夺之与，强夺之地”，“王道在于义，霸道在于信，强道在于权谋”，“挈国以呼功利，不务张其义，齐其信，唯利之求，内则不惮诈其民而求小利焉；外则不惮诈其与而求大利焉，内不修正其所以有，然常欲人之有。故用强齐，非以修礼义也，非以本政教也……唯其不由礼义而由权谋也。”（《荀子·王霸》）

〔2〕王通：《中说译注》，第141、148、135页。

称之“帝”是只有其名而未有其实，究此原因在于秦王嬴政擅自取用“皇帝”这一称号，但又没有实际履行“皇帝”的道德功业，从而导致“皇帝”一词的名实割裂。于是可以看到，历史名分上的“皇帝王霸”与道德实质上的“皇帝王霸”在秦代以前仍是一致的，但是自从秦王嬴政取用“皇帝”称号，后世的名实发生分裂。那么问题的关键即在此：到了汉代，历史名分上的“皇帝”与道德实质上的“皇帝”已经是分开的；但是王通仍然要肯定汉代名分上的“皇帝”，因为他认为汉代君主仍行王道。此即王通“皇帝王霸”论中较为混杂的地方，其中具有一定的矛盾性，也是他与宋儒历史观最大区别所在，尤其是与程朱学派。〔1〕

有意思的是，王通思想中虽然隐含着承认历史从古至今的发展大致呈现为退化的趋势，但是他又认为未来不一定比过往更差，因为圣人讲“人能弘道”，就是说可以充分发挥人的主观能动性，达到甚至超过过往的美好时代。王通强调了人的主体力量，这其实奠定了邵雍、朱熹等宋儒历史观当中潜在的重要预设，是宋儒笃信能够回复三代的重要依据。

当然，王通“皇帝王霸”论在名实上的混杂之处，也给后世儒者遗留下疑难，其后续发展主要可以分为两种路向：一是将名与实彻底割裂，二是将名与实融合一体。在“皇帝王霸”的名实问题上，王通其实并没有放弃名与实的关联；而在后续的发展中，一方面有李觏将历史名分上的“皇帝王霸”与道德实质上的“皇帝王霸”彻底割裂，另一方面则有邵雍建构起一套完备的“皇帝王霸”历史观，将名与实融为一体，道学中的历史退化论由此形成。后来王安石、程颢等多数宋儒，主要是沿着邵雍的路子走下去的。先看李觏如何将“皇帝王霸”的名与实彻底割裂：

---

〔1〕 以程朱为代表的宋儒，认为春秋、秦汉之后就已坠入霸道之中，他们对汉唐功业基本上持批判的态度，这与王通对汉代功业的肯定恰恰相反。王通之所以肯定汉代功业，极有可能是因为在王通的时代，他面对的是两汉之后的三国、魏晋、南北朝等数百年的割据战乱，所以极其渴望出现汉代的大一统局面。这与程朱宋儒所面对的时代问题有较大区别。

皇帝王霸者，其人之号，非其道之目也。自王以上，天子号也，惟其所自称耳。帝亦称皇，《书》曰“皇帝清问下民”是也。王亦称帝，《易》曰“帝乙归妹”是也。如其优劣之云，则文王、武王劣于帝乙者乎？霸，诸侯号也，霸之为言伯也，所以长诸侯也，岂天子之所得为哉？道有粹有驳，其人之号不可以易之也。世俗见古之王者粹，则诸侯而粹者亦曰行王道，见古之霸者驳，则天子而驳者亦曰行霸道，悖矣。宣帝言汉家制度，本以霸王道杂之，由此也。[1]

在李觏的思想中，“皇帝王霸”指的是名义上的身份，而不是指其行道之实质。李觏将“号”与“道”截然二分，并且二者互不相干，只有“号”能指称“皇帝王霸”，而“道”与“皇帝王霸”无关。于是李觏的“皇帝王霸”论，便只剩下历史名分上的“皇帝王霸”，取消了道德实质上的“皇帝王霸”，亦即没有所谓治道意义上的皇道、帝道、王道、霸道。在此观念下，皇、帝、王均可指称天子，霸则指称诸侯，名分上的“皇帝王霸”便消除了道德意义的高低之分。

另外，针对道德意义上的高低，李觏单用“粹”与“驳”进行区分，即治道之纯粹与驳杂。传统儒家将王道视为纯，霸道视为杂，王霸与纯杂之间是对应的；但李觏在其名实割裂的模式下，纯杂概念只可用于形容治道，而与“皇帝王霸”不再是对应关系。因为“皇帝王霸”是就身份而言的，所以“皇帝王霸”的身份本身就不应再使用传统的道德标准去评判。实际上，这是将“皇帝王霸”的区别标准，由治道之纯与杂的区别，转换为天子与诸侯的身份区别。[2]

但是世俗中毕竟存在“王道”与“霸道”的说法，这是李觏所不能无视的。因而在解构传统的王霸观之后，李觏重新给“王道”与“霸道”下

---

〔1〕 李觏：《李觏集》，中华书局 1981 年版，第 372 页。

〔2〕 在李觏的思想中，王霸之辨与治道再无任何关系，而只与王者、霸者的身份相关，那么这极有可能就隐含着尊天子、贬诸侯的思想，应是北宋初期“尊王”思想的遗绪。

定义:王道是存在的,是基于天子的身份履行天子的职责,即“安天下”;霸道也是存在的,是基于诸侯的身份履行诸侯的职责,即“尊京师”。[1]据此定义,王道与霸道不再有治道意义上的纯杂之分,二者均变成尽职尽责的职位要求。这与传统儒家主流的“王霸之辨”有较大区别。

二、邵雍:“皇帝王霸”历史观的理论建构者

李觏对“皇帝王霸”的诠解,可视为对王通“皇帝王霸”论中存在的混杂之处的极端发展,而与李觏同时的邵雍,则将“皇帝王霸”的名与实融合一体,确守并完善了儒家传统的“王霸之辨”,建构起一套极其完备的历史观。

(一)邵雍对“皇帝王霸”四种时代与治道的阐论

邵雍对王通的思想颇为赞赏,譬如在治道的经权问题上,邵雍批评汉儒固守旧说,以回归古往之道作为权变,虽不可谓大错,但有一定的偏失。圣人在治道的经权问题上,是以基于现实而提出最适宜、最恰当的方法为准则,所以即便是执握了中心、中点甚或是最中间的准确刻度,而非提出适宜于现实的方法,也是有所偏失的,亦即不可称为真正的中道。于是,邵雍盛赞王通才高过人,见识独到且深刻,因为根据我们上文分析,王通提出治道应基于现实而提出最合适的方案,邵雍对此思想极为推崇并且基本继承下来。[2]可以看出,程朱为代表的宋儒虽对王通的思想有所批评,但邵雍等人却是十分推崇的。

---

〔1〕 李觏:《李觏集》,中华书局1981年版,第372页。

〔2〕 邵雍提出“汉儒以反经合道为权,得一端者也。权所以平物之轻重,圣人行权,酌其轻重而行之,合其宜而已。故执中无权者,犹为偏也。王通言‘《春秋》,王道之权’,非王通莫能及此”(邵雍:《皇极经世》下,见《邵雍全集》三,上海古籍出版社2015年版,第1227—1228页),王通认为《春秋》旨在行王道之权,并不是说其所行是三代那样纯正的王道,而是一种对春秋时代而言最适宜的治道。邵雍认为《春秋》对应的霸道时代,但是本于王通思想而言,邵雍对霸道也是持部分肯定的态度,辩证地评价霸道有功有过。这一点下文会详细地展开。

就王通“皇帝王霸”论所遗留的名实问题，邵雍提出“所谓皇帝王伯者，非独三皇、五帝、三王、五伯而已，但用无为则皇也，用恩信则帝也，用公正则王也，用智力则伯也”，意思是说“皇帝王霸”不仅指称历史上的三皇、五帝、三王、五霸，但凡施行具有治道意义的皇道、帝道、王道、霸道，皆可称为“皇帝王霸”。[1]如此则“皇帝王霸”的内涵就囊括了历史名分与道德实质，也就是说，二者统一于“皇帝王霸”的内涵中，名与实融为一体。这就以完全异于李觏的方法，解决了王通“皇帝王霸”论的遗留问题。

但邵雍并非只是简单地处理这一问题，而是以“皇帝王霸”的名实融合为基础，建构起体系庞大的历史观。邵雍在《皇极经世·观物篇》中以大量的篇幅，展开描述、论证与建构“皇帝王霸”历史观。由于其内容繁多，体系复杂，本文无法对《观物篇》原文进行悉数征引。本文拟采用图表方式对其中相关概念之间的关系，进行图像化的处理与展示。据《观物篇》内容，邵雍对三皇、五帝、三王、五霸四个时代及其所对应的皇道、帝道、王道、霸道之间的差异，给出一系列的形容与定义，大致如下：

	所同	所异	治天下	所尚	含义
三皇时代	意、仁、性、圣	化	道	自然	广大，无为无有
五帝时代	言、礼、情、贤	教	德	让	公，无私，先人后己
三王时代	象、义、形、才	劝	功	政	正，利民，除害去贼
五霸时代	数、智、体、术	率	力	争	无义，借虚名以争利争强

表格所示，是三皇、五帝、三王、五霸四个时代的不同特征。邵雍并非简单机械地堆砌这一系列概念，而是系统阐发了概念之间的推衍关系；也可以说，概念之间的推衍关系更是邵雍“皇帝王霸”历史观思想的精髓部分。笔者根据《观物篇》的论述，以推演图的方式，展示从三皇时代到五霸时代的发展，以及各种概念之间的推衍关系：

〔1〕 邵雍：《邵雍全集》三，上海古籍出版社2015年版，第1229页。

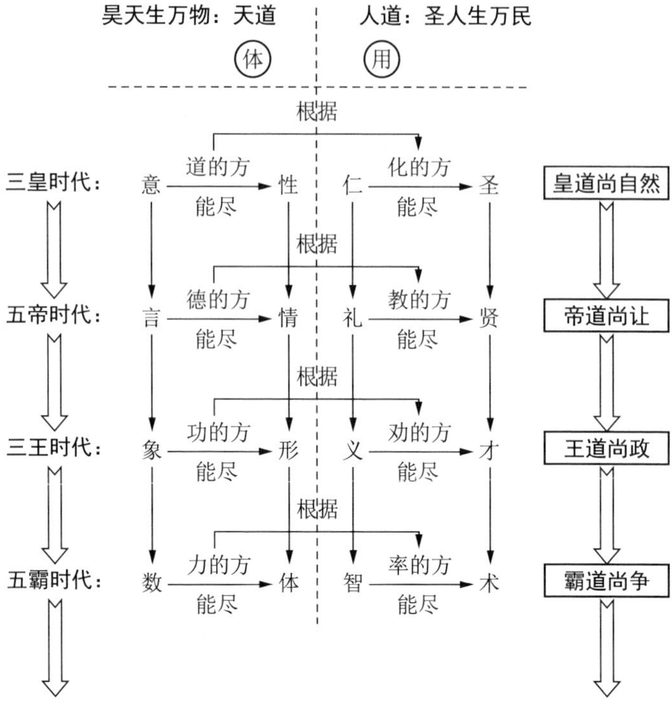

邵雍将“皇帝王霸”的体系分为天道与人道两个部分，三皇至五霸四个时代属于天道部分，四个时代所对应的治道属于人道部分。可以看出，邵雍将“皇帝王霸”的名实合一，实际上就是天人对应模式的体现。天道与人道之间存在着体用关系，故而天道层面的“道、德、功、力”就是人道层面的“化、教、劝、率”的内在根据。在如此体用关系当中，邵雍认为圣人为治道所作的权变方案，正是在于体用之间，而权变的道理在天道层面体现为昊天生万物，在人道层面体现为圣人生万民；或者说，圣人通过效法天道层面的权变道理，以此为依据，为人道层面的生息万民作出权变的治道方案。[1]

先看推演图中三皇时代的横向推衍，天道层面的意以道的方式能尽万物之性，以此为根据贯彻于人道层面，则有君主尚仁，以化的方式

〔1〕 邵雍：《邵雍全集》三，上海古籍出版社 2015 年版，第 1155 页。

尽天下之圣。此法最终止于尽道,体现的是皇道的特点,皇道崇尚自然,即无为无有之义。无为无有指的是不固执而为、不固执而有,故而所为所有者并不是固定的方案或模式,体现为广大完备的治道特征,亦即皇道的特征。[1]同样的道理,帝道尚让,是先人后己之义,可视为对五帝时代禅让制的概括。实行禅让制的帝道体现了大公无私的特征,先王以天下禅让于他人,却如同自己从未拥有过天下,对天下没有任何私自的占有欲,此为帝道的特征。[2]王道尚政,即以正而正其不正之义,可视为对汤武革命的评价。所谓政(正)的基本原则是利民,即为政者为人民服务的道理,所以得民心者则为王。那么对具有害民行为的统治者则应革之去之,从而确守天下之正,此为王道的特征。[3]而霸道尚争,是借虚名以争利争强之义。名利本身本无善恶价值,名可指称事物,利能维持生计,但是君主对名利的追求须以仁义为基础,否则会导致世俗流于争夺。[4]仁义丧失的情况下,人们会因追逐名利物质而引发争抢,甚至产生社会动乱,此类案例在现实中屡见不鲜。追逐名利而不重仁义,此为霸道的特征。

然而霸道毕竟是假仁而行,终究还是有虚名意义上的“仁”,因而邵雍对霸道并不是彻底的否定,而是肯定了霸治的功绩。邵雍的历史观当中隐含着一种忧患意识,即担忧在霸治时代之后会滑入夷狄时代。相比夷狄时代,霸治时代虽不可谓行王道,但仍是有功绩的,即在于维

---

〔1〕 邵雍指出:“无为者,非不为也,不固为者也,故能广;无有者,非不有也,不固有者也,固能大。广大悉备,而不固为固有者,其唯三皇乎?”(邵雍:《邵雍全集》三,中华书局 1981 年版,第 1153 页)皇道尚自然,这一说法实含有道家思想的成分,可视为儒家对道家思想的合理吸取,且邵雍对此治道特征所引用的“圣人”之言,正是老子《道德经》中的“我无为,而民自化;我无事,而民自富;我好静,而民自正;我无欲,而民自朴”,亦可说明这一点。但是道家所崇尚的皇道,对于现实而言无法一蹴而就,因过于理想化而不具备可行性;事实上,儒家对皇、帝、王、霸四种治道,最为看重的是帝道与王道,所以言必称尧舜文武。这一点在下文讨论程朱理学的部分时会进行展开。

〔2〕 邵雍:《邵雍全集》三,第 1153 页。

〔3〕〔4〕 同上书,第 1154 页。

持王室的存在，即便微弱也不至于像夷狄时代那样外族进而屠害中原，所以霸治时代要远胜于夷狄时代。[1]可见，邵雍对历史发展的认识，其实是一种历史退化论。这一点我们从上文推演图的纵向递变，可以清晰地看出。

(二) 邵雍的历史退化论及其对霸道与汉唐功业的评判

如果说推演图中横向的天道到人道之间的推衍，是形而上到形而下的贯彻，那么纵向的时间递进，就展示了邵雍对历史发展的认识。总体来看，推演图中各要素在时间递进上均呈退化的发展趋势。譬如"意、言、象、数"的演变，呈现为由内而外的逐级形象化，似是一种舍弃本质的肤浅与表面化，"性、情、形、体"的演变亦然；再如"道、德、功、力"的演变，其道德性是逐步降低的。邵雍就"皇帝王霸"的退化趋势指出：

> 昔者孔子语尧舜则曰"垂衣裳而天下治"，语汤武则曰"顺乎天而应乎人"，斯言可以该古今帝王受命之理也。尧禅舜以德，舜秡禹以功。以德，帝也；以功，亦帝也。然而德下一等，则入于功矣。汤伐桀以放，武伐纣以杀。以放，王也；以杀，亦王也。然而放下一等，则入于杀矣。是知时有消长，事有因革，前圣后圣非出于一途哉。[2]

孔子乃至整个儒家均重视尧舜、文武，其实质即帝道与王道，但从"皇帝王霸"四种治道的逐级下降来看，王道要比帝道低一等，因为帝道所根据的"德"要比王道所根据的"功"更为高明美善。正如孔子所言"《韶》尽美矣，又尽善也；《武》尽美矣，未尽善也"(《论语・八佾》)，由于汤武

〔1〕邵雍认为"帝不足则王，王不足则伯，伯又不足则夷狄矣。若然则五伯不谓无功于中国，语其王则未也。过夷狄则远矣。周之东迁，文武之功德于是乎尽矣。犹能维持二十四君。王室不绝如线，夷狄不敢屠害中原者，由五伯借名之力也"(邵雍:《邵雍全集》三，中华书局 1981 年版，第 1154—1155 页)，邵雍的这一思想，直接影响了他对春秋霸道与汉唐功业的评价。

〔2〕邵雍:《邵雍全集》三，第 1162—1163 页。

革命未免杀伐,并非尽善之举,所以王道要比帝道更低一等,也就是说从帝治时代到王治时代是呈退化趋势的。

我们可以尝试着从一多关系的角度对此进行分析。"皇帝王霸"四种治道可视为从"一"到"多"的演变,最初的皇道体现了原初性的"一",大千世界中万事万物在本质上是一体的,因而在同心同德的一体中,尚未明分集体与个人、主体之我与客体之物、内在之德与外在之道等,于是治道上只需强调无为无有,此即崇尚自然之治。及至帝道,虽然仍是尽美尽善,但已从"一"向"多"演进一步,分化有君、臣、民,个人、家庭、天下等,故而在治道上强调大公无私的禅让,此可视为皇道万物一体特征的遗绪,同时也凸显出个体的道德。当个体逐渐产生以自我为中心的意识,就慢慢与其他个体分离开来,于是个人主体的情感私欲逐渐凸显,在王治时代就同时存在正与不正、善与不善。那么王道的特点无疑就是以正而正其不正、以善而攻其不善,于是革命诛恶的现象开始发生,这是多样化社会的必然发展趋势。当个体之间相离过甚时,每一个体就极容易只顾及自我而伤害他人,即争抢名利物质等社会资源以占为己有,在这种情况下争强争利的现象变得极为普遍,这是霸道尚力的典型特征。从"一"到"多"是历史演进的客观走向,但是人并非被动的石木,传统儒家面对逐步退化的历史趋势,提倡仁爱实际上就是为了重新结合分离的个体,而回溯融合性的"一"。这是传统儒家治道的根本诉求。[1]

根据"皇帝王霸"的逐级退化趋势,邵雍认为霸治时代之后会滑入夷狄时代。夷狄时代是比霸治时代更差的时代,已然沦落至毫无道德性的人类社会;那么比夷狄时代更低一等,就是进入非人的动物世界。[2]这种退化的历史观恰好与西方进化论相反,进化论认为人类社

---

〔1〕 这一点与传统儒家对人的能动性的认识以及对圣人的作用与贡献的阐论(即圣人观或孔子观)有关,由于并不完全属于本文所讨论的历史观范畴,因而此处不再详致地展开。

〔2〕 邵雍:《邵雍全集》三,中华书局 1981 年版,第 1229 页。

会是由动物世界进化而来，而传统儒家则认为人类社会若不行王道则会堕入动物世界。所以在传统儒家看来，行王道是对退化的历史趋势的挽救，深深隐含着对未来人类社会发展的忧患。那么相比毫无道德性的夷狄时代，霸治时代仍是相对优越的，此可视为邵雍对霸道的部分肯定的原因。至此，有一个潜在的问题就可以被提出来：邵雍历史观当中，汉唐制度是王道，是霸道，还是夷狄之道？跟王通所面临的现实问题一样，对霸道的褒贬态度以及对汉唐功业的评价，也是邵雍历史观所摆脱不去的问题。

邵雍对霸治时代的评判采用辩证的方法，认为五霸虽有过，但于防止中原步入夷狄时代一事上也有功绩。因此对五霸之过理应批评，对五霸之功也不能不予肯定，五霸的功与过虽不能相抵消，但是对五霸总体上应持宽恕的态度。可见，邵雍对五霸的基本态度可能会比较倾向于肯定一些，并且他认为这也是孔子修《春秋》所隐含的意愿。[1]那么，春秋五霸之后的治道应当如何定性？邵雍提出：

> 仲尼曰："管仲相桓公，霸诸侯，一匡天下，民到于今受其赐。微管仲，吾其被发左衽矣。"是知桓公虽不逮武之应天顺人，以其霸诸侯、一匡天下，则高于狄亦远矣。以武比舜，则不能无过，比桓则不能无功；以桓比狄则不能无功，比武则不能无过。汉氏宜立乎其武、桓之间矣。
>
> 三皇，春也；五帝，夏也；三王，秋也；五伯，冬也；七国，冬之余冽也。汉王而不足，晋伯而有余。三国，伯之雄者也；十六国，伯之从者也；南五代，伯之借乘也；北五朝，伯之传舍也。隋，晋之子也；

〔1〕邵雍认为治《春秋》必须辩证地看待五霸的功与过，五霸是有功于天下的，他说"五霸实有功于天下，且五霸固不及于王，不犹愈于僭窃乎，安得不与之也？治《春秋》者不辩名实，不定五霸之功过，则未可言治《春秋》"；"五霸者，功之首，罪之魁也。《春秋》者，孔子之刑书也。功过不相掩，圣人先褒其功，后贬其罪，故罪人有功亦必录之，不可不恕也"（邵雍：《邵雍全集》三，中华书局1981年版，第1435页）。

唐，汉之弟也。隋季诸郡之伯，江汉之余波也；唐季诸镇之伯，日月之余光也；后五代之伯，日未出之星也。[1]

将汉代治道视为处于王霸之间，这与王通的看法基本是一致的。此说应来自汉宣帝自称“汉家自有制度，本以霸王道杂之”（《汉书·元帝纪》）。也就是说，汉家制度已不是纯粹的王道，而是掺杂进了霸道的成分，因而可以归于值得肯定的霸道范畴；后续的魏晋、南北朝、隋唐等在邵雍看来，亦均属于行霸道。邵雍对霸道的部分肯定，与他对汉唐功业的评价有密切关系。汉代制度以霸王道相杂之所以值得肯定，是由当时的现实需求所决定的，当时秦代暴政导致生灵涂炭，百姓普遍渴望安定生活，可以说是人民群众放弃了本应尊贵的秦皇，而拥护本是布衣的刘邦。[2]但必须强调的是，根据现实情况在治道上的行权，并不是毫无原则地随意变通，邵雍特地强调特殊时期的行权只是治道上的调整，其背后的根据仍需符合儒家仁义的基本原则。[3]

从儒学史上看，王通与邵雍对传统儒家“皇帝王霸”历史观的建构卓有贡献，并且对后续道学的发展具有深刻的影响，也深受不少儒者的推许。[4]随着程朱理学的兴盛，“皇帝王霸”论在后续道学中的发展，经

〔1〕 邵雍：《邵雍全集》三，中华书局1981年版，第1165、1170—1171页。

〔2〕 同上书，第1165—1166页。

〔3〕 同上书，第1430页。

〔4〕 例如宋代朱熹的弟子蔡元定称赞邵雍“以皇帝王霸、《易》《书》《诗》《春秋》，尽圣贤之事业，自秦汉以来，一人而已耳”（蔡元定：《皇极经世指要》，《西山公集》，《蔡氏九儒书》卷一，清道光二十四年蔡从龙刻本）。明代黄道周在其《春秋》学的代表作《坊记集传》《表记集传》中主要就是征引王通、邵雍的言论，甚至就“皇帝王霸”的论述称赞“尧夫之论，错综精微，自三代而下未之有也”（黄道周：《表记集传》，台湾商务印书馆影印文渊阁《四库全书》本，1986年第122册880b页）。清代李光地论说“皇帝王霸”之道时，也是在王通的名实之辨、邵雍的历史观体系的基础上进行的：“夫皇帝王霸之道，则有往而不复之势，霸之末流极于秦氏，未闻皇、帝之复兴也。故王仲淹曰‘后之帝者，非昔之帝也’，其杂霸王之道而取帝名乎？如是则运穷于霸，冬不复春，而康节之说不行，曰‘数百年而盛衰者，小四时之运也；皇帝王霸者，大四时之运也’，康节之意以为开辟以来，道有升降，而皇帝王霸分焉，天将以极道德功力之变，而启《易》《书》《诗》《春秋》之学也，《易》《书》《诗》（转下页）

历了一步步的理学化与重要的论域转向。

三、儒门"皇帝王霸"论的理学化与论域转向

从邵雍的"皇帝王霸"历史观体系来看，他对皇治时代的伏羲、神农、黄帝等圣君是较为推崇的，这与他受道家较大影响应有一定关系。后续道学中的"皇帝王霸"论，逐渐淡化皇道所包含的道家色彩，而集中于尧舜、文武所代表的帝道与王道上的讨论，体现为逐步理学化的趋势，并在此发展趋势的基础上，凸显出王霸之辩的论争地位。

在宋明理学史上，是王安石拉开了"皇帝王霸"论的理学化的序幕。王安石特作《王霸》一文，分别从心、事、功三个层面对王霸之道的不同进行辨析，而三个层面之间又有一定的关联："其心异则其事异，其事异则其功异。"[1]心的层面是王霸之道区别的基础，决定了王霸之道在事与功的层面的差异。从心的层面看，王者以仁义礼信修其身心，为天下树立榜样，而霸者则是假仁假义与一心图利，故而心的层面的义利之别，即为王霸之道最根本的差异。[2]王者如能养心修身，则王者之身心

（接上页）《春秋》之学既兴，道德功力之变既定，则天理具矣，人事周矣，圣人之经世道法备矣，由是则行皇道而皇行，帝道而帝行，王道而王行，霸道而霸运之污隆迭乘也，而致道有纯疵，人之贤不贤迭生也，而取数有多寡，要不能出乎四者，以为盛衰治乱之标，而春夏秋冬之序，乃相衍于无穷，二者之说不相悖矣，然则帝道其可复乎？曰奚为而不可？自汉而后，不专霸也，盖有近王道者矣，自是而纯王，自是而帝，自是而皇，其孰能御之？汉文帝之清静无为，其有皇之心乎？仁厚恭俭，其有帝之意乎？唐太宗之纳言致治，其有王之思乎？惜乎其致道也，杂而取数者，浅也，后有作者，承百代之敝，当穷变之势卓然而更始复古以乘天命，则尧舜之道甚易简而可行，此叙书起唐虞之志也。"（李光地：《五帝之世如夏说》，见《榕村集》，台湾商务印书馆影印文渊阁《四库全书》本，1986年第1324册0767d页）

〔1〕王安石：《王霸》，见《王荆公文集笺注》中，李之亮笺注，巴蜀书社2005年版，第1060页。

〔2〕王安石指出"王者之道，其心非有求于天下也。所以为仁义礼信者，以爲吾所当为而已矣。以仁义礼信修其身，而移之政，则天下莫不化之也。是故王者之治，知为之于此，不知求之于彼，而彼固已化矣。霸者之道则不然，其心未尝仁也，而患天下恶其不仁，于是示之以仁；其心未尝义也，而患天下恶其不义，于是示之以义；其于礼信亦若是而已矣。是故霸者之心为利，而假王者之道，以示其所欲，其有为也唯恐民之不见，而天下（转下页）

所发用的事功自然属于王道；具体而言，即无劳、无求、无欲于天下，而天下已然大治。需要指出，王安石在事功层面的主张，其实具有无为的色彩，这是本于内在的王者之德而展现的事功特点。而霸者则过分看重外在的事功，以刻意的事功效果来安治天下，从而忽略了霸者本身的身心修养，所以这是一种没有根基的假仁假义的政治行为。[1]

可见，王安石的王霸之辨的关键在于仁义与利欲之别。王者之道是其性本为仁义，无求于仁义而自仁义行；霸者之道是其心并非仁义，有欲于仁义而假仁义行。从表面上看，王霸之道都有仁义的色彩，但其本质是不同的，在于“用”同而“体”不同。霸者不过是假借王道之“用”来获取天下利益，完全无视王道之“体”，但王安石看重的是王道的根本，即王者内在的仁义。可以看出，王安石的观点已具备较为浓厚的宋明理学特点。单从王道范畴看，理学家往往将内圣视为外王的基础，从而看重内圣工夫。王安石的王霸之辩强调王者身心的修养，而主张外在事功的无为，其实正是宋明理学内圣外王观的一种体现。

可以说，王安石对王霸之道的辨析，开启了“皇帝王霸”论的理学化先河，将“皇帝王霸”论的论域从政治层面转向心性层面。而“皇帝王霸”论的彻底理学化，主要是由程颢完成的。程颢也特意作《论王霸之辨》一文，明确提出：

> 得天理之正，极人伦之至者，尧舜之道也；用其私心，依仁义之偏者，霸者之事也。王道如砥，本乎人情，出乎礼义，若履大路而行，无复回曲；霸者崎岖反侧于曲径之中，而卒不可与入尧舜之道。

(接上页)之不闻也，故曰其心异也”(王安石:《王荆公文集笺注》，巴蜀书社 2005 年版，第 1061 页)，说明霸者是有私利私欲的，假仁义而行是为了让天下看到其表面的仁义，但那不是真正的仁义；真正的仁义是从王者本身的内心做起，强调王者本身的养心修身，而不是流于表面的工夫。另外，在传统儒家“五常德”中，王安石择取“仁义礼信”而舍弃“智”，因为邵雍的“皇帝王霸”论中，崇智是霸道的特征，所以王安石应是因此将“智”屏除在王道之外。

〔1〕 王安石:《王荆公文集笺注》，巴蜀书社 2005 年版，第 1061 页。

> 故诚心而王则王矣，假之而霸则霸矣，二者其道不同，在审其初而已。《易》所谓“差若毫厘，谬以千里”者，其初不可不审也。故治天下者，必先立其志，正志先立，则邪说不能移，异端不能惑，故力进于道，而莫之御也。苟以霸者之心而求王道之成，是衔石以为玉也。故仲尼之徒无道桓文之事，而曾西耻比管仲者，义所不由也，况下于霸者哉？[1]

与王安石的观点大体一致，只是程颢更为强调王霸之道的区别在于初心，甚至认为这是王霸之道的唯一区别所在，所以在程颢的论述中基本见不到王霸之道在事功层面上的内容。那么要分辨王霸之道，只需审查其初心即可，因为君主的初心如若不同，其治道必然不同；也就是说，霸者之心永远不可能成就王者之事业。可以说，道学视域中的王霸之辩，至程颢完全进入内圣意义上的义利之辨。

从王安石到程颢都严分王道与霸道，认为二者泾渭分明。这与王通、邵雍对霸道的部分肯定是不同的，可以推断王安石、程颢对霸道是持严厉批评的态度，这也是程朱理学对王霸之辩的基本立场。那么，对于汉唐不可忽略的功业的评价，程颢认为汉唐治道不值一提，汉唐之所以能勉强达到“小康”水平，实有侥幸的因素，并非其治道所致。[2]归因于侥幸，实际上意味着汉唐事业是无法被后世效法的，并且其中有一层隐秘的涵义：霸道不仅没有道德性可言，而且在事功层面上也毫无用处。

需要注意，从王安石与程颢的王霸思想，均以道德实质来否定历史事业。可见，历史功绩在其治道思想中居次要地位。那么回到“皇帝王

---

〔1〕 程颢：《论王霸之辩》，见程颐、程颢：《二程集》二，王孝鱼点校，中华书局 1981 年版，第 450—451 页。

〔2〕 程颢提出：“汉唐之君有可称者，论其人则非先王之学，考其时则皆驳杂之政，乃以一曲之见幸致小康，其创法垂统，非可继于后世者，皆不足为也。”（《二程集》二，第 451 页）程朱学派将王治时代对应“小康”，帝治时代对应“大同”，实际上在无形中就悄悄略去了皇治时代的治道意义。

霸”的话题，似乎可以这么认为，邵雍的“皇帝王霸”论的名实融合发展至程颢等人，演变为对道德实质的重视压倒对历史功绩的重视。故而“皇帝王霸”在历史上是否真正存在过，其实已不是最紧要的事，唯有此四种治道的道德实质才是理学家最关心的内容。如此思潮下，胡宏才有可能提出只要无害于儒门义理，“皇帝王霸”的说法就能成立，而历史上是否存在过三皇、五帝、三王、五霸，这都是次要的事，不必过于纠缠。[1]至此，“皇帝王霸”的历史内容基本被架空，只剩下道德内容，于是“皇帝王霸”论就只剩下道德至上的治道意义。可以注意到，“皇帝王霸”论的历史内容与道德内容之间是存在张力的，这其实也是后续朱熹与陈亮的王霸义利之争的分歧所在。

也是在此思潮下，理学家基于“皇帝王霸”论的道德内容展开道统观的建构。如果说邵雍的“皇帝王霸”历史观没有完全突出治道的思想价值，那么程朱理学则通过道统观的建构，彻底展现“皇帝王霸”论的治道意义。道在程朱看来是永恒不变的至道，可以通过圣人心传而延续下来；此特点与邵雍思想有所不同，因为邵雍认为，道是可以根据现实的特殊需求而作出调整的，亦即道是变通的。或者说，程朱的道突出了内在德性的“道”，邵雍的道则侧重于外在治道的“道”。所以“皇帝王霸”论发展至朱熹，基本演变为道统的讨论：

> 夫人只是这个人，道只是这个道，岂有三代、汉唐之别？但以儒者之学不传，而尧、舜、禹、汤、文、武以来，转相授受之心不明于

[1] 胡宏在《皇帝王霸》一文提出：“刘道原博极群书，以为古无三皇、五帝、三王、五霸之数，其辞甚悉。愚以为如是称而逆理害义，虽人谓之圣贤之经，犹当改也。苟于理义无伤害，虽庸愚之说，犹可从也。皇帝王霸，虽经不称其数，而杂见于前修之文，非有逆理害义之事也，奈何必欲去之乎？皇者初冒天下者也，帝者主宰天下者也，王者天下归往者也，自燧人氏而上，则三皇之世也，包羲、神农、黄帝、尧、舜是五君者，有先天地开辟之仁，后天地制作之义，人至于今受其赐。”（胡宏：《胡宏著作两种》，岳麓书社2008年版，第194—195页）可以看出，胡宏反对质疑“皇帝王霸”的历史，并确立“皇帝王霸”合于义理，实际上是主张不必纠缠于历史，而是推崇道德至上，历史为次，体现了对“皇帝王霸”道德内容的侧重。

> 天下，故汉唐之君虽或不能无暗合之时，而其全体却只在利欲上。此其所以尧舜三代自尧舜三代，汉祖唐宗自汉祖唐宗，终不能合而为一也。[1]

朱熹思想中的道是永恒不变的道，其实也是三代的道，由尧、舜、禹、汤、文、武、周公、孔子等传续。那么既然是三代的道，就不可能再是汉唐的道，因此汉唐的君主贤才均不在道统的系谱中。也就是说，朱熹关于道统论的永恒之道与邵雍关于汉唐行权的因革之道是截然不同的，朱熹不承认后者行权之道。

这里面隐含着“皇帝王霸”论发展中一个重要的论域转向，即由“皇帝王霸”历史观的论证转向道统观的阐述。由于程朱具有强烈的救世精神，因而渴望圣人再世，于是道统观成为其治道思想的重点。也就是说，历史上的圣人都可纳入道统的系谱中，包括上古圣王与周公、孔子，这就意味着君王身份不是成圣的必要条件，只有内在道德才是圣人的标准。而邵雍建构的“皇帝王霸”历史观当中，孔子的地位是独立于三皇、五帝、三王、五霸之外的，孔子修五经而为后世立法，是最高级别的圣人，具有独一无二的地位；如果我们用批评的话来讲，邵雍历史观中的孔子自成一个体系，实际上是无处归置的。[2]而朱熹则认为“(汉唐)其间虽或不无小康，而尧、舜、三王、周公、孔子所传之道，未尝一日得行于天地之间”，这与程颢将王道与霸道截然二分完全一致，而孔子

---

〔1〕 朱熹：《答陈同甫八》，见《朱子全书》第 21 册，上海古籍出版社、安徽教育出版社 2010 年版，第 1588 页。

〔2〕 邵雍认为孔子修五经，以《易》《书》《诗》《春秋》分别对应于皇、帝、王、霸，并对各时代的治道进行因革损益，为万世立法，具有独一无二的崇高地位。应该说孔子在邵雍思想中，是不属于“皇帝王霸”的圣王系谱的，因为孔子虽未“无冕之王”，但是具有特殊性，“匹夫以百亩为土，大夫以百里为土，诸侯以四境为土，天子以四海为土，仲尼以万世为土”，孔子之“土”与空间意义上的疆域不同，说明孔子是一个独立于“皇帝王霸”之外的体系。相关内容见《邵雍全集》三，中华书局 1981 年版，第 1155—1160 页。

即可顺理成章地归置于道统的传续当中。[1]所以“皇帝王霸”的历史观与道统观便有如下区别:邵雍建构的历史观是名实融合一体,历史名分与道德实质并重的,而朱熹建构的道统观则侧重于道德实质,不再纠缠于圣人的名分地位或者历史上是否真正存在过。

至此须提出一个问题:朱熹对历史发展的认识会是怎样?其实是从邵雍的客观发展的历史退化论,转变为一种可能的主客观兼容的历史循环论。由于人的主观能动性是不确定的因素,而且圣人何时再世是不确定的,所以朱熹的历史观只是一种可能的循环论;但是从无限的时间维度上看,这种可能性又是必然存在的,因为将时间无限延长的话,未来必然会有圣人再世,这是朱熹十分笃信的,否则其治道主张将毫无意义。如此历史观下,最简单的历史演进模式就是“王道→霸道→王道→霸道”一此一彼的循环。结合邵雍的“皇帝王霸”历史观来看,如果忽略皇治时代的部分,剩下帝治、王治、霸治三个时代,再将帝治时代与王治时代合二为一,其实就是朱熹历史观的“王道—霸道”的循环基础。故而朱熹认为,就帝道与王道而言,“《记》中分裂太甚,几以二帝、三王为有二道,此则有病耳”,意即把帝道与王道合二为一,裁成合适的尺寸纳入其历史循环论当中。[2]

但需说明,“皇帝王霸”论从历史观到道统观的论域转向,并不是对原本历史观的否定,而是在历史退化论的客观规律上,注入人的主体力量,由此试图将历史演进扭转为循环的模式。[3]所以朱熹的历史循环论仍然是以历史退化论作为背景,据此对君主提出修身行道的要求,因为君主若不作为的话,历史发展就会滑入夷狄时代。可以说,邵雍与朱

〔1〕《朱子全书》第21册,上海古籍出版社、安徽教育出版社2010年版,第1583页。

〔2〕《朱子全书》第21册,第1437页。

〔3〕其实朱熹对邵雍所建构的“皇帝王霸”历史观仍是持赞赏态度的:“河南邵氏《皇极经世》学,又以《易》《诗》《书》《春秋》为皇帝王霸之书,尤不可以不备。”(《朱子全书》第24册,第3890页)

熹对历史发展的忧患意识是一致的，不过邵雍更为强烈地抗拒夷狄进入中原，而朱熹则相对表现出自信，认为“盖一治必又一乱，一乱必又一治，夷狄只是夷狄，须是还他中原”，就是说夷狄即便进驻中原，最终还是会被赶出。[1]后来的历史表明，宋代之后蒙古外族进入中原，荼毒中原百姓，最终有明代恢复中原正统，但之后又有满清外族入侵，似乎确实形成一种“中原→夷狄→中原→夷狄”的历史循环，这应是朱熹所没有预料到的。

从儒学史上看，“皇帝王霸”论的论域从历史观转向道统观，其间虽有陈亮在与朱熹的王霸义利之争当中，坚持邵雍的治道主张，重申治道的因革性与王霸之道的行权特征，但随着程朱理学成为显学，儒门“皇帝王霸”论的论域转向成为不可逆的趋势。[2]

四、余论：晚清儒者以进化论改造与颠覆儒门历史观

尽管邵雍的治道主张被程朱理学的洪流所淹没，但其构建的“皇帝王霸”论却一直是传统儒家历史观的底色。直至晚清，由于西方进化论

〔1〕《朱子全书》第14册，上海古籍出版社、安徽教育出版社2010年版，第118页。朱熹这句话就是引用邵雍的《经世吟》得出的结论，《经世吟》云“羲轩、尧舜、汤武、桓文，皇、王、帝、霸，父、子、君、臣，四者之道，理限于秦，降及两汉，又历三分。东西俶扰，南北纷纭，五胡十姓，天纪几棼。非唐不济，非宋不存，千世万世，中原有人。”需要注意的是，由于押韵的原因，一般整理本均将此句断为“羲轩尧舜，汤武桓文。皇王帝霸，父子君臣。四者之道”，例如《朱子全书》第14册第118页，《邵雍全集》四《伊川击壤集》下第353页。但依文意看，笔者认为所谓“四者之道”应指“1羲轩、2尧舜、3汤武、4桓文”四者，“1皇、2帝、3王、4霸”四者与“1父、2子、3君、4臣”四者，而不是“1羲轩尧舜、2汤武桓文、3皇王帝霸、4父子君臣”四者，否则所谓“四者之道”将无从说起。此不可不辨。

〔2〕陈亮对王通、邵雍的思想十分推崇，其主张如“夏商周之制度定为三家，虽相因而不尽同也。五霸之纷纷，岂无所因而然哉?”(陈亮：《又乙巳春书之一》，见《陈亮集》，中华书局1974年版，第344页)此说正是沿袭邵雍对“皇帝王霸”治道所主张的因革性；再如“谓之杂霸者，其道固本于王也。诸儒自处者曰义曰王，汉唐做得成者曰利曰霸。一头自如此说，一头自如彼做，说得虽甚好，做得亦不恶，如此却是义利双行，王霸并用”(陈亮：《又甲辰秋书》，见《陈亮集》，中华书局1974年版，第340页)，认为霸道本于王道，可见其对霸道也是倾向于肯定的态度，这与王通、邵雍的主张是相对一致的。

的引进，一批儒者以进化论对儒门历史观进行改造，最终造成传统儒家历史观的终结。例如廖平即明显受到西方进化论的影响，他将西方的历史进化论与儒门的历史退化论进行拼接组合，对传统儒家的历史观作了部分调整，形成一种局部进化、局部退化的融合中西特色的历史观：

> 由开辟以至今日，由今日以至千秋万岁，初蛮夷而继文明，日新不已，臻于美善。今之文明远过古人，后来又必远过今日，一定之例也。……盖典章文物，后人胜于前人；至于醇朴之风，则实古胜于今。诸家言皇帝王伯升降，皆以为古风淳厚、后世浇薄，故皇帝功用，典章文物，则欲其日新月异，而性情风俗，则欲其反朴还纯，至新之中有至旧之义。[1]

廖平从新旧的角度，指出历史文明的发展是一直在进步的，事物不断更新换代，而且新事物必定胜于旧事物。很明显，他基本接受西方进化论。但与此同时，廖平又没有彻底放弃传统儒家的历史退化论，仍然继承儒门“皇帝王霸”历史观，并抓住了其中精髓，认为社会的风俗性情是以古为纯朴，亦即在道德层面是退化的。可见，廖平的历史发展观基本是二分的模式，在器物层面是进化的，在道德层面是退化的，实是各取中西方文化之优点，而将二者的历史观组合起来。此是廖平对传统儒家“皇帝王霸”历史观的改造。总体而言，廖平的历史观仍是以进化论为底色，因为他认为历史文明的发展是一直在进步的，当未来进化到足够文明的程度时，社会的风俗性情也会回复到本初的纯朴状态，那么从当下的驳杂演变至未来的纯朴其实仍是一种进化的发展。

如果说廖平虽然受西方进化论的较大影响，却还没有彻底放弃儒

〔1〕 廖平：《廖平全集》第1卷，上海古籍出版社2015年版，第437页。

门"皇帝王霸"历史观,那么到康有为则基本否定"皇帝王霸"的历史存在,提出较为彻底的进化论。康有为认为伏羲、神农、黄帝、尧舜、三代等均茫然无考,亦即对先秦历史提出全面质疑,甚至不惜违背孔子意愿,认为"三代文明皆藉孔子发扬之,实则茫昧也"。[1]那么,传统儒家回复三代的理想便失去了历史根基,儒门"皇帝王霸"历史观也自此崩塌。于是,康有为得以顺理成章地提出他的"三世说",确立中国近代历史观转型的基本方向。

〔1〕 康有为:《康有为全集》第3集,姜义华编校,上海古籍出版社1992年版,第8页。康有为多次对上古圣王的历史存在提出质疑,譬如以西方文化中的亚当比附伏羲,试图由此证明伏羲的虚无:"伏羲实无可稽考,《五帝德》不敢详焉。《列子》谓'伏羲以来三十余万岁',其传闻之谬俱同。大约开辟之始,传闻有伏羲其人,如泰西之称亚当。孔子系《易》,托为人元。而亚当于埃及古音,即为人之称,则伏羲之究为何如,亦不得而知也。"(《康有为全集》第3集,第6页)再如质疑传世文献中的圣王之言多为古人伪造假托,试图由此解构上古圣王的治道思想:"秦前尚略,其详靡记,与孟子'其详不可得闻',诸侯去籍同。然则周制亦茫昧矣。此条最为确据。惟其不详,故诸子得以纷纷假托,或为神农之言,或多称黄帝,或法夏,或法周,或称三代,皆由于书缺籍去,混混茫茫,然后诸子可以随意假托。"(康有为:《康有为全集》第3集,第7页)

异域新知

历史中体验和符号化的等价物*

沃格林　著　唐文明　译**

当前,求索社会和历史中人类秩序的定常(constants)所使用的语言并不明确。旧的概念整体证明不能充分表达这种求索,而新的概念整体尚未充分明确化。我们仍然谈论历史过程中的“永恒价值”,尽管我们知道“价值”的语言是以往的方法论时代的残骸(*caput mortuum*)。但如果我们想让自己变得可理解的话,我们还必须使用它,因为没有更合适于人性体验的语言达到了它所达到的那种普遍接受程度。

既然没有充分的语言能够将自身强加于一个已有理论的权威性之上,那么,我们就在我们关于符号的写作实践中使用这一语言。当我们在从事与不同社会中的祖先崇拜、入会仪式、加冕礼仪、永生神话或审判死者的神话有关的比较研究时,我们不谈论“价值”,而是谈论这些崇拜、仪式和神话的等价性。而且,在这样做的时候,我们知道符号之间

* 本文译自 Eric Voegelin, *Published Essays*: *1966—1985*, *The Collected Works of Eric Voegelin*, Vol.12, Louisiana State University Press, c1990。

** 沃格林(Eric Voegelin, 1901—1985),美籍奥地利历史哲学家、政治哲学家;唐文明,清华大学哲学系教授。

的差别,我们也知道证明了"等价物"的语言的那种相同性并不存在于符号本身之中,而是存在于使那些符号得以产生的体验之中。于是,"等价物"的语言就隐含着这样的理论洞见:并非符号本身,而是使符号得以产生的体验的定常,才是我们研究的真正主题。

长久存在于人类历史中的并不是符号,而是求索着其本性以及其秩序的人本身。尽管能够清晰而简单地陈述这一问题,其意味却是深远的。这是因为,一个比较性研究,如果不仅仅停留于记录作为现象的符号,而是深入到使符号得以产生的体验的定常,才能只用在那些定常中产生的符号来进行,而那些定常正是比较研究所要求索的。符号研究是一种关于人类求索生存秩序之真理的反思性探究,如果得到充分发展,就是我们惯常所说的历史哲学。于是,四处寻求一种等价物理论就预设了一个哲人的生存,他意识到他在自身求索真理过程中的时间维度,也意识到将他的求索与历史上前人的求索关联起来的需要。强烈要求用一种等价物理论来取代一种价值理论,标志着对符号的比较研究达到了对自身的一种理解,即作为对求索的求索。接下来的反思想在一篇论文的限度之内尽可能地澄清新的历史意识的主要问题。我将首先反思哲人与由价值理论所主导的智识氛围的遭遇。

一

远在有文字记录之时,历史中的人的关切,就是获得关于他的人性的理解,并基于他所获得的洞见来理顺他的生活。如果今天的哲人反思性地转向我们称之为人类生存的实在领域,他并不将之作为一个未知领域(*terra incognita*),而是游弋于那些代表着前人体验的关于生存真理的符号。

体验和符号领域既不是一个从外部观察的对象,也不以同样的外观显现给每一个人。毋宁说它是生存的时间维度,只有通过对实在的参与才能通达，而游弋于这个领域的哲人看见或者是看不见，理解或者是不理解，或者说，他在其中找到了方向或者是找不到方向，都依赖于他通过智识学科向实在开放从而形成的那种自身生存的方式，或者是因着他未经批判地接受遮蔽了直接体验到的实在的那些信念而扭曲地形成的那种自身生存的方式。

让我们设想，哲人因为相信生存真理是关于社会和历史中的人的正当秩序的一整套命题从而扭曲了自身，而那些命题可证明为真，且因此能被每个人接受。如果他持有这种信念而进入符号领域，他将感到沮丧和困惑。他徒劳地寻找着一整套真命题，期待着这些命题出现于人类超过五千年的劳作中。历史领域的显现更像是一片黑暗森林（*selva oscura*），包含着多套此类彼此不同的命题，每一套都宣称自己是唯一真实的，但没有任何一套博得真理的名义所要求的那种普遍接受。他将发现自己迷失在教条化的真理——神学的、形而上学的或意识形态的——的拥有者之间的喧闹斗争之中，根本不是发现生存的永恒价值。如果在与这一领域的教条统治（dogmatomachy）的对峙中，他没有失去理智，而是加入了战斗，但还是坚定地相信，生存真理如果能被发现的话，必然是一个诸命题、诸规则或诸价值的最终目录，那么，他将倾向于得出某些结论。从智识上说，对于跨越几千年的求索没有产生出想要的结果，他可能会怀疑那是在追逐不可知之物，最好是放弃。如果他带着懊丧、焦虑、异化、强烈的责骂和暴力去沉思教条统治那令人厌恶的景象，他有可能认为，道德地来说，教条统治那令人厌恶的景象也最好不要进一步介入求索。如果他最后认为怀疑主义更接近智慧从而变成一个真诚的相对主义者和历史主义者，我们也几乎不会谴责他。

哲人思想过程中的这个可疑阶段并不在怀疑性的结论上，而是在最初的信念上，基于这一信念，他将教条统治一再地强加于符号领域。不过，为了反对这项指控，他能够辩护说，指责他对符号使用暴力是不公正的——那最初的信念并不是他发明的，而是他在周围的领域所发现的现象,大幅度地影响了他——他所做的只不过是从他的观察中得出合理的结论而已。那我们现在该怎么做?宣布他的观察真实但结论可疑?

这个循环问题马上就会引起我们的注意,我们只有通过以下陈述才能摆脱之:历史不是在真理中生存的不间断之流,而是不时地被扭曲的生存所打断,或者说因扭曲的生存而不时地落入各种不同的水平。而且,这种扭曲的阶段或层面,能够以如此大的幅度影响到一个人,以至于他主动顺从,且通过使扭曲的生存成为真实的生存模式而扭曲自己。最终,以扭曲的生存作为自己生存模式的哲人,会通过将扭曲模式强加给体验和符号的历史领域而扭曲之。当真实生存的区域被扭曲的意象所遮蔽,历史领域中被扭曲的区域就获得了真实实在的地位。这个结果我们就叫它真理的盲点。以当代的哲人为例,人的生存真理必须是由教条且最好是一个可以终结所有体系的体系的教条而组成的一个永久有效的整体,这一理念的更为直接的根源可以追踪至 18 世纪的神学和形而上学危机。产生于古代和中世纪的智性体验和灵性体验的那些符号方式对于使那些体验得以产生的实在不再透明——生存信仰干枯化为教条性的信念,通过夺回生存实在来修补损失的批判性尝试,其成功之处尽管在其他方面既不能被否定,也不能被贬低,但在一个关键点上注定失败,这是因为,在科学体系或实证科学体系此类迷人的标题之下,它们保留了教条真理的有缺陷模式,作为新洞见不得不在其中产生的形式。19 世纪和 20 世纪教条主义的意识形态延续了 18 世纪教条主义的神学和形而上学,旧的原教旨主义(fundamentalism)之后,随之而来的是新的原教旨主义。于是,生存真理乃是能被普遍接受的教条的信念就成了一个“时代”的标志,大约从 1750 年直到 1950 年。这就是现代教条统治的时代,常常被称为“现代人”的时代——带着一种启示录式的新时代的口吻,常常被称为人类成年的时代,完美的时代,从而也是人类最后的时代。

既然我们设想的哲人已经接受了时代的标志作为他自身生存的标志,他也就确然地走向了那种顺从行为,而这正是一个当得起哲人之名的人必须不惜一切代价去避免的。其原因在于,这些“时代”在意识和理智秩序上有糟糕的缺陷——它们是扭曲的生存的社会和历史领域,而扭曲的生存脱离了意识的控制,倾向于篡夺理智发挥正确功能时的生存的秩序权威。我们对于时代及其对权威的篡夺都足够熟悉,因为我们都已经遭遇了那些顽固地拒绝他们的人性而坚持要做一个现代人的人,就当下的讨论而言,他们企图用扭曲生存的修辞将我们埋葬。说真的,这种类型的“时代”,现时的哲人避免不了;这是他出生于其中的社会领域,从所有方面向他施压。但是他不应该屈从于其影响。哲人之道在上升于光明之域,而非下降于洞穴。使他逐渐扭曲、甚至还可能使他成为“时代”发言人的那种迂回进入的压力,必然会遇到这个答案:

看哪,我的名字在你身上散发恶臭
臭过那落下的鸟粪
在烈日炎炎的夏季

这个答案来自“时代”之子,由基督纪元前第三个千年埃及的一个无名思想者的心灵所代表。

二

对人类历史中的定常这个问题,不可能通过有关正当秩序的诸命题得到回答,也不可能通过诸永恒价值的一个目录得到回答,因为生存之流并不具有完全有序的结构,同样也不具有完全无序的结构,而是具有一种张力的结构,这是一种处在真理和对实在的扭曲之间的张力。这一点将变得清楚了。大多数人的情况并不是完全拥有自己的人性,而是处于如何充分实现其人性的关切之中。生存具有居间的结构，就是柏拉图所谓的 *metaxy* 的结构，于是，如果人类历史中真有某种定常，那它就是关于张力的语言：生与死之间的张力，有朽与不朽之间的张力，完美与不完美之间的张力，时间与永恒之间的张力，有序与无序之间的张力，真理与谬误之间的张力，生存的意义感与无意义感之间的张力，爱上帝与爱人之间的张力，开放心灵与封闭心灵之间的张力，如信、爱、望等向存在之根基敞开的美德与诸如狂妄、叛逆等向内折叠、闭合的恶德之间的张力，乐观情绪与绝望情绪之间的张力，以及在双重意义上从世界异化与从上帝异化之间的张力。如果我们将这些符号对子劈成两半，将张力中的两极具象化为独立的实体，我们就摧毁了创造了这些张力符号的人所体验到的生存实在；我们就丧失了意识和理智；我们就扭曲了我们的人性从而将我们自身还原到一种无可奈何的绝望状态，抑或是积极顺从于这个“时代”，这个吸毒上瘾的时代或观看电视的时代，这个沉迷享乐的时代或凶残占有真理的时代，这个遭受着生存荒谬的时代或放纵于消遣娱乐（帕斯卡意义上的）的时代，这个承诺用“价值”取代丧失了的实在的时代。用赫拉克利特和柏拉图的语言来说就是：幻梦的生活取代了清醒的生活。

终极的教条、体系和价值是由扭曲的生存而导致的精神症状（*phantasmata*）。人类的历史在生存的时间维度中，其中的定常就是生存结构本身，而关于这一定常的结构就可有以下这些命题：

(1) 人参与实在的过程。

这个基本命题的丰富含义，能够由以下命题表达出来：

(2) 人就是作为过程之实在的意识，其自身作为实在的一部分，他的意识就是参与这一过程的模式。

(3) 在意识的参与中，人能够生产符号，用来表达他对实在的体验，而他自身就作为体验着的能动者，他的意识性体验就是参与的行动和激情。

(4) 人知道他所生产的符号是这些符号所指向的实在的一部分——"意识"、"体验"和"符号化表达"这些符号指向实在过程向自身显明的那个区域。

最后，对于这些肯定性的陈述，我们还能加上三个警示性的推论：

(5) 实在并不是从某个外在于它自身的优势地点所能观察到的一个既定之物，而是将意识包围其中，通过意识而显明自己。

(6) 对实在的体验不可能完全，具有明显的视角特征。

(7) 由符号所传达的关于实在的知识从来都不可能成为对真理的最后拥有，因为我们称为体验的显明的视角，以及由体验所产生的符号，都是处于过程中的实在的一部分。

这些命题都是真的——但是，其确切内容引起了关于其有效性的疑虑，因为这些命题表达了实在过程中的参与体验，而作为认知者的人，是这一实在过程的一部分。参与的认知，并不被导向外部世界的一个对象，而是在实在自身之中的显明，认知者与被知者在具体的意识中进入了张力的两极，就其产生了表达对其自身结构的体验的符号而言，我们称意识为显明。对抗那种其认知被封闭于自身之内的认知意识，必然引出以下问题：我们真的能够谈论生存的定常结构且能够认为那些命题充分地表达了那一结构吗？所运用的符号到底是不是它们所应表达的结构的一部分？除了诸命题所维系的意象，真有诸如此类的结构吗？它们难道不是企图逃离人所无法逃离——正如它们自我陈述的——的那个过程的一种注定徒劳无功的尝试吗？

这些疑虑是正当的。实际上,人在不完美与完美之间、时间与永恒之间和有朽与不朽之间的居间生存并非感官知觉的一个对象,一个反思着其自身的参与结构的具体意识的诸命题也是自我反思的。然而,随之而来的,并不是说我们落入了“主体性”的陷阱。因为让意识向其自身显明的自我反思过程并不是一次想象中的飞行,在这一过程中产生出来的符号也不是再来一个意识形态,或再来一个次级实在谋划。自我反思的努力是真实的,它在关联于反思程度不够的参与体验和分殊化程度不够的符号化表达时能够被清晰地辨认出来;由这种努力所产生的命题也被清晰地辨认为是那些先前被发现的、不再令人满意的符号的等价物,且正是这些旧的符号进一步分化的需要激发了反思的努力。因此,自我反思过程中产生的命题能够被客观地检验,即使此类检验并不适用于关于外部世界的对象的命题。有效性能够且必须被这种方式来检验,即,将这些命题放置在体验及其符号化表达的历史领域中,也就是说,放置在生存自身的时间维度中。有效性问题将只能是:我们是不是必得忽视和遮蔽历史领域中的主要部分,以便保持那些命题所表达的真理,就像这种或那种意识形态教条的原教旨主义者的拥趸必然会做的那样?还是说,那些命题是不是被清晰地辨认为前人在求索人类生存真理的过程中所创造的那些符号的等价物?质言之,对真理的检验标准,将是命题的缺乏原创性。

关于这一检验标准,在古代、中世纪和现代,许多人都或明或暗地提到过,概括而言,有柏拉图和亚里士多德,有圣奥古斯丁和圣托马斯,有柏格森和怀特海。对于参与体验和相应的认知者与被知者之间的同一性与非同一性这个核心问题,只要回顾一部分等价的符号化表达就够了。存在与思是同一的,这是巴门尼德的洞见;话语的逻各斯与由话语所表达的实在的逻各斯是同一的,这是赫拉克利特的洞见。参与的符号化方式,*methexis*(分有)或 *metalepsis*(参与),既是古典的也是经院的。*aletheia*(去蔽),包含着真理与实在双重含义,是柏拉图—亚里士多德的。认知者与被知者的同一性与非同一性在黑格尔对绝对实在的复杂定义中有其等价物,他将之表述为同一性与非同一性的同一性——尽管我们还是一致同意,黑格尔从对意识结构的分析错误地滑向了体系建构。实在的过程是怀特海的体验观念的等价物。人的居间生存,就是柏拉图的 *metaxy*(居间)。生存张力的美德——爱、望、信——从前苏格拉底到古代哲人,经由圣保罗和圣奥古斯丁,一直到现在,都是常现的符号。最后,关于异化的符号化方式,能在希腊诗人和哲人那里发现,后来被亚历山大的克莱芒在他与灵知主义的异化作斗争时汇集起来,而新的变种也被基督教徒和新柏拉图主义者发展出来。从而,在今天我们自己的求索中,我们真的介入了前人在他们的时代所介入的那个同样的求索过程。

三

将那些命题应用于历史领域,能够证明它们的有效性,而正是从历史领域中,通过一种反思性参与的行为才使那些命题得以产生。我们能够认为,这是根据原则所确立起来的。但是,反思和应用的循环过程自身尚未被足够精确地描述。诸如“将求索从符号转向体验”或“缺乏原创性是有效性检验的标准”此类表述,足够清晰地避免了永恒价值的错误,也颇有启发性地指出了探究的正确方向,但分析地来看,尚不能令人满意。这种模糊性部分是为了避免使用被意识形态行话所渗透了的常规性的专门术语,部分则是为了使分析免于那种由错置具体性的谬误而带来的危险,这种危险潜伏在每一个未加分析的概念之后。用生存张力和参与体验的更为微妙的谬误来取代永恒价值的谬误将是没道理的。

需要避免的第一个谬误是将体验实体化为一个绝对者。如果我们理解到,不同的符号尽管不同,但由于它们是在理智的作用下从同一类型的体验中产生,因而又具有等价性,正如我们已经说过的,那么,体验所处的危险就是变成我们求索历史中的定常的那个停驻点。看起来这个问题能够解决,其实根本不然。这是因为,那定常的体验为了得到认同必须能被表达出来,而一旦被表达出来,结果就是一种不想只成为又一个历史性等价真理、而是要求从这一命运中摆脱出来的符号化方式。我们将回到那个终结一切体系的体系,即黑格尔的解决办法。如果我们想要避免这个不幸的终结,我们必须从符号的差异延伸到使这些符号得以产生的体验,相应地,不仅要讲符号的等价物,还要讲体验的等价物。然而,如果我们出于分析的必要接受了这个结果,那么,我们从以定常为其所表达的内容的体验中求索定常就是徒劳的。定常证明了等价体验和等价符号的语言,必须在比导致了等价符号的等价体验更深的层次上才能被找到。

实际上,这个更深的层次已经被那些仔细观察过那一过程的思想家识别出来了,正是在那一过程中,他们达到了更为分化的体验,而从这些更为分化的体验中,产生出了比盛行于他们时代的符号化形式更为分化的符号。这一深度,在前苏格拉底时期有其类似物,仍以紧敛的方式呈现出来,就是存在与思的同一性和话语的逻各斯与存在的逻各斯的同一性。在更为分化的层次上,对过程的观察促使赫拉克利特、埃斯库罗斯和柏拉图发展出心灵的“深奥”的符号,而关于实在的新真理从中能够被拉升到意识性的体验。他们的“深奥”符号通过一长串等价的符号而作为一个洞见被保留下来,一直到当代的各种深度心理学和无意识心理学。不过,希腊思想家将心灵的深奥体验为超越能够表达出来的体验的深奥。其实,他们用“深奥”这个符号所表达的,其实质内容无非就是我们在生存的张力和参与中对神、人、世界和社会的体验。因此,我们必须避免那种把深奥想象为一个其地形能够被一种科学所探测的错误,这种科学无法摆脱我们所体验到的关于实在的真理的种种限度。我们既不应该用集体无意识的种种原型来填塞它,也不应用力比多的动力学来赋予它,那样做不过是为了通过意淫(*fornicatio fan-*

tastica)而获得一个绝对之物,而这正是对体验的批判性分析所不为的。

尽管对深度的体验并不增加体验和我们所关心的等价符号的实质内容,它仍有一个特别指向其自身的内容:它表达对等价体验和等价符号出现于其中的实在过程的洞察。而且,历经这一过程的人们在他们尽可能精确地表达的努力中已经发展出了更为丰富的分化语言。首先有心灵(*psyche*)这一符号。希腊思想家将旧的术语转化为这个符号,用来表达围绕着和领悟着意识性体验之区域的体验场所或环境。新的符号意义是,心灵是深奥的,且其深奥是无限的。一个人能够下行到心灵的深奥之中探测之,就像一个潜水者从深渊中拉升出迄今为止尚未透彻地表达的关于实在的真理。探测导致了意识性体验中意义的隆升(augmentation),但对意识与深度之间的连续性的认知也会准许心灵使用意义隆升的语言。当真理之光暗淡,其符号正在失去其可信性时,下行到心灵的深奥之中就会被提示。当符号之白昼转为夜晚,一个人必须返回夜晚的深奥,而真理正是在夜晚的深奥之中显明给那个意欲寻求它的人的。心灵的深奥是如此迷人,它既是威胁也是魅力——作为在深奥的真理从规定他生活方向的那些符号中脱离时人落入的一个深渊,也作为在真理中的新生活和引出生活的新定向的那个源泉。于是,带着新体验到的真理从心灵的深奥中返回来,就被符号化为具有双重意义的更新(*renovatio*),真理的更新与人的更新。带着只有死亡和复活的符号才能充分表达的那种紧张,更新了的人能够体验到实在和更新了的真理。心灵的深奥就将成为意识在不断超越自身的过程中的一个死点,这样,历经心灵之深奥的转变,就不得不被符号化为一种出神或狂迷状态。当新的真理有效地建构了新的社会领域,其兴发之事件就将被认为标志着一个纪元,一个由大写的之前和之后来表达的历史过程。更新与发现的热忱是如此紧张,以至于它会将新的真理变形为绝对真理——一种将先前所有真理都贬低为假冒和谎言的终极真理。

然而,通过认识到从过程中新兴的真理并不是完全的新,并不是对迄今为止尚未知晓的某个实在的真理,而是对此前被旧的真理更为紧敛地符号化了的那个同一个实在的更为分殊化、从而也是更胜一筹的洞察,这种热忱也能趋于平和。当这种批判性认识变得足够精致,正如在亚里士多德那里所发生的,朝向一种关于等价符号和等价体验的理论的第一步就被迈出了:亚里士多德确认神话与哲学作为语言同样都能够被人用来表达实在的真理,纵然他赋予哲学以更高的等级,作为适合完成这一任务的工具。那些在历史上更早的、用神话来表达其关于实在之真理的思想家,就是爱神话者(*philomythos*)。他与爱智慧者(*philosophos*)求索的是同样的真理。于是,爱神话者就与爱智慧者类似。神话与哲学的等价性,或者说爱神话者与爱智慧者的等价性,在亚里士多德晚年的一封信中承认他变成更爱神话者(*philomythoteros*)时,甚至得到了更大力度的强调。

对心灵之深奥的这一探测的结果能够由以下命题确切地表达出来:

> 心灵远比意识要深,实在远比体验到的实在要深,但是没有比意识更深的意识。

或者是:

> 我们以意识体验心灵,意识能够下行到其自身实在的深奥之中,而心灵的深奥作为实在,能够上升到意识,但我们只能在进入意识的内容中体验那一深奥的内容。

或者是:

> 我们在意识中将心灵体验为一个可以超越意识的实在。这个

> “超越”的区域与意识的实在具有同样性质。而且，这两个区域是心灵实在的连续体，人以其行动和激情运动于其中，以下行与上升的符号来表达。

分析地说，不可能超出此类命题。

然而，对心灵之深奥的探测导致了更进一步的后果，如果将这些命题的洞见与呈现于意识的那种关于实在的实质真理相比较、相结合的话。实在的原初领域就是由神、人、世界和社会组成的共同体，对这一领域的探测与共同体中各个成员的性质有关，也与各个成员之间的关系的性质有关。求索真理的时间序列就是等价体验和等价符号的历史领域。求索真理的哲人想知道，当人下行到其心灵的深奥中时，就原初领域他能触及什么样的实在。既然真理被人从心灵的深奥之中拉升上来，而这种深奥影响着他对整体领域的观察视角，那么，他就不会将心灵之深奥的实在与共同体中的任何一个成员等同，而是将之等同于为那些成员提供一个共同秩序的奠基性实在，此亦即宇宙的实质。这就是柏拉图在《蒂迈欧篇》中对这个问题的回答。意识之下的心灵的深奥就是宇宙在原初领域之下的深奥。因此，在深奥中的宇宙实在就是宇宙心灵(*anima mundi*)。宇宙心灵及其生命，在历史上有一个宏大事业——一直下贯到现代，在乔尔丹诺·布鲁诺、雅各布·波墨、谢林和黑格尔的著作中有其等价物。在这一宏大事业的进程之中，这个符号遭到严重的侵害，被扭曲为“形而上学概念”，其教条化的使用成为哲学传统的一部分。关于黑格尔，我们能够说，他根本上不能设想自己与展开其逻各斯的世界心灵(the world soul)合一，于是，他也就根本上不能建构一个“科学的体系”，如果他清楚地认识到，他的“心灵”和“生命”符号意味着什么又不意味着什么的话。但是，惊人的变迁必将成为一个连其作者也感到困惑的符号的全部。当柏拉图试图刻画特别以《蒂迈欧篇》中的符号化形式所表达的那类真理时，他在更坚定的真实的逻各斯(*alethinos logos*)与更可疑的仿真的秘索思(*eikos mythos*)之间摇摆不定。但是,无论他的宇宙神话是一个"真实的故事",还是一个"仿真的神话",他都确信,这一符号化形式并非通过对一个体验的表达而产生。宇宙心灵是一个哲人的神话:它既不表达对原初领域的体验,也不表达对心灵的体验,而是对那些从分别独立的两类体验得来的洞见的想象性混合。这并不是说,这个想象性的戏剧根本不表达任何实在。的确,我们不能像体验心灵的深奥那样体验宇宙的深奥,柏拉图自己也是足够谨慎地宣称,心灵和人的逻各斯只是类似于(*syngenes*)神圣心灵和宇宙的逻各斯。这一想象性戏剧仍有其实在的硬核,在人对实在的信任(*pistis*)的驱动下,相信实在能够被理智地秩序化,也就是能够作为一个宇宙。我们对过程中的实在的视角性体验可能导致的只是一些洞见的碎片,这些碎片性的元素可能是异质的,甚至看起来是不可公度的,但信任实在在奠基处为一,信任其一致性、持久性,信任结构的定常性,信任秩序和理智,将激发人去创造一些意象,用来表达在深奥中所感知到的有序的整全。这些意象中最重要的一个就是"宇宙"(cosmos)这个符号本身,其在历史上的开展与"心灵"的符号平行。结果就是仿真的秘索思,其相似程度依赖于迥然不同的体验在其意象中令人信服地统一起来的那个总量。但是,说到这里还没有完。这是因为,柏拉图让蒂迈欧在总结他的故事时很有把握地说,根据这个仿真的神话,宇宙实际上是有心灵、有理性的生命体(*zoon empsychon ennoun*)。先前摇摆不定的、多少有些不够真实的神话刻画现在被完全意义上的真理断言所取代。陈述带着不可穿透的严肃性,但在其深奥之中我们能够感觉到一种反讽的笑:实在最为亲密的真理,关于人在其中以一生的赌注扮演着他的角色的宇宙戏剧的意义的真理,是一部通过信任将人的心灵与宇宙的深奥联结起来的神话诗剧。

"深奥"这一符号昭示着对体验进行诠释的一个阶段,只有在思想批判性地注意于自身时,才能达到这个阶段。思想只有注意于表达体验的每一步,它才能穿透到超越意识的深奥之中。如果思想没有注意于自身行动的每一步,先前阶段产生的符号就将实体化而阻塞过程。正如我非常注意地尽力分析的,求索历史中的定常从符号回到了体验,又从体验进一步回到了心灵的深奥。通过拒绝满足于更高层次上的安息地,通过准许我们被鼓励进入心灵的更深层次,通过拒斥对符号的偶像化和建构一个绝对性的内容,通过服膺于让心灵中的逻各斯成为话语的逻各斯,我们实施了下行于深奥的行动。然而,甚至在达到心灵的深奥时,思想仍不可放松其注意,否则就会落入我之前已经提示过的那些关于心灵之深奥的特殊谬误。这是因为,心灵的深奥,既不是一个可被描述为内容的"对象",也不是一个通常所理解的为精神分析的无意识所准备的一个垃圾倾倒场那样的空洞区域,也不是一个想去谴责体系的思想家有待占用的权威座位,也不是在流俗的意义上赋予思想以"深度"或"深远"之品质的那种晦涩。只有这最后一个系列的偶像化与谬误得以避免,那种下行到心灵之深奥的行动才能成为有关实在真理和等价物问题的洞见的来源。求索之旅的终点已经到达,这是从下行中得出的第一个洞见。意识之下存在深奥,但不存在无限倒退意义上的深奥之下的深奥。然而,既然深奥所提供的并非任何真理,而是实在的原初领域的等价性体验,那么,从历史中求索某种认为其超出了等价物地位的实质性定常,就必须作为谬误而被消除。在历史领域中的过去或未来根本没有任何一个关于实在的终极真理,能够将求索转变为对真理的拥有。终极真理的符号化方式产生于废除生存张力的启示录式幻梦:拥有终极真理会创造出那种不再需要求索其生存真理的终极的人(the ultimate man),这意味着人在历史中的癌症转移。既然在实在的背后并无此类启示录式的真理能够被体验到,我们就必须得出结论,必须将符号的等价物推扩到使符号得以产生的那些体验之中,并进一步推回到体验得以存活的那个深奥之中,正如我们所做的。

通过将等价物的结构从符号的历史领域经由体验扩展到心灵的深

奥,我们将人的心灵识别为实在的一个区域,而实在的结构就从心灵的深奥中持续地扩展到意识的显现。没有自主的意识,也没有自主的深奥,而只有与其深奥处于连续性中的意识。现在让我们将这个洞见应用于历史领域、等价物和历史中的定常这些问题上。

等价关系并不直接呈现于历史领域的现象之中,而是通过等价性对产生于心灵深奥之中的体验及其符号化进行调解。因此,既不是单个的现象也不是现象的总计作为对象被给予自身并非领域一部分的观察着的意识。单个现象进入到等价关系,且就这种等价关系在历史领域中被识别出来而言,只是对产生了先前的真理符号的求索过程中的参与者而言的。过程只有在其出场的意识中才有一个过去,也就是说,在新的真理从心灵的深奥中释放出来去抵消从同样的深奥中产生出来的旧的真理的那一点上。于是,过程的出场就是那个点,我们对历史领域及其现象的等价性的意识,与新的真理,一同兴发——正如我们在赫拉克利特、柏拉图和亚里士多德那里所看到的那样,在那个点上,哲学的新真理与等价于神话的知识一同兴发。

我们关于心灵之深奥以及处于心灵之深奥中的过程的知识,其来源正是出场模式中的过程。此刻兴发的真理,直面旧的真理,就是我们企图通过历史领域中的符号及其现象之间的等价性所要表达的体验。关注于对兴发的意识的体验,要求我们为避免一些可能想到的谬误而作最后的努力。

我们必须将等价关系扩展到心灵的深奥之中,以其为来源。但深奥中的等价性标识着现象之间的一种关系,这些现象能够成为不依赖于历史领域中的现象的那种探究的对象。它只能标识处于深奥之中、显现于历史领域的现象之中但却无法通达的过程。将等价性扩展至心灵的深奥所导致的结果看起来是不受欢迎的:我们认识到处于深奥之中的过程,是通过被以新的方式分殊化的真理,而这分殊化的新真理,被识别为它意图取代的那种更为紧敛的旧真理的等价物;我们将以等价物的形态呈现真理的历史序列理解为在心灵的深奥中进化着的实在真理的附带现象。心灵的深奥迫切地想要获得一个绝对之物的品质，而这正是我们刚刚从历史领域中清除了的——正如在谢林的神谱思辨中所做的那样。

不过，如果我们在心灵的深奥与浅表之间保持平衡，那么，在从于深奥中进化着的真理的角度来解释历史领域时，在从等价物的历史领域以及这些等价物所带来的意义的角度来解释于深奥中的过程时，我们就会陷入循环困境。的确，我们能够从这一循环逃离而进入对意识的惯常建构，即将其看作一系列的反思行为：我们能够将对原初领域的体验分裂为一个超越了意识的实在和一种在意识中代表了实在的体验；于是，我们能够让意识将体验作为其内容以及意识内容的起源；我们能够发现深奥，能够认识到意识与深奥之间的关系，从而能够让这个关系成为反思性意识的进一步对象，等等。但是，顺从于对原初领域的参与体验，对新兴真理的体验，以及对这场厮杀中通过符号而作出的调解性表达的体验，会将体验的实在摧毁为所体验的内容。而且，这不仅与前苏格拉底和古典时代的心灵分析不相容，也与20世纪认真考虑并着手处理此问题的那些尝试——比如威廉·詹姆斯的“纯粹体验”概念及其分析——不相容。

如果我们不想让分析脱轨而入于此类误区，我们必须指出体验的整全性：体验被体验到，是整全地呈现于自身的。体验出场的这种整全性，作为体验自身的一个特点，能被“显明性”(luminosity)这个符号恰当地表达。于是我们就说，体验具有显明性，也就是说，它向自身显明为人的参与意识，既是人在实在的原初领域中的参与意识，也是人在心灵的深奥中的参与意识，还是人在实在的真理在等价性真理的历史领域中呈现为意识的那个过程中的参与意识。而且，出场的整全性决不能被理解为意识的结构，那样，这一结构就变成一个为了在场的分析的研究“对象”，而在场的分析就被理解为对这个“对象”的反思行为。毋宁说,在场的分析必须被理解为对体验的调解性解释,来自体验自身,并作为体验通过符号进行自我表达的一部分。实际上,这就是体验于其中在符号层次上表达体验自身的显明性的那个过程。最后,只要这个分析在实在真理超越先前等价物状态的分殊化过程中获得成功,我们就到达了或正在到达使真理从心灵的深奥中兴发的那个过程的出场点。

将这些洞见最后应用于历史中的定常问题和等价物问题不过是要求一个简要的陈述。

历史中没有什么定常可被发现,因为等价物的历史领域并非作为现象的一个集体而被给出,这个现象的集体能够屈从于抽象化和一般化的程序。历史起源于过程的出场,当兴发于心灵之深奥中的一个关于实在的真理将自己辨识为等价但优越于先前体验到的真理时。在我们的求索过程中出现的唯一配得上定常之名的,就是出场模式中的过程。于是,这一求索并非徒劳,但结果却颠覆了原初的问题。这是因为,我们在历史中没有发现任何定常之物,但却发现了在时空中留下了许多等价符号的踪迹的那个过程的定常性。而对于等价符号的这一串踪迹,我们能够用惯常所谓的"历史"来命名。正如我们所说,历史并非给定,而是我们用来表达我们的集体体验时由过程的不断出场而留下的一串踪迹。出于同样的理由,等价物的问题不能在符号层次上被解决。在我们的写作实践中,我们的确能够频繁地满足于即时认知的感情。比如说,我们能够相信,在一个圆里刻出四个部分的设计,来自石器时代符号化表达者的发明,表达了对宇宙的一种体验,而这种体验与激发出由一个统治者将大地分为四个部分的那种亚述皇家风格的体验是等价的。但是,等价物作为即时的体验,只能在过程的出场中两种符号化形式彼此相遇的那一刻被找到。

除了定常性和等价性之外,还剩下过程问题本身。对于过程,我们只有在其出场时的即时性认知。一个有具体名字的人——比如说赫拉克利特、柏拉图、普罗提诺或圣奥古斯丁——在其出场模式中体验那个过程。然而,过程所留下的历史领域,并非由具体个人的心灵在遭遇真理时所留下,而是来自过程的不断出场,历经作为人类成员的众多具体的存在者。作为整全的过程所留下的踪迹,就不是任何一个个人的具体体验。在我们的时代,这个问题很少面对批判性认知,尽管它是哲学的基础性问题。当一个哲人在探索人的本性时达到了笼统的陈述“所有人出于本性都具有求知欲”,其一般化的形式可能会招致反感。这是因为,这个陈述可以应用于从其对自身心灵的体验中得出这个陈述的那个哲人,但是,并没有任何体验的证明,可以将之扩展为对于“所有人”的洞见。虽然如此,我们仍不以其为空想而抛弃之,因为我们和亚里士多德一样相信这个前提:实际上,一个被具体的个人所发现的关于人的实在的真理,适用于每一个人。然而,对这一前提的信仰,并不来自对人的本性的另加的体验,而是来自赋予了结构之定常性与持久性的对实在的原初体验,我们将之符号化为宇宙。对宇宙及其深奥性的信任是这些前提的来源——人的本性的一般性,在我们所讨论的例子中或者是,不断出场的过程实在——而我们接受了这些前提,作为我们具体地涉入求索真理之过程中的意义的语境。只有在如下假定之下,求索真理才是有意义的:真理被人从其心灵的深奥之中拉升上来,尽管不是对实在的终极真理,但却是宇宙在其神性深奥之中的真理的代表。在历史领域中每一个等价性符号背后,都站着在其求索过程中生产了该符号的那个人,作为比等价物更高的真理的代表。只是交出等价形态真理的求索,最终依赖于这个信仰:涉身其中的人,代表性地参与着不断显明的真理的神圣戏剧。

沃格林关于亚里士多德论人性的分析*

巴里·库珀 著 孙嘉婧 译**

多年以来,埃里克·沃格林对于亚里士多德人性理解的分析在侧重点与解释上均不断变化。在《种族与国家》(1933 年)中,他关注亚里士多德同马克斯·舍勒的联系,而舍勒在沃格林思想形成期对其有着主要的影响。如同舍勒,

> 亚里士多德形成了一个生物界的系统,并且从底部到顶端排列灵魂的功能,自营养性的灵魂(植物也分有)、经由感知性的灵魂(为动物所固有),到思考性的灵魂(这是人类本性所独有的)。思考性的灵魂,或理性,并非如同其他低级的灵魂功能那样同身体混合;它不像其他功能那样有感觉的构造或肉体的器官,它的真实性只在于属于它自身的活动。[1]

---

* 本文译自 Barry Cooper, "Voegelin's Analysis of Human Nature in Aristotle", ed. R. J. Snell and Steven F. McGuire, *Concepts of Nature: Ancient and Modern*, Lanham: Lexington Books, 2016, 9—31。

** 巴里·库珀(Barry Cooper),卡尔加里大学政治学教授;孙嘉婧,清华大学哲学系硕士生。

[1] Eric Voegelin, *The Collected Works of Eric Voegelin*, Vol. 2: *Race and State*, trans. Ruth Hein, ed. Klaus Vondung, Columbia: University of Missouri Press, 1997, p.26.

通过区分灵魂的不同功能并且将人的灵魂分为主动和被动的成分(前者是不朽的,后者是短暂的),亚里士多德(如同舍勒)不得不假定一个"中间环节"以联结二者。沃格林说,这种中介性术语的关键不在于创造知识论上的困惑,而是为了表达某些根本性的体验。更确切地说,它们保留了所联结的两部分的自主性,进而精神的现实性为自然秩序所承认的同时也保持独立自存。此外,这一术语保留了在不涉及理智的同时体验无机的和生命的秩序的可能性。在沃格林对亚里士多德的总结中,当他表明尽管理性没有"肉体的器官",它由于自身(思考性的)活动而依旧是真实的时候,正是体现了这一含义。

1933年,沃格林也论证说人性的问题对于哲学反思而言是常存的,"因为驱使我们进行思索的根本性体验总是同样的"。就此而言,当代的哲学人类学与亚里士多德处于同样境地。不只是由于人类的问题常存,思想运行的方式也是有限制的,"进而同种的问题和解决方案必然不断重现"且最终导致"无法得到解决的精神状态",而只能被表明或指出。故而含糊的"中间环节"是不可避免的。无论如何,沃格林说,"根本性的体验……部分属于人作为人存在的领域,部分属于无机的、植物的及动物本性下的体验,它们同我们作为人类存在的体验处于相对的关系中"。[1]没有哪种哲学人类学能够忽视人类存在中无机的、有机的和生命的维度,不论它们能够在何等程度上被清晰地分辨出来或者是被含糊地整合在一起。

这一问题在政治科学中鲜有讨论,但它依旧重要,因为如沃格林所说"政治科学的聚焦点"是哲学人类学,它"对应了《尼各马可伦理学》的第一章"。[2]如果沃格林的支持性论据是正确的,那么亚里士多德正如

〔1〕 Eric Voegelin, *The Collected Works of Eric Voegelin*, Vol.2: *Race and State*, trans. Ruth Hein, ed. Klaus Vondung, Columbia: University of Missouri Press, 1997, p.19.

〔2〕 Voegelin, *CW* 33: *The Drama of Humanity and Other Miscellaneous Papers*, 1939—1985, ed. William Petropulos and Gilbert Weiss, Columbia: University of Missouri Press, 2004, p.100.

当代政治科学一样,必须始于“更早时期由神话形成的想象”。[1]沃格林对于亚里士多德的分析希望同时阐明亚里士多德和现代政治科学。

在沃格林的《全集》中有三个讨论亚里士多德的主要来源:(1)《秩序与历史》;(2)《回忆》;(3)他于1974年写的论文:《理性:古典时代的体验》。在《秩序与历史》中的分析可以被进一步划分。第二卷和第三卷最初发表于1957年,其中的讨论同沃格林在《政治观念史稿》和更早期著作中的传统方式有接续性;而在第四卷《天下时代》(和《理性》论文同年发表)中的讨论则反映了沃格林后来的思考。

序　幕

为柏拉图同亚里士多德所继承的“更早时期由神话形成中的想象”[2]最初由荷马、赫西俄德以及戏剧诗人所发展,那些戏剧诗人被沃格林称之为“体验到人直接处于神之下的先知歌手”。他们通过诉诸每个个体的灵魂,使得神的智慧与人的悲伤二者之间的鸿沟得到清晰表达。那时神与人是处于包罗万象的宇宙之中的演员,但人类有能力“通过他们中先知的歌声以进入**记忆**之流的行为”[3]而将自身永远置于神之前。当这些人类行为被诗人的歌所改观,它们便组成了诗人在其中歌唱的社会的过去。那就是说,希腊诗人荷马通过赋予《伊利亚特》中的失序以声音,从而超越了激发他作诗歌的场景,也就是无声的苦难。沃格林论证说,从这无声的苦难到歌的改观所被赋予的意义,最终又被改观为哲学。

这显然不是理解荷马的全部,更不是哲学的全部。根据沃格林的

〔1〕 Voegelin, *CW* 2, 19.

〔2〕 Ibid., p.19.

〔3〕 Voegelin, *CW* 15: *Order and History*, Vol.2: *The World of the Polis*, ed. Athanasios Moulakis, Columbia: University of Missouri Press, 2000, p.143.

解释,极简言之,荷马意识到世间存在着不单纯由于个人的愚蠢或恶毒而导致的恶。他将失序的问题追溯到最终的源头,也就是众神之议会,"这是就《伊利亚特》而言"。众神并非举止不光彩而遭到荷马式指责的孤立实体,而是"驱动了包含人在内的有秩序的一系列存在"。相应地,对众神的洞察也会包含关于人类的洞察。故而所讨论的不是道德,而是处于失序或有序状态中的实在的结构。以存在论方式考虑,神与人"并非固定的实体,而是在包含二者的秩序中可以被或多或少清楚分辨出来的力量。原初的体验是一个弥漫而超越人类的存在秩序"。[1]此外,沃格林认为,荷马创造出了一个在君主制形式的奥林匹亚众神之下的人类的当下、一个英雄史诗的过去,以及一个能够在他的诗歌中存在的未来。

自赫西俄德、"前苏格拉底"哲学家、诗人、"历史学家"希罗多德与修昔底德,到柏拉图,沃格林追溯了整个分殊化的过程。对于两位"历史的"作家,必然性导向的只有失序的惨淡。用沃格林的语言,修昔底德"创造了关于秩序的致死疾病的经验科学,而柏拉图创造了政治学的另一半,即秩序的经验科学"。[2]在柏拉图哲学王的符号中,他唤起了一个新秩序的意象,不仅为了哲学家免遭谋杀,而且也出于沃格林所形容的柏拉图式爱国主义。他的"秩序的体验科学"得以展开,部分是为了回应修昔底德描述的降临雅典的灾难。[3]相比而言,亚里士多德极少关注雅典历史的悲剧或是苏格拉底的命运。在这点上,他关于人类的论述更加明晰,代价是缺少了戏剧的或生存的强度。

---

〔1〕 Voegelin, *CW* 15: *Order and History*, Vol.2: *The World of the Polis*, ed. Athanasios Moulakis, Columbia: University of Missouri Press, 2000, p.170.

〔2〕 Ibid., p.432. 也许应当指出,沃格林"经验的"一词意味着亚里士多德所使用的"实验的"一词。参见 Cooper, "Eric Voegelin, Empirical Political Scientist," in Cooper, *The Restoration of Political Science and the Crisis of Modernity*, Lewiston: Mellen, 1989, 271ff。

〔3〕 Voegelin, *CW* 15, p.313.

但是根据沃格林的阐释,对于柏拉图和亚里士多德二者而言,哲学不只是理智的操练,“它作为一个符号形式,表达了对与城邦相反的秩序的明确体验”。[1]也就是说,在朝向“存在之根基”的哲学家灵魂中,个人的秩序独立于政治和宗教组织而发展,尽管哲学家依旧作为城邦的公民。沃格林认为,出于这一原因,在很大程度上希腊哲学成为了“真正的政治[城邦]秩序”的表达,这一表达既在城邦的秩序之内又反对着城邦的秩序,而没有成为例如一个新的僧侣或其他神职的组织。尽管同时代存在着多样的俄耳甫斯教以及酒神的宗教狂热,沃格林说,政治符号的连续性显而易见,既在“过渡的”或“前哲学的”诗人的文本之中,也在柏拉图和亚里士多德对真实城邦或美好城邦的反思中,而他们从这种反思中得出结论说,这样的城邦不可能存在于大地上。换言之,真实或美好城邦的符号对于超越城邦的(也甚至是超越宇宙的)**存在之根基**变得“透明”。

尽管有着柏拉图对哲学王的召唤,以及亚里士多德对人只有作为城邦的公民才能够实现最高善(这一最高善他称之为沉思生活,*bios theoretikos*)的论证,沃格林并没有对于他们发展出来的任何“关于城邦的理论”有特别兴趣。[2]诚然,人类存在的希腊式分殊化紧密联系于城邦的文化与符号,但对于沃格林而言,更重要的是“哲学因其反思性的自我意识而作为一种符号形式区别于神话和历史”[3]。

属人的卓越

列奥·施特劳斯一度注意到是亚里士多德,而非柏拉图或苏格拉底,将政治科学“作为一个学科”的创始人,尽管不是作为最高的学科,

[1] Voegelin, *CW* 15, p.238.
[2] Ibid., p.98.
[3] Ibid., p.239.

但依旧是最高学科之一。施特劳斯说,亚里士多德和他的前辈的区别,可以通过比较柏拉图的《国家篇》及其戏剧性续篇《蒂迈欧篇》的关系与亚里士多德的《政治学》及其在《物理学》或《论天》中对宇宙的反思之间的关系来进行阐明。施特劳斯说,"亚里士多德的宇宙论不同于柏拉图,完全可以同对于最佳政治秩序的寻求分离开来"。[1]我们也许希望以某种方式证明这一论证,但是乍一看它显然是真实的。

在《秩序与历史》第三卷,沃格林依据亚里士多德的生平谈论了同样的问题。亚里士多德 17 岁时进入柏拉图的学园。当时学园已经运转了 20 年,苏格拉底已然逝去 30 年,而柏拉图也年逾六十。他的"苏格拉底式的著作",包括《国家篇》,也在课程之中。亚里士多德吸收了苏格拉底式传统,认为哲学是一种生活方式,而且也参与讨论沃格林所说的那些"为了其表达业已产生了教义式符号"[2]的成果。这些"话题",例如灵魂的不朽或神的本性,可以作为一系列问题或者一个主题付诸批判性分析,分别作为理智的、宗教的、数学的或天文学方面的问题加以考察。

依据沃格林的解释,亚里士多德转换了柏拉图式的、在神话中得到充分表述的超越体验,这是以一个沃格林最初称之为对柏拉图类神话符号进行"理智的稀释"(intellectual thinning-out)[3]或者"理智化"[4]的过程。用不那么隐喻化的表述,根据沃格林,亚里士多德将"用以表达哲学家的体验而产生的符号"变换为"思辨的诸话题"。[5]对于柏拉图而言,以哲学家的神话表达出来的哲学家新时代意识刚刚产生;而对于亚里士多德,这一新纪元已经清晰呈现,且可以如同其他

---

〔1〕 Strauss, *The City and Man*, Chicago: Rand McNally, 1964, p.21.

〔2〕 Voegelin, *CW* 16: *Order and History*, Vol.3: *Plato and Aristotle*, ed. Dante Germino, Columbia: University of Missouri Press, 1999, p.327.

〔3〕 Ibid., p.330.

〔4〕 Ibid., p.336.

〔5〕 Ibid., p.331.

历史事件那样被讨论。对于柏拉图而言，雅典城邦的危机几乎无所不包。政治的悲伤也是精神生活的压抑，苏格拉底之死就是一个范例。沃格林将柏拉图的政治态度总结为"神宪政体的紧敛性"(theocratic compactness)。[1]

相反，对于亚里士多德而言，由于柏拉图作为哲学家的成就，政治学的结构已然改变。在《高尔吉亚篇》中，苏格拉底声称他是雅典唯一的政治家，柏拉图在此宣告了城邦神话的终结[2]，然而这对于亚里士多德也是一个新的开始，对他而言，生活的政治、精神、和理智或智性的领域均比柏拉图时期得到了更为清晰的区分。

哲学的世代连续性以及"理智的稀释"对沃格林显示为一个主要的、历史中反复出现的问题：当符号业已脱离了具体验性的语境，而被当作涉及感觉体验现象的概念时，原因应该在哲学家对于某些特殊问题的关注中寻找，这些特殊问题使得他忽略了存在的秩序或是实在的结构——或者，毋宁说是使得他忽略了对它们的体验。

沃格林指出的"理智的稀释"也许会被理解为对柏拉图式的哲学符号的变形甚至是"重新紧敛化"。出于以下几个原因，这种想法是错误的。首先，亚里士多德是以哲学化的语言和范畴对柏拉图进行批判，这本身有提示性但并非决定性，因为任何人均可以教条式地接受一种"哲学立场"并没完没了地批判其他"立场"却并没有接触到哲学的体验。但是我们应当看到亚里士多德对柏拉图的批判不只限于无聊的争辩。此外，存在着沃格林所发现的柏拉图的"神宪政体的紧敛性"问题。也就是说，一个精神上得到革新的城邦，甚或是一个整合了宇宙论与政治学的希腊帝国、抑或《蒂迈欧篇》与《国家篇》的想法，如施特劳斯所言，对柏拉图似乎仍具有轻微的、符号意义的可能性。而对于亚里士多德，

[1] Voegelin, *CW* 16: *Order and History*, Vol.3: *Plato and Aristotle*, ed. Dante Germino, Columbia: University of Missouri Press, 1999, p.347.

[2] Plato, *Gorgias*, 521d.

柏拉图的愿景已然成为过去。尽管他对于他著名的学生亚历山大将亚洲人视为希腊人一样对待而有所疑虑，尽管他详尽阐述了“城邦理论”，亚里士多德完全意识到城邦时代已然结束。最终，我们应当注意到(当然在此的总结十分概要)试图“重新紧敛化”一个更加分殊化的体验和象征是不可能的；这样的尝试因而可以被正当地称作对原始的体验与符号的歪曲。

通过考虑亚里士多德对柏拉图的一个批判，可以清晰显示出两位哲学家的差别。在《政治学》中[1]，亚里士多德反对柏拉图在《法律篇》中[2]提出的城邦大小。他认为它太大了，它需要囊括如同在巴比伦所发现的那样广阔的领土，才得以维持 5 000 名战士以及他们的女人和仆人的生存。柏拉图在《法律篇》选取的数字是 5 040，这是由于它的占星学或黄道带的性质而作为宇宙的神秘数字结构的反映。[3]的确，它简化了施特劳斯关于柏拉图整合宇宙与政治秩序的观点。无论如何，通过将一个宇宙论的象征 5 040 四舍五入变为 5 000(作为大约的人口数据)，亚里士多德摧毁了柏拉图游戏般地传达出来的意义。

处于柏拉图对于新纪元的意识中心的，是他对于精神革新的努力；而在亚里士多德的意识中心的，并非这一创造意愿的行为，而是对截然不同的实在的分析，对于这些实在，柏拉图曾试图在“神宪政体的紧敛性”视域中设法将它们结合。亚里士多德对柏拉图视域中不同方面或构成性要素的考虑并非是亚里士多德的失败，而是对于当时的社会产生了一种新的沉思的态度，这一社会仍旧处于危机中，但对于亚里士多德而言已然是无可救药。[4]柏拉图的**理念**也许无法找到其具体化，但是他关于实在的视域仍然能够(实际上对于亚里士多德的确如此)作为

---

〔1〕 1265a-10-18.

〔2〕 771a 5 et seq.

〔3〕 Voegelin, *CW* 16, p.303.

〔4〕 cf. Plato, *Republic*, 621c.

一个标准，使得现存的政治秩序得以被分类、被判断、被施以治疗。

沃格林注意到，柏拉图的哲学家神话的"理智化"版本作为亚里士多德的哲学人类学基础，出现于《尼各马可伦理学》的第一卷。《伦理学》第一卷的目的是表明人类的真正本性，以使得人能够发现最高善，也就是我们通常所称作的幸福(*eudaimonia*)。[1]如同苏格拉底对幸福构成的探索，亚里士多德也考察了三类原则性的意见：享受或快乐；荣誉和政治；或者一种理论生活、沉思生活。[2]基于他对灵魂及其功能的分析，亚里士多德论证说沉思的生活是最好的。这一论证很接近约翰·斯图尔特·密尔为苏格拉底式哲学所做出的一个辩护[3]，但它并非完全令人信服，故而亚里士多德补充说这类问题的讨论只有在 spoudaioi 中才能够合理进行，这一词通常被译为"好人"或"正派人"，但是沃格林倾向于译为"正人君子"(serious or weighty men)。[4]沃格林说，亚里士多德做出的这些反思"可能是一直以来对伦理学和政治学的知识论作出的最重要贡献"。[5]与此同时，重要的是要记住，亚里士多德对美德或卓越(aretai)的讨论独立于它们的实际应用，而这正是有鉴于柏拉图"神宪政体"努力的失败。

亚里士多德哲学人类学的中心命题是，最高或最完满的善[幸福]在沉思生活中才能实现。理论活动(也就是沉思)能带来最高级的幸福是因为沉思是人能够实现的最高级的活动，而这是因为沉思由灵魂中最高级的部分努斯(nous)所承担。再者，努斯是人类最神圣的部分，它的活动进而是最神圣的活动，且伴随而来的幸福是最神圣的幸福。[6]

---

〔1〕 *EN*, 1904a1 et seq.

〔2〕 Ibid., 1095b18; see also *Politics* 1324a.

〔3〕 John Stuart Mill, *Utilitarianism*, ch. 2 in *Essays on Ethics*, *Religion and Society*, ed. J. M. Robson, *The Collected Works of John Stuart Mill*, Vol. x (Toronto: University of Toronto Press, 1969), 211—213.

〔4〕 Aristotle, *Nicomachean Ethics*, 1113a 23—35; 1176a 15 et seq.

〔5〕 Voegelin, *CW* 16, 354.

〔6〕 Aristotle, *Nicomachean Ethics*, 1177a 17—1177b 26.

最后，人的本性在正人君子那里才能得到最完全的实现，他们培育沉思生活。

让我们通过叙述由亚里士多德变得明晰化的问题"清单"（如沃格林所称呼）来总结这一部分。[1]正如赫西俄德反思荷马的成就，亚里士多德的思辨也"始于柏拉图式的人类学原理"，即政治学是人性得以实现的领域。为了理解政制（politeia，也就是柏拉图《国家篇》的希腊标题），我们必须理解形成政体的人类本性；而若我们理解了人性的最完全实现就是根据亚里士多德所谓的正人君子的沉思生活，那么我们就得以发展出理性的可辩护的批判性标准，以判断任何给定的城邦在完全实现人性方面的有效性。

在《国家篇》中我们可以看到希腊传统中创建者或立法者（*nomothetes*）同哲学家的灵魂秩序二者融合，共同创造美善的城邦。在柏拉图后期著作如《法律篇》中，"哲学王活生生的存在"被代替为"符号性的制度"，在《伦理学》和《政治学》中，"分离的过程仍在继续"。对于亚里士多德而言，柏拉图是一个"宗教的创始人，标志着人类精神史上的新纪元。哲学人类学发展成为自主的学科，作为行动的普遍理论的基础"[2]。沉思生活转而指向了一个精神性的共同体，它超越了由现实中城邦所构成的历史性共同体。而《政治学》中"立法的"科学也成为了用以降低革命和内战风险的实践技术。

正如《国家篇》中以逻各斯建立的城邦（*polis en logois*）不存在于大地上，而"或许"只是作为天上的范式[3]，在亚里士多德理论中也存在着紧张：一方面人性在沉思生活中达到顶点，另一方面政治学中立法科学是基于对现实的承认，即只有少数人（也许极少数）才能够达到人性的完全实现。《秩序与历史》第三卷中的最后一章包含了沃格林对这一

---

〔1〕 Voegelin, *CW* 16, 410ff.

〔2〕 Voegelin, *CW* 16, p.410.

〔3〕 Plato, *Republic*, 592b.

张力的反思。

亚里士多德,或者就目前的论证而言让我们说,每一位哲学家,都知道幸福在于沉思生活,这不只是作为某个论证的结论或是科学命题,而是在体验和生存的意义上。对这一真理的自觉,也就是哲学的自我意识,"创造出一类新的人"。的确,亚里士多德对人性的分析表明人性在人的一生中是作为潜能而或多或少地实现的。而即使那些无法或不愿实现其潜能的人也依旧是人类。"人性的完善",沃格林写道,"正是从其失败之奥秘的背景中涌现"。[1]

揭示出这些还远远不够。一方面,立法性政治科学的任务显然不是将《政治学》中讨论的所有有缺陷的城邦均转化为最好的政制。那种选择只会导致混乱、内战与革命,而且实践证明这会使得情况更糟糕。亚里士多德称之为"变态的"政制[2]只应当被接受,而立法学的目的在于减小它们的恶。但是,沃格林反对说,如果哲学家的最佳城邦仅作为标准存在,而立法学仅试图使得变态的城邦可以忍受,那么,整个事业"就会引起疑虑……我们会开始怀疑,这一研究如果只是通过指出所有现存城邦均是变态形式而惹怒其统治集团,是否还能算是一种智慧"。[3]简言之,为何要打扰?或者以更文雅的方式说,如果沉思生活和立法理论的作用只是尊重那些不过沉思生活的人类及其变态政制的存在,那么这似乎是一个"在实践和理论上均十分严重的僵局"。[4]

如亚里士多德所阐述的那样,或许不可能超越这一僵局或疑难(*aporia*)。但是一个人能够明白问题之所在。沃格林此处称之为"**真理**的历史性"。苏格拉底体验到的哲学生活的**真理**是同城邦对立的,这被

---

〔1〕 Voegelin, *CW* 16, 413.

〔2〕 Aristotle, *Politics*, 1293b 25ff.

〔3〕 Voegelin, *CW* 16.

〔4〕 Ibid., p.417.

柏拉图以戏剧化方式加以分析。“死亡(*Thanatos*)的净化体验与爱欲(*Eros*)的狂热体验,均使得灵魂向超越的实在敞开;它们因灵魂的重新整饬(柏拉图以正义女神 *Dike* 的符号来表达)而有效”。[1]这类符号并非一些关于尘世现象的命题集合,而是表达了“灵魂中的定向性力量,对此我们只有以类比性的符号来讨论”。[2]

这一给灵魂以方向的真理体验不是一些关于尘世现象的命题集合,故而不可能是尘世现象中的认识对象。那么,人如何能够描述它?在沃格林后期的政治科学中这类体验位于中心,此处他的表达既是简练的,也是“理智化的”——遵照他对亚里士多德的评论来说。

沃格林说,给灵魂以方向的真理必然是超越世界的,因为(1)它是真实的体验,但是(2)它无法被体验为对尘世现象的认知。“它是永恒的、超越时间的;它和体验着的灵魂并非共时”。[3]当这类对超越尘世的**真理**的体验被苏格拉底、柏拉图或者(如我们在下一节会看到)亚里士多德所想到,我们可以说“永恒进入了时间……**真理**变成了**历史的**”。[4]沃格林立刻补充说这不只意味着这类体验仅仅是我们指称为“哲学家”的少数人的特权,也不是说这类体验只在特定的历史时期中作为事件而发生。它意味着一种符号秩序(此处指诗人和城邦的)已然被另一个更加充分或“分殊化的”秩序所取代。沃格林的“**真理**的历史性”意味着这一过程以历史次序发生(自荷马至哲学家们),也就是“超越的实在正是由于它不是内在于世界的知识对象,而具有体验和符号化的历史”。[5]

也就是说,这一历史在人类灵魂中发生,是当人类意识到自身不仅是作为尘世的现象或事件,而是——正如沃格林所表明的——被某

---

[1][2][3] Voegelin, *CW* p.418.

[4][5] Ibid. 沃格林对大写字母的使用并非持续一致,通常一个大写名词意味着它指代某一神性的实体。

种作为超出或高于尘世的存在而被体验到的事物所“定向”时。如前文所言，根据亚里士多德的描述，努斯是人类最神圣的部分；进而，这一最神圣部分的实现被他称为不朽化(*athanatizein*)[1](以主动动词的形式被表达出来)。简而言之，亚里士多德对超越的体验已然将“哲学人类学的语言”转化为“宗教符号化的语言”。[2]就此而言，在亚里士多德对追求不朽的哲学家与现实的变态城邦的理解中，沃格林看到了一个“后来发展成为在基督教社会中现世与精神秩序之分殊化的前兆”。[3]

自　然

在《回忆》中沃格林对亚里士多德展开了进一步的讨论，根据权威英文版本的编者大卫·沃尔什，这本书是“沃格林智识之旅中至关重要的著作”。[4]两个直接关联的体验性研究是《政治理论中的自然正当》(1963年)，以及《何为自然?》(1965年)，二者均处理“亚里士多德关于根基之意识的问题”。

这些“古典政治学的研究”[5]中的第一篇在《回忆》中被重新发表，

---

〔1〕 Aristotle, *Nicomachean Ethics*, 1177b 36.

〔2〕 Voegelin, *CW* 16, p.414.

〔3〕 Ibid., p.421.

〔4〕 Voegelin, *CW* 6: *Anamnesis*: *On the Theory and History of Politics*, trans M. J. Hanak, ed. David Walsh (Columbia: University of Missouri Press, 2002), 1. Gerhard Niemeyer之前编译了一个删节版本，于1978年在诺特丹大学出版社出版。沃格林对Niemeyer所保留的(或删节的)内容有不少疑问，也对部分翻译提出了异议。See Barry Cooper and Jodi Bruhn, eds., *Voegelin Recollected*: *Conversations on a Life* (Columbia: University of Missouri Press, 2008), 143; Voegelin, *CW* 30: *Selected Correspondence*, *1950—1984*, ed. Thomas A. Hollweck, trans. Thomas A. Hollweck, Sandy Adler, and William Petropulos (Columbia: University of Missouri Press, 2007), 552; see also Voegelin to Bruce M. Fingerhut (University of Notre Dame Press), 11 Feb. 1976; 17 Feb. 1976 in the Hoover Institution, Voegelin Papers, 38/26.

〔5〕 Voegelin, *CW* 6, p.35.

不过没有按照原先的题目,而是使用《自然正当》[1]一题。这一章以一个友好的简单陈述开篇,"'自然正当'是古典哲学中的一个符号,哲人借助此符号来诠释他对正当的人类活动的智性体验"。[2]这一符号也就是亚里士多德的自然正当(physei dikaion),若是关注它所源自的《尼各马可伦理学》的语境[3],就可以表明,它同那种"声称具有永恒不变效力的规范集合"的现代"自然法"观念无关。[4]那种意义上的"自然法"是沃格林(根据亚里士多德)所称作的"论题"(topos),是一种思考和论证的方式,其宗旨禁绝了那些最终参与超越性体验的问题。[5]

既然正义无法以教条式的方式被定义,沃格林对自然正当之分析的目的就在于"探察教条式哲学化论题的背景,并且重建智性诠释的符号"。亚里士多德的术语尤其适合这样的分析,因为"它是这类术语中的第一例",故而亚里士多德必然很清楚他为何要使用这个术语。换言之,它作为符号表达了一个具体的人的体验——在此处指的是亚里士多德的体验。再者,亚里士多德明确指出,自然正当并非如"自然法"那样在任何时间地点均毫无变化,而是随处变动的某物(kineton mentoi pan)。[6]一个很显然的问题是:"这如何可能?"或者"同样的术语如何能指代一个既有普遍性也有条件性的实在?"沃格林的回应需要对亚里士多德文本进行细节化的诠释。

他首先概述了《政治学》中的一系列区分[7]:(1)公义

---

〔1〕在沃格林的论文(HI,71/7)中也有一篇题为"Physei Dikaion—Das Rechte von Natur"的提纲,它几乎包含了已出版文本中所有的参考,而且某种程度上比《回忆》中的诠释更容易理解。同样有帮助的是最初在学术会议上的讨论,以政治理论中自然正当(natural right)为主题,尤其是沃格林和他之前的老师汉斯·凯尔森之间的交流。参见 *CW* 33, 112ff。

〔2〕Voegelin, *CW* 6, p.140.

〔3〕1134b 18ff.

〔4〕Voegelin, *CW* 6, 140. 而列奥·施特劳斯使用的"自然正当"保留了某种亚里士多德最初意义上的灵活性。

〔5〕Ibid., pp.306—309.

〔6〕Aristotle, *Nicomachean Ethics*, 1134b 30.

〔7〕1253a 37ff.

(*dikaiosyne*)是城邦的(*politikon*,Ernest Barker 将其译为"属于城邦的"[1]);(2)正义(*dike*)是城邦共同体(*politike koinonia*)的秩序(taxis)[2];(3)正义(*dike*)也决定(*krisis*)何为正当(dikaion)。[3]尽管沃格林在 37 行将 dikaion 误认为 dike,也足以清楚地得出"亚里士多德想要在城邦、正义的问题、以及何为正当之间建立一个本质性的关联"。[4]

在《伦理学》中也可以找到一个类似的论据。由于正义可以被正当地称为城邦的,它只有在"相似"或"类比"(homoion)的意义上[5]才适用于非城邦的家庭关系。城邦的(而非家庭的)正当是亚里士多德分析的焦点,它区别于治家的类比,例如主人的(*despotikon*)正当适用于主奴关系;父亲的(*patrikon*)正当适用于父亲与孩子的关系;或者最后家庭的(*oikonomikon*)正当适用于夫妻关系。但城邦的正当(*politikon dikaion*)也被区分为由于自然(physikon)以及由于习俗(nomikon)两类,后者考虑那些细枝末节的事务,例如限速以英里还是公里为单位,或者汽油以加仑还是公升为单位售卖。只有自然正当"关注实质性问题"。[6]

亚里士多德接下来重申了这一问题:自然正当在任何地方均具有效力,而且不依赖于我们的意见。当然,有些人认为正义仅仅是由于习俗,因为并非如同火焰在这里和在波斯同样燃烧,正义似乎是变动的。但这一观察显然不适用于神;再者,即使"何为正义"在

---

[1] Ernest Barker, *The Politics of Aristotle*, Oxford: Clarendon Press, 1948, p.6. Carnes Lord 也补充说,"正义(这一美德)是属于城邦之物"。参见 Lord, *Aristotle: The Politics*, Chicago: University of Chicago Press, 1984, p.38。

[2] 此处沃格林以 dikaion 代替了亚里士多德的 dike。

[3] 即使是权威的 W. L. Newman 对这一段也感到困难,他表述为:"正义和城邦紧密相连,因为法律判决是何为正义的决定因素,它整饬了城邦社会"。参见 Newman, *The Politics of Aristotle*, Vol.II, *Prefatory Essays*, *Books I and II*, *Text and Notes*, Oxford: Clarendon, 1887, II, p.131。

[4] Voegelin, *CW* 6, 142.

[5] Aristotle, *Nicomachean Ethics*, 1134b 10.

[6] Voegelin, *CW* 6, 142; Aristotle, Nicomachean Ethics, 1134b 20.

人类中不断变化，自然正当的存在依旧是真实的。诚然，亚里士多德说，“很容易看出”何为出于自然的正义与不义，即使它们并非绝对不变的，就如同右手“自然地”强于左手，即使人有可能双手变得同样灵活。[1]

沃格林澄清了亚里士多德这一观察，他论证说，亚里士多德以不同方式使用“自然”和“自然的”等词，但他没有很清楚地区别他所使用这些词的意义。沃格林说，“在任何地方均有效之物”指的是正义的“神性实质”；可以变化的是“它在具体情境中的实现”。[2]在随后的文本中，亚里士多德解释道，习俗是基于实用（英里和加仑或是公里和公升），这对于法律（*dikaia*，立法或司法决定）也是如此，这些是属人的（*anthropina*）而非自然的（*physika*），因为政制（*politeiai*）并非在各地均一致，尽管只存在一个出于自然的（*kata physin*）政制，而且它也就是最好的（*ariste*）。[3]既然最佳政制的实际内容在《政治学》的第七和第八卷中已有描述，故而自然正当这一问题就指向亚里士多德政治科学中最根本的问题，即城邦共同体中正当秩序的问题，而非一系列正确的命题[4]。

简言之，自然正当存在于一个理解了“何为正确”（这是在任何时间地点均相同的）之人的具体体验中；而且它存在于这个人所处的具体事件（hekasta）中，这意味着“何为正确”在任何时间均是以变化的、不同的方式得到实现。沃格林说，“这里有一个生存性张力，它无法通过理论解决，只有体验到这一张力的人在实践中才能解决”。[5]为了调解何为每时每地正确以及某一时空下的实际情况，就需要一种沃格林称之为

---

〔1〕 Aristotle, *Nicomachean Ethics*, 1134b 35.

〔2〕 Voegelin, *CW* 6, 145.

〔3〕 Aristotle, *Nicomachean Ethics*, 1135a 3—6.

〔4〕 See also James M. Rhodes, “Right by Nature,” *The Journal of Politics*, 53 (1991), pp.318—338.

〔5〕 Voegelin, *CW* 6, 147.

“生存性力量”(*einer existentiellen Kraft*)的机能、能力,也就是亚里士多德所说的实践智慧(*phronesis*),通常被译为审慎(prudence)或良好感知力(good sense)。

首先,沃格林强调了体验的具体特殊性,以及它在审慎行为中的实现,这种实现总是可变的(kineton)。从而,围绕着实践智慧的那些问题就与在正当的与现实的城邦秩序之间的那些问题相对应。正如最好的城邦极为罕见,实现实践智慧的人也是如此,他已然被沃格林确认为正人君子,他能够在具体事件(*hekasta*)中看到真理,因为这样一个人是向包含着神性实在的全部实在之域敞开,所以他不仅是出于常识而做出正确决定。这种敞开被沃格林进一步定性为一个“事件”,而非能够使这个审慎的正人君子谈及人类正确秩序的命题。[1]换言之,这样的人不仅行为正确,而且能够对此以正确方式谈论。正人君子进而表现为条件性与普遍性之间的另一个“中间环节”。

古典政治学的第二个研究“补充了”关于“自然正当”的分析,因为有必要澄清“自然”的含义才能使得所讨论的“正当”合法化。[2]不幸的是,无论是亚里士多德的文本还是这第二篇分析,都不是特别清楚。当然,有大量文本证据表明,亚里士多德“认为当他在谈论自然时得到了理解”。对于沃格林而言,显然从这一术语出现的语境中可以明白它指的是“在存在物的运动中的恒常结构,包含了诸神与人、有机物与无机物。换言之,它指的是存在的构成”。[3]诚然如此,但是像“存在的构成”(*Seinsverfassung*)这类术语也很难以自明。

沃格林首先诉诸《形而上学》第五卷(Δ)的“哲学辞典”,得出的结果在概念上虽然清楚,但依旧是“令人失望”,因为“如果我们把自然视作存在的秩序的诸常量,人和社会的自然[本性]显然比一个由‘形式-质

---

〔1〕 Voegelin, *CW* 6, 15; Aristotle, *Nicomachean Ethics*, *EN*, 1113a 30—35.

〔2〕〔3〕 Voegelin, *CW* 6, 35, p.157.

料'架构决定的复构更为复杂"。[1]特别是形式这一概念没有顾及"运动或变化诸常量"(*Bewegungskonstanten*)。这一问题仿佛重复了由自然正当教条化为永恒持久的自然法而产生的僵局[2]。

基于亚里士多德谈及自然的时候认为自己得到了理解,沃格林接着留意到《形而上学》第一卷"历史探察"中对事物本性(*peri tes physeos*)的最初讨论。泰勒斯最初提出关于自然(*physis*)的问题,且宣称水是一切(*to pan*)的始基(*arche*)。[3]在他之前,诗人们在俄刻阿诺斯与特提斯的神话中也给出了同样的答案,亚里士多德称之为"神学思考",这一术语最初为柏拉图所使用。[4]沃格林总结说,解释事物本性的旧的形式可以被称之为神话学,随着这一形式而来的是哲学思考,但鉴于二者均是对事物本性的探究,故而它们不过是关于"存在之根基的疑问"的不同"形态"。再者,当沃格林将亚里士多德提供的伊奥尼亚式哲学论述同埃及的宇宙溯源论神话进行对比时,发现两者有明显的相似之处。关于拉、阿图姆、库努姆、阿蒙和普塔的神话集中于赫利奥波利斯、象岛、底比斯和孟菲斯所兴盛的宗教信仰,它们对应于伊奥尼亚学派的火、水、气、土诸始基。

沃格林说,埃及的宇宙溯源论神话"产生于对宇宙的原初体验",然而哲学的变体则排除了众神。相应地,哲学将事物的秩序从神性秩序中分殊化,尽管两者的关系依旧模糊不清。随着这一"分殊化"产生的问题陷入了三种"复构"(complexes),这一术语在沃格林后期著作中更加频繁出现。第一是哲学和宇宙溯源论神话的关联,以及哲学从神话

---

〔1〕 Voegelin, *CW* 6, 35, p.160.

〔2〕 沃格林在这一章的后文中,大部分在处理亚里士多德对形式与质料的区分和来源的"哲学不充分性"。相比于此,我们关注点在于沃格林所作分析的原则和结果。或许他的论证很吸引人,但是我们还是会忽略它,因为根据本文的目的,这一问题已经在关于自然正当同时具有永恒性和变动性的地方得到讨论了。

〔3〕 Aristotle, *Metaphysics*, 983b20.

〔4〕 Plato, *Republic*, 379a; Aristotle, *Metaphysics*, 983b30.

中的分离；第二是神性和非神性事物的关系；第三是人类同神性的关系以及人类同事物秩序的关系。

第一种“复构”相对简单。类似于赫西俄德对荷马神话进行反思，伊奥尼亚学派也从宇宙溯源论神话中借鉴了宇宙中的事件的叙述形式。这种对存在之生成或起源的本性的根本性体验，被沃格林称作宇宙的原初体验。伊奥尼亚学派的改变是设想了一个不再属于诸神的始基，它位于生成的开端，代替了宇宙溯源论中的神，那类神被视为事件之链的原动力，它以当下经历的事件告终。故而，作为故事的神话形式影响了伊奥尼亚哲人的存在概念而具有生成的特点。但对存在的探索一旦开始，探索者体验到的就不只是起源之流，也有持续而重复发生的模式，例如在月相变化或夜空的运动中。很显然，这些现象长期以来一直被人所观察。但是伊奥尼亚人——之后是亚里士多德——的成就在于，将这些现象及其生成视为对于一种存在模式是“透明的”，这种模式不仅是起源的，也就是说人可以“看穿”现象而体会到一种非生成的模式。[1]由这类体验产生了对于永恒不变的存在的思索，这种思索可以因对于超越性视域的体验而得到加强，甚至可能超越任何不变的存在。这“存在之超越”有时仅仅被符号化为“超越”，或以柏拉图的术语则是彼岸(*epekeina*)，这也正是沃格林的**“存在之根基”**的含义。[2]

在存在的秩序从宇宙溯源论诸神的叙事中第一次分离之后，第二种“复构”进入视野。前瞻性地说，我们将看到一个非神话的神作为存在的起源。这个神会“解除”诸元素(土、气、火、水)所承担的作为始基(arche)的责任。它首先在巴门尼德的符号化形式中得到表达，他意识到一个神性的“彼岸”，相比于此，生成的世界存在于神的“此”侧而是“内在的”。一旦关于内在与超越相分离的体验拥有了几乎足够的语言

〔1〕 Voegelin, *CW* 6, p.162.

〔2〕 cf. Plato, *Republic*, 508—509.

表述,“神性就没有必要将存在以神话和发生的方式释放为生成”。相反,神性就作为“超越的造物主”。[1]

关于存在之结构的新的智性明晰也引起了新的诠释问题,这是由于“神性之物”和“在世之物”并非“处于空间中分界线的此侧或彼侧”。关于实在的结构的体验得以被更适合的语言表达、符号化,但被沃格林识别为宇宙原初体验的实在并没有因此而被抹杀或遮蔽:直至今日太阳依旧每天清晨自东方升起。毋宁说,前面提及的明晰性也带来了新的诠释性问题。尤其是,内在与超越等术语只是指向分离或差异化的“引得”,这种分化或殊显是通过超越性的体验而产生的。存在进而被符号化为“各种秩序关系的网络”,而曾经作为宇宙的原初体验中的一分子。换言之,宇宙的原初体验(最初在宇宙溯源论神话中得到表达)的分离并没有消解神与尘世的纽带或“网络”,宇宙依旧具备不同韵律,虽然现在要通过前文所提及的诸引得才能加以体验。[2]

第三种“复构”的问题产生于对存在之结构的体验,关联于新分化出来的“内在-超越的”秩序和了解此秩序的人类之间的关系。逻辑上具有这样的可能性,也许存在的秩序无法被理解,或者人类也许轻易而武断地将混乱称之为秩序。但是文本证据表明了“一个在‘思考与存在的秩序’之中值得注意的协调一致”(*eine bemerkenswerte Übereinstimmung von Denk- und Seinsordnung*)。[3]简单来说,这是由于最初未分化的体验,即前文提及的宇宙的原初体验,从未丧失。人类依旧“同他们周围环境的事物是同质的”,并且明白人在宇宙中是处于参与关系和相伴关系中的一员。

伊奥尼亚学派对宇宙的分殊化,以宇宙分离为诸伙伴而完成,即尘世中或多或少自主的事物与超越尘世的**神性根基**。人类发现自身处于二者

---

〔1〕 Voegelin, *CW* 6, p.163.

〔2〕 Ibid., pp.164—165.

〔3〕 Ibid., p.166.

之间，在这一位点分殊化得以产生，而各种引得(神与世界)也得以通过多种体验彼此相遇，这些体验借由希望、爱、归依、转向等词汇得以表达。

沃格林随后对他关于“何为自然?”的问题给出了总结。当“世界中存在的事物的自主本性[自然]”这样的问题从人类意识中得以凸显，“神的本性的问题也产生了，因为如果没有超越世界的神，就不可能存在位于神此岸的世界，其中的事物具备自主的本性。”[1]相反，在分离之前只有未经分殊化的、同质的宇宙原初体验。再者，这一体验也不包含分殊化的人类的问题。也就是说，还没有人体验到自身作为秩序的体验者，也就不会关注这一体验的真理，以及人性的真理。“这一存在论的复构只有在作为整全时才有意义。如果将其中一部分孤立出来而忽视了其他部分，那么哲学思考就失去了意义”。[2]这就是为何几个要素或“引得”，即神性存在、世界和人类，要通过“存在论的复构的隐身”的原则得以表达，而无法被分成几个自主的分裂部分(disjecta membra)。[3]沃格林对此问题的总结如下：

> 关于存在之体验的分殊化的成就正是依赖于对实在进行谐调(attunement)而逐渐获得的明晰性，它包括：存在之秩序这一实在同知识真理的谐调、存在(einai)同思考(noein)的谐调、存在之秩序的神性创造同人类借由对自身存在的知识性整饬而参与其中的谐调。通过正当行为对人类与社会的整饬，是主宰了整个宇宙的整饬的一部分。[4]

如已经提到的，正人君子是伦理的创造者，正因为他同神性的**存在根基**得以谐调。[5]

沃格林对亚里士多德的论证和诠释澄清了几个至今仍然存在的问

[1][2] Voegelin, *CW* 6, p.168.

[3][4] Ibid., p.169.

[5] Ibid., p.170.

题,在此作为结论对其讨论比较适合。首先,“神性的此岸”(我们称为世界,或者存在之物的世界)的分殊化使我们摆脱了关于始基的问题。如果我们依旧坚持在时间开端的意义上追问世界的起源,我们已经将存在之秩序的实体化引入了已经存在的世界中。也就是说,“我们忘记了‘存在’和‘世界’并非实有,二者作为秩序性的关系从属于我们生存于其中的宇宙,一直如此”。这是因为关于始基的问题在对宇宙的前哲学的原初体验中才有意义,对于哲学性的分殊化已经失去意义。[1]

沃格林的分析所澄清的第二点,是不同符号化的“构型”的含义所具有的等价性或相似性。沃格林说,在神话的领域,世界与存在的问题

> 采取的是宇宙溯源论的思辨形式,在启示的符号化形式中它被设想为是能够从无中生有的神的创造物;在哲学中,它是作为世界中的存在的根基问题。哲学的新分化,伴随着对人对自身作为实体的体验,在他体验到存在秩序的同时,也体验到他自己的秩序同存在的秩序相协调。[2]

总之,开端的问题,也就是始基的问题,被哲学以一种将人类整合到存在之神性秩序的关切重新定位,而这种整合要通过人类“最神圣的”部分(即属人的理性)同神圣**理性**的谐调。

理　性

沃格林 1977 年的论文《理性:古典时代的体验》本质上是对前文所讨论的第三种“复构”的详细论述。他以几点基本内容为开始。首先,

---

〔1〕 Voegelin, *CW* 6, 172. 在《忏悔录》XI.12 中,奥古斯丁提出并抛却了一个类似的问题:上帝在创世前做了什么?他诙谐地回答:他在为那些问出这类愚蠢问题之人准备地狱。

〔2〕 Voegelin, *CW* 6, p.172.

尽管**理性**(*nous*)是人的一个组成部分,但是其发现——是柏拉图和亚里士多德将其发现为人类灵魂中的秩序之源,以及“其经由语言符号的分殊化和表达,是一个历史性的事件”。[1]诚然,沃格林说“**理性**的发现将历史分为‘之前’与‘之后’”,这并不是启示录意义上的,而是作为一个新的有意义的历史纪元的意识。尽管这一发现以及它从宇宙原初体验的分殊化至关重要,也正因为理性一直都是人性的组成部分,它的在场(不论是否已经分殊化)“没能避免社会秩序陷入他们(哲学家)所努力对抗的失序”。[2]换言之,个体以哲学行动对抗失序是一回事,建立一个有序的政制是另外一回事。

为了平衡对抗的时刻,沃格林引入了另一个意象:“显亮”(*luminosity*)。作为一个常见的隐喻,我们说某物是明亮的当是它由内部发亮,而不是从外部照亮。就人类而言,我们可以说意识能够有意向地“点亮”世界的现象,通过使自身朝向某一对象或现象;或者作为沉思性的意识或“统觉”(区别于有意的感知)而“发亮”,这种统觉是意识对实在的参与,且反思性地意识到自身的参与。如我们在上一节引用沃格林的话,它是关于存在与思想相谐调的内在明晰性。‘显亮’与‘对新纪元的意识’这两个术语彼此巩固,鉴于一旦人意识到了**理性**,或者历史地说,“一旦人性对它的秩序敞亮”,就不可能重回过去;“人不可能由这一发展而来的有意义洞见退回到更含混的体验与象征模式”,原因不言自明,人类存在的显亮被体验为真理,而且对人类生活在真理中的关切变得极为重要,甚至是迫切的[3]。人类依旧关切是否生活于真理中,就此而言他们仍处于因努斯的发现和表达而敞开的纪元中。

自从对失序状态的对抗开始(自然正当的分析就是一个例子),哲

〔1〕 Voegelin, *CW* 12: *Published Essays, 1966—1985*, ed. Ellis Sandoz, Columbia: University of Missouri Press, 1990, p.265.

〔2〕 Ibid., p.266.

〔3〕 Ibid., pp.265—266.

学家们——确切而言，就是苏格拉底、柏拉图和亚里士多德——直接体验到一股“力量”使得他们得以对抗失序，这股力量被他们称作**理性**（努斯，nous）。的确，亚里士多德概括性地将人类的特征总结为有理性的动物（zoon noun echon 或者 zoon noetikon）。这一《伦理学》中著名的“个人”描述被沃格林所扩展，包含了《政治学》中人作为政治的动物（zoon politikon）的特点，他又发明了一个全新的术语，历史的动物（*zoon historikon*），用以体现人类“历史性”的特点。进而人类的**理性**具有三个维度：个人的、政治的与历史的。沃格林将包含三种维度的理性称之为人类的“特有本性”。不过，另一方面，“人不是由**理性**所整饬的脱离肉体的灵魂。通过他的身体，他参与到了动物性和植物性的有机实在，以及质料的领域；且在他的灵魂中他不仅体验到了朝向秩序的理智运动，还有情感的拉力”[1]。这个当然是我们所熟悉的亚里士多德的描述，即将人类视为复合的（*syntheton*）存在，沃格林对此补充道，这一加诸人类特性的“复合的”本性使得人性有可能具有“整全的”特点。

这一人类的“整全”本性由以下两者构成：包含个人、政治、历史的秩序三维度的智性灵魂，以及人在存在之等级结构中——从灵魂中“最神圣的”部分（努斯）一直降到物质——的参与性实在。这样一个对人类的多方面理解构成了沃格林对亚里士多德主要在《伦理学》和《政治学》中所作分析的修正，亚里士多德称之为 *peri ta anthropina*，即关于人这个类的研究[2]。

哲学家体验到的实在，是处在“不安状态”或“不稳定状态”中的生存。这并不是恐惧的问题（这一情感动物也分有，至少关系于特定的导致恐惧的情境），而是意识到人类并不是自我创造的、自主的存在，人类并不能从自身之内找到其生存的起源与意义。这种不安感存在于人作

---

〔1〕 Voegelin, *CW* 12: *Published Essays, 1966—1985*, ed. Ellis Sandoz, Columbia: University of Missouri Press, 1990, p.268.

〔2〕 Aristotle, *Nicomachean Ethics*, EN, 1181b 15—16.

为生物的实在所具有的生死的限制之中，但是生与死也是一种神秘，而对于动物而言并非如此。人类追问关于实在的一切方面的意义，包括生与死；以古典的方式来说，他们“惊异于”包括他们自身在内的所有实在的终极根基（或者原因、基础）。于是，人类不只是活着的存在，即动物，而是能够追问那值得追问的关于人之为人的地位的问题的动物。如果这对于人类本身是真实的，那么它就对于任何时代的人类皆是如此，而不必去管哲学家只是在特定的时间里发现了这一点，因为追问性的意识并非只有他们具有，而是为所有人都具有。在承认尚未得到完全分析的前提下，遵循之前的用法，我们能够将努斯的发现称之为意识的一个更为分殊化模式所取得的成就。

在柏拉图的《泰阿泰德篇》中，依然可以感受到从前哲学的向智性意识的“转化的震惊”。[1]文中苏格拉底说“哲学的起源就来自”惊异（*thaumazein*）。一代之后，对于亚里士多德而言，这种震惊已然消逝，他在《形而上学》第一句就宣称“所有的人都渴望求知”[2]；我们应当强调的是所有的人，而不只是哲学家，此处“所有的人”并非是在人口普查意义上的所有的人，而是说，这个哲学家对《泰阿泰德篇》的回应已然成为人类的代表。

再者，亚里士多德重申了柏拉图的观点，认为通过惊异人类得以开始进行哲学思考，正如那时的他们所做的。最初他们惊异于一些明显的疑难，例如日月的变化，接着是关于更大的问题，例如星辰，然后是关于万物（*tou pantos*）的起源。当一个人惊异时，是出于对无知的不容置疑的体验，以及他对此的“不安”。有时这种对无知的体验在意识中是足够“显亮的”，以至于能够被理解为反映了关于生存意义的更为深刻的无知。

亚里士多德继续说，某些人表达了这种对无知的体验以及一种不

---

〔1〕 Plato, *Theatetus*, 155d.
〔2〕 Aristotle, *Metaphysics*, 980a22.

安感,这种不安乃是试图理解对无知的体验以及无知者在神话的语境下表现出来的无知。相应地,他说,“爱神话者(*philomythos*)某种程度上也是爱智慧者(*philosophos*),因为神话由惊异所构成”。[1]而在某种意义上爱神话者也并非爱智慧者,因为在哲学中用来表达对惊异体验的语言更加“条理清晰”。[2]体验和符号化的条理性,或者更宽泛地说,分殊化和紧敛性,并不影响我们整全的人性结构的同一性。

但是,一旦意识到符号有效性的体验之源来自灵魂,它便的确影响那些更为紧敛、更少条理性的神话符号的有效性。在后来的条件下,追问生存之意义和根源的人,同这个人意识到的**神性根基**的问题均被追问,此人“将神人之间的相遇融入追问的体验,而当他在相遇中获得了意识的显亮性与结构时,他又再度出现”。换言之,对于哲学家而言,对不安感的追问或者对生存之意义(或存在的神性根基)的探究已然包含了某种回答,因为人“是被他所探寻的**神性根基**驱动而探究这一根基”。总之,“这一根基不是空间上遥远之物,而是神性的在场,它在不安感和求知欲的体验中得到显明”。[3]

对哲学的这种理解意义重大。首先,哲学不是一些被神秘地分发给某些人的理念或观点,仿佛他们处于另一个世界而自称为哲学家。而是说哲学同时作为主动的和响应式的追求,这来自对产生于最初在被动的人类灵魂中唤起了好奇的神性源泉的不安感和惊异感的追问的体验。吊诡的是,哲学的体验作为探究是主动的,而作为对超越了灵魂活动的源泉的回应则是被动的。而且,灵魂意识到自身(或者用沃格林的意象是“变得显亮”)主动移向根基,而根基作为推动者在灵魂中却是被动地被体验到。

这一**根基**可以通过“经由否定(*via negativa*)的沉思性上升之路”被

[1] Aristotle, *Metaphysics*, 982b 15—20.

[2] Voegelin, *CW* 12, p.269.

[3] Ibid., p.271.

理解或被领悟。如前文所言,**根基**不会在尘世的现象中得以发现,也不会在享乐的或甚至政治的行为中被发现,而是“超越了这个世界”所包含的现象和目的。[1]换言之,人类是无知的,但我们既然明白自己的无知,就并非全然无知;然而我们从来也不会达到彻底的自我意识。在尘世之物和它们的源泉或意义之间的来回运动,被沃格林称作神人之间的相遇,它构成了一个沃格林称之为“人类面向存在的**神性根基**之张力”的“意义单元”。[2]总之,如果我们始于惊异、困惑和无知,我们也因而开始了对理解和知识的探求。这一超越了单纯惊异的运动是被人类意识所引导,我们领悟到我们的生存来源于我们之外的**根基**,这是我们发现实在之为可理解的第一步。[3]

沃格林接下来讨论了灵魂的多种病状,特别是斯多葛学派——尤其是西塞罗——的论述。它们的确很滑稽,因为它们看上去很现代。原因当然是它们都源于拒绝灵魂向追问探索敞开,也不允许灵魂自身的兴趣超越于尘世事物和活动。结果是(以斯多葛学派的符号来说)脱离了实在以及对于实在的渴望,这是自身导致的无知,拒绝了在最初的惊异不安感中在场的神性的导向。灵魂中不安感依旧在场,但是由于缺乏导向,而朝向多种可以被预料到的偏离方向滋生。[4]

结　论

灵魂中智性意识的发展,尤其是在亚里士多德的哲学中,阐明了人性的全部范围。它是历史中的一个事件,而非一个观念或者某一传统

[1] Voegelin, *CW* 12, p.272.

[2] Ibid., p.273.

[3] 例如,就此而言迈克尔·波兰尼谈到“不言而喻”地知,和“不言而喻”的知识。在我看来,这等同于著名的苏格拉底对无知的意识,这一意识既非纯粹无知也不是知识,因为知识排除了一切无知。

[4] Voegelin, *CW* 12, p.276.

的开端。“他们在认识上不断显亮的过程中,智性地阐明了对于生存的不安感的体验”[1],就此而言,亚里士多德所发展的语言符号是真实的。这一努力接续了诗人们同他们的神话,而诗人们接续了那些对我们而言不知名的人,他们不论如何在探询人性和**神性根基**二者关系时也在努力将人性符号化。哲学的不同在于它首先阐明了这种探究自身的结构,它开始于对不安感的追问,接着是作为追问者推动力的神性努斯的发现、在追问中发现相伴关系的体验,以及意识到(或“显亮”于)灵魂在尘世现象及它们意义之间的运动的意义。

这些关于理性的洞见是通过当时对个人和社会失序状态的哲学性对抗而获得的,就历史意义而言,我们还要加上今日的失序状态。对人性的哲学性理解的成就并非一种用以防止在实在的结构方面出现的个人、社会或历史的失序的预防性措施,而是一种新的“关于存在秩序的批判性意识”。[2]这就是前文所言的对于新纪元的认识。

据说,在生命的尽头,亚里士多德曾说道,“我越是孤独,就越成为一个爱神话者(*philomythoteros*)”。[3]因而这位哲学家的根本体验从未完全超出更早时期由神话形成的体验。

---

〔1〕 Voegelin, *CW* 12, p.287.

〔2〕 Ibid., p.288.

〔3〕 Quoted in Voegelin, *CW* 6, 356. See also Werner Jaeger, *Aristotle: Fundamentals of the History of his Development* (Oxford: Oxford University Press, 1962), 321 fn 1. The original is found in Valentin Rose, ed., *Aristotelis qui ferebantur Librorum, Fragmenta* (Leipzig: Teubner, 1886), Frg. 668; and another translation in *The Complete Works of Aristotle*, ed. Jonathan Barnes (Princeton: Bollingen, 1984), Vol. II, 2461—2462.

旷野、城邦与迷宫

——沃格林《秩序与历史》的三个地标

潘易植*

引　言

1938年，身为犹太人的埃里克·沃格林被迫流亡美国，并着手写作《政治观念史稿》。与其对话者列奥·施特劳斯一样，沃格林不断地逾越当时的学科分界，这一行为使得其《政治观念史》大大超出了原定的"简史"的篇幅，长达数千页。然而《政治观念史稿》的写作计划并未被完成。在旅居法国期间，柏格森等人的思想显然给他留下了深刻影响，人类生存的经验以及这些经验所孕育的符号逐渐成为其关注重心。1949年雅斯贝尔斯《历史的起源与目的》出版，在此推动下，沃格林于1951年在芝加哥大学冬季学期开展了之后以《新政治科学》为名出版的讲座。于是沃格林开始了所谓的"范式转变"。作为这一转变的主要见证以及主要成果，1956年，沃格林出版《秩序与历史》第一卷《以色列与启示》，第二、第三卷也在之后陆续出版。

---

* 潘易植，中山大学哲学系硕士生。

“历史的秩序来自秩序的历史”[1]这句话提纲挈领地出现在第一卷序言的第一行，表明了这一新的工作的研究方法与研究目的：沃格林试图通过对历史上出现的主要秩序类型的研究——这一研究将沿着秩序的符号表达追溯到其原初的经验——最终达成对“历史的秩序”的理解，也即通过对历史中具体秩序类型的研究而获得关于秩序本身之真理的领会。这一点使沃格林旗帜鲜明地站在了历史主义与相对主义的对立面。在沃格林看来，每个具体社会都承载着构建秩序的责任，并赋予其中的人类共同体之生存以意义。由于社会也是这一存在的一部分，理想的社会秩序无非意味着存在秩序的“合拍”：“生存是对存在共同体的参与；然而，人们发现它是不完美的参与，是由于缺乏与存在秩序的适当合拍而产生的对于生存的不当处理，包含着从存在堕落的危险，这些发现的确是可怕的，它们迫使人们以激进的方式重新定位生存。”[2]

在人类历史的最初时期，人们将存在秩序把握为宇宙论式的：这种存在秩序体现在日月星辰、一年四季的自然节律中。在此，社会秩序同样在一种循环的框架中被理解。以此人们试图界定社会秩序与存在秩序的关联，这种界定方式被沃格林称为“宇宙论秩序”。然而在沃格林看来，真正的存在秩序是超验的，它不属于这个宇宙，而是来自一种超越宇宙的神性实在。这并非意味着神国的秩序可以成为人间秩序的榜样——这样的构想将神拉回了宇宙论秩序之中。所谓的“超验秩序”不是一种与人毫无关系的彼岸秩序，它所道说的恰恰是人与彼岸之间的关系：它将人导向与世俗生存断然有别的神性实在。因此，与超验秩序的合拍，并非是让社会依据某种既定的编次而被组织起来，而是说要将人与神的关系置于奠基地位，在这之上人与人的关系才得以可能。

---

[1] 沃格林：《以色列与启示》，霍伟岸、叶颖译，译林出版社2010年版，第19页。
[2] 同上书，第50页。

对这一真理的把握，在人类历史上意味着“存在的飞跃”，在以色列即启示，在古希腊即哲学。自此之后，将超验的存在秩序恰当地加以道说——也即加以符号化——成为了生存于不同社会之中的人们的共同目标。这一使命落在个体身上，而个体将立足于其生存经验对神性实在进行回应，并构建出分殊程度各有不同的秩序符号。重要的根本不是关于秩序的观念如何发展——在“观念史”中，这种被当做研究对象的观念从一开始就被假定具有超越具体社会的有效性，为此这种“观念史”的研究总带有独断与教条的色彩——而是这种观念所源出的经验，而这些经验通过符号表达出来。因此，沃格林的历史研究最终奠基于一种意识哲学，这种意识哲学不是精神分析式的对“潜意识”或“集体无意识”的分析，而是更接近于胡塞尔和海德格尔的现象学。那种被天降大任所选中的个体，用海德格尔的话说，生存于一种“本真”的“存在领会”之中，这一领会决定了个体自身之所是。原则上，凡是生存着的任何人都将有可能成为这种个体，但随之而来的是心智之苦与身之空乏。

“神与人，世界与社会形成了一个原始的存在共同体”[1]，人并非观看，而是参与到存在共同体的戏剧之中，这是他所无法拒绝的严肃的游戏。在《秩序与历史》中，这一存在共同体经常被放置在一种张力中：一边是地上的世俗生存，另一边是超验的神性实在，后者可能来自天上或是深渊。而在地上的世界中，世俗生存的主体又可以被区分为承载着符号化使命的个体与世俗共同体中的其他人群。由此，沃格林构建出一种发生在“神与人、世界与社会”之间的鲜明的空间性。

因此，通过沃格林关于人类历史，尤其是经验史的论述，我们辨认出几种不同的地标。这些地标形象地出现在人类历史进程中，并体现为事件或是场景，但它们本质上并不仅仅意味着某一特定的境况，而是意味着一种普遍的结构。在这个意义上，这些地标构成了人类历史性

---

〔1〕 沃格林：《以色列与启示》，霍伟岸、叶颖译，译林出版社2010年版，第40页。

的居间(*Metaxy*)生存的场所。借助这些地标,沃格林试图阐明人类历史——准确地说是人类在其历史性的生存中所具有的对神性实在的经验,以及他们所构建的符号的产生、发展、消亡与畸变。在这一过程中,这些地标也成为了沃格林思想发展的关键节点:我们将看到,在前三卷的写作告一段落之后,顿笔十余年的沃格林如何在第四卷中扭转了原定的研究计划,从而揭示出一种新的、但依旧与前作保持紧密连续性的结构。作为沃格林思想的最后高峰,这一结构意味着沃格林在人类历史中辨认出来的最终的地标。

我们可以看到三个地标:前两种地标分别对应着第一卷中的"旷野"与第二、第三卷中的"城邦"。在前三卷中,沃格林将那些对宇宙论秩序的突破称为"存在的飞跃":人们挣脱浑然一体、终始循环的神话叙事,并意识到一种更为超越的、不属于这一宇宙的神性实在,后者作为超验的存在秩序将成为社会秩序的正当性根源。在第一卷所述的"旷野"中,以色列先后两次走向"逃离",一次是摩西带领以色列民族出走埃及,并在旷野中与上帝立约;另一次是以利亚独自在荒漠中承受启示,沃格林将此看做以色列的自我逃离。在古希腊哲学家柏拉图那里,个体灵魂向作为秩序来源的神性实在开放,它将通过哲学揭示出城邦的理想秩序,并且要求将其实现于城邦之中。但在个体与城邦之间充满着复杂的纠葛与张力:早期柏拉图将返回城邦视作哲学家的严厉义务,而晚年柏拉图放弃了在具体的城邦中实现善的理想,将其保留在学园的哲思与对话之中;而对于亚里士多德而言,城邦依旧保留着作为秩序典范的地位。

正如沃格林在前三卷隐约透露,而在第四卷正面指出的那样,"旷野"与"城邦"并非那种一旦发生便永远起效的事件。在沃格林那里,它们进入了本质性的交织,最终体现为人类历史性存在的两个面向,尽管两者有着诸多类同,但前者更多是对作为超验的神性实在的向慕与求索,后者则是对当下具体的世俗生存的体认与回应。而两者的交织所指向的正是第三个地标的含义。

旷野与先知

在以色列关于超越的存在秩序的经验历史中，《出埃及记》中的旷野是一个无可取代的地点。在以埃及为代表的近东宇宙论帝国秩序中，政治被视作与宇宙秩序合拍的小宇宙，通过政治的参与，人也参与了宇宙论秩序的创建本身。这种宇宙论秩序如此顽强，以至于无论是王国更替的动荡还是诗歌中所传达的超验经验，都无法将其突破。在此，一个叫做摩西的人将带领他的人民脱离埃及的宇宙论秩序与法老暴政的双重统治。对于摩西而言，埃及成为了死者的国度，然而：

> 这种冒险是靠运气的，因为从地狱的出走起初只是通向了让人举棋不定的旷野，旷野介于同样令人不好受的两种形式之间，一种是游牧的生活，一种是在一个高级文明中的生活。因此，在地狱和出埃及之上必须再加上旷野作为这种历史困境的符号。在这个"世界"上，也就是说，在这个诸帝国盛衰的意义就像是一棵树的枯荣，以及波浪在永无休止的溪流中起伏一样的宇宙中，它不是一种特定的而是永恒的历史生存的困境。通过与宇宙秩序相合拍，那些从奴役的监牢中出来的逃脱者无法找到他们想要找寻的生活。当精神突然迸发时，宇宙论形式下的社会就变成了地狱、死亡的国度；但是当我们开始出埃及，并且徘徊在世界中想要在别处找寻一个新社会的时候，我们发现的世界乃是旷野。当我们停下来以便发现我们超越世界之外的意义之前，这种逃离无处可去。[1]

---

〔1〕 沃格林：《以色列与启示》，霍伟岸、叶颖译，译林出版社2010年版，第184页。

这段话并不能意味着，在宇宙论秩序与启示之间存在着一个旷野一般的信仰真空地带——在旷野中，人们与神的照面并不是真的如此突然，这样一个旷野因此显得有些可疑。旷野经验从一开始就不是单纯地对宇宙论秩序的逃离，在这之中发生的游移与背叛，以及摩西确立律法权威的立约，成为后续几个世纪中以色列人生存方式的预兆。这个旷野不意味着神之下的自由，一方面宇宙论秩序的阴影始终拖曳在这些奔向光明的出走者的身后，另一方面为了应对这些出走者之间正在形成的瓦解倾向，原初的关于神性实在的经验不得不借助一种畸变了的教条性的符号。

在旷野这一地标中，摩西是真正的意义核心。摩西(Moses)这一姓名与图塔摩斯(Thutmosis)或阿墨西斯(Ahmosis)这样的埃及名字有着关联，而“摩西”这个成分意为“儿子”。沃格林认为，正是因为这一以色列的创建者之名带有太多的埃及意味，因此《出埃及记》中才提出一种希伯来的解释：“她给孩子起名叫摩西，意思说，‘因为我把他从水里拉出来’。”这一措辞表明了摩西对以色列的拯救，如马丁·布伯所说的那样，它犹如将以色列从埃及的大水中带出来。但摩西“埃及之子”的身份依旧保留了相当程度的宇宙论气息。在《出埃及记》的一段插曲中，耶和华试图杀死摩西，沃格林认为，这不得不被杀死的“正是寄身于摩西的那个埃及人，也就是神原来的儿子，以便使神的新儿子得以确立。”[1]与摩西一样，旷野中以色列人得以成为其自身，但在这一原初环节中已存在对这一被指定身份的抵抗，“以色列人出埃及的高潮部分，也就是新的神意安排经由立约而被实际确立起来，根本不是一个欢乐的结局，而正是人类永无休止地背叛和回归他们在神之下的现在的生存秩序的开始。”[2]

---

〔1〕 沃格林：《以色列与启示》，霍伟岸、叶颖译，译林出版社2010年版，第543页。

〔2〕 同上书，第566页。

旷野经验并非实际发生意义上的历史，沃格林并非是在对《出埃及记》做文本上的解释。通过史学考证，沃格林指出，这样一个具体的出埃及故事以及这样一个具体的摩西形象，属于公元前9世纪左右先知群体的建构。通过对启示记忆的重现，他们希望重新将旷野经验引入当下的共同体生存，以便使人们拾回对神性实在的向慕。旷野在出现于《出埃及记》的文本中之前，首先出现在暗利王朝先知群体的意识之中。启示不断地为宇宙论秩序所困扰，并为世俗群体所排斥，这一情况最终展现在摩西与先民们的旷野之中。通过暗利王朝先知们的这一工作，摩西的旷野被建立为一个真实的事件。随着暗利王朝的政治日渐侵蚀耶和华秩序，先知们试图借助对摩西的回溯为其行动提供合法性。为此，摩西不只是一个引路人，他的工作不只是在神的旨意下将以色列带出埃及，他同时需要承担起立法的职能，从而与政治的立法者相竞争。因此，《申命记》中那个提出律法的先知摩西形象诞生了。这一立法者打破了以色列民族在神之下的直接生存，再一次地，摩西不得不成为法老，并不得不将耶和华的诫命改造为木乃伊化的律法，而旷野不得不展现为这样一个场所，在其中神性从获得伊始就处于持续不断的消散过程中。随着摩西被赋予了近神的权威，启示的真正意义已经被牺牲了，尽管这一举措本身的目的恰恰是保护启示。

从扫罗到大卫，以色列世俗事业的扩张带来的是耶和华秩序的不断瓦解，旷野经验中显现的超验之神逐渐降格为以色列的政治神。很多时候，世俗王国对耶和华秩序的尊敬来自后者对迦南地的允诺。这一允诺很快成为一种重负，阻碍着超验的耶和华秩序那种事关全人类的普遍性意义的释放，它被封闭在某一政权的世俗事业中并被宇宙论秩序所不断侵蚀。与此同时，以耶利米和以赛亚等人为代表的先知群体想要的不仅是从宇宙论秩序中将世俗生存夺回，使其重新回到耶和华秩序之下，同时还试图使其摆脱扩张的贪欲强权，转向一种依据圣约精神的共同体生活。他们试图摆脱“迦南重负”所带来的生存的压力，这种压力使得他们一再地呼唤以色列王国的建立。取而代之,他们发现自身的个体生存具备穿透集体生存之堕落的能力,并足以担当社会秩序的真正权威。耶利米与以赛亚以不同的方式离开了已陷入政治无序的以色列。从这里开始,以色列开始了从自身出走的痛苦过程。随着公元前 9 世纪以色列帝国的分裂,其世俗生存宣告终结,对摩西旷野的记忆并未使这世俗生存的无序得到缓解。耶利米和以赛亚的离开,在此时集成在先知以利亚那里。他被迫从以色列出走,但这种出走也带走了真正的以色列,其目的地是世俗共同体之外的充满神性的死亡与自由。这种从以色列自身出走的经验依旧发生在旷野,而其主角不再是一个民族,而是先知以利亚独自一人:

> 旷野中的以利亚是人类历史上最伟大的场景之一。出埃及的主题正贯穿其中——不过是以一种新的精神基调出现的。现在以色列和迦南已经变成了地狱;以利亚独自一人来到旷野,并没有带来一个民族。当在神之下自由生存已经遭遇失败,最后一次移民的时间就已经到来,也就是要进入死亡。当死亡迫近时——这死亡是神所决定的死亡,而不是绝望之死——以利亚与他的继承人下到犹大。在河岸上,以利亚拿起他的斗篷,卷起来击打水面。那水就分开了,如同红海在摩西和以色列人面前分开一样,以便他们可以踩着干地跨河而过。那就是跨进了最后的旷野及其自由。[1]

城邦与哲学家

旷野经验的复杂性表明,"存在的飞跃,在获得新的关于秩序之真理的同时,却无法获得全部真理,也无法建立一个终极的人类秩序。为

---

〔1〕 沃格林:《以色列与启示》,霍伟岸、叶颖译,译林出版社 2010 年版,第 481—482 页。

秩序真理而战的斗争并未休止，而只是在新的历史水平上延续。”[1]旷野并非超验秩序得以一劳永逸地实现的场所。旷野是开放的，这一点意味着神性实在将暴露在非真理的危险之下。那些非真理的因素主要来自世俗生存，在写作前三卷时，沃格林也倾向于将宇宙论秩序视作这种飞跃的阻碍物。在以色列的两次旷野经验中，摩西被宇宙论秩序所纠缠，而以利亚为代表的先知则更多地受制于世俗共同体的堕落与无序，两者既阻碍也刺激着“存在的飞跃”之普遍意义的释放。

在关于古希腊的第二、第三卷中，一种有关均衡的意识已经开始显现在沃格林的论述中，城邦的经验特征使他花费了更多笔墨在那些阻碍着“飞跃”的东西上。对于旷野中的以色列而言，超验秩序从未给予以色列人真正的安居，相反，安居是一种背离神性的诱惑，在动荡的年代这种诱惑就愈发强大，直至将先知们推至“最后的旷野及其自由”。与之相比，城邦中的希腊更为稳定，哲学家们并未试图在城邦之外的荒野上建立他们的秩序，他们的经验更为牢固地与城邦这一地理意义上的以及政治意义上的实体相绑定。这种绑定使他们对宇宙论秩序的瓦解显得缓慢，并且使其更为纠结地处于与城邦内的人类共同体的关系中。与以色列先知相比，哲学家的克制使得那些张力的剧烈程度有所减弱，但这丝毫没有减弱他们的精神焦虑：先知们可以出走，哪怕是从自身的生命中出走；但城邦对于哲学家而言依旧是一种无法最终逃离的东西——在极少数的时刻才会出现有关“野兽”的不祥符号——这是他们的庇护，也是他们的囹圄。

在哲学家之前，对于存在秩序的符号化由神话来完成，在赫西俄德那里，神话符号开始向形而上学符号过度：宙斯的狄刻(*Dike*)战胜了旧神并建立起新的神山秩序。然而赫西俄德始终是在世俗生存的领域中谈论着善恶，缺少以色列那种精神的紧张。但就其经验到世俗生活的

---

〔1〕 沃格林：《城邦的世界》，陈周旺译，译林出版社2014年版，第72页。

无序,并试图引入超验秩序这一点而言,他与以色列先知所从事的已经是同一种工作。之后,塞诺芬尼有意识地将其新神学与赫西俄德的新神话相区分,并进一步发挥了神学的普遍主义倾向。在塞诺芬尼那里,这种超验秩序意味着人类精神共同体的可能性:"一旦有所发现,它就有权要求每个人都在自己的灵魂中去实现它;人的分殊化和他的天性的发现,是社会权威的一个来源"。[1]城邦因此成为其精神呼吁的社会领域。这种普遍主义并未完全扩及为"人"意义上的普遍——这一扩展在其后的几个世纪中都以相当艰难的方式进行,就像在以色列的情况中那样——精神共同体的化身是城邦,普遍主义在这里首先意味着城邦公民的普遍性。对城邦秩序的反思从来未曾以一种超出城邦的视角来进行,在超验的存在秩序偶然照入城邦的几个瞬间,人们想到的并不是另一片土地,而是如何以之革新城邦秩序。

情况在巴门尼德与赫拉克利特那里有所改变。巴门尼德的"存在"是一个经典的哲学符号,它对应着人类一种名为"努斯"的官能。与此同时,赫拉克利特已将"灵魂"辨认出来,它处于追求智慧的过程中,并因其与智慧的这种关系而成为新的真理源泉。于是,"当把人性等同于在每个灵魂中共有的逻各斯的生命这种人的理念形成之时,城邦秩序就不再是无可置疑、终极的社会秩序了。"[2]苏格拉底之死使得柏拉图意识到唯有哲学家成为统治者,城邦的不良秩序才会真正得到修复,需要注意的是,哲学家并非只是秩序的求索者,他深备一种只有高尚灵魂才具有的爱欲;归根结底这是一种对智慧与秩序的爱,在这种爱的名义下,属人的友爱共同体也得以形成。这或许是柏拉图使用对话文体的一个原因:"对话是智慧秩序的形式,与演说作为失序社会的象征形式相对。它恢复共同的精神秩序,这种秩序因为修辞的私人化遭到

---

〔1〕 沃格林:《城邦的世界》,陈周旺译,译林出版社 2014 年版,第 261 页。

〔2〕 同上书,第 317 页。

破坏。”〔1〕

在《国家篇》中，柏拉图暗示了哲学家无法摆脱的“意见”困境，尽管朝向的是超验的善，但他不得不与恶同行，这种同行甚至变成了一种义务。在《国家篇》开始，苏格拉底从城市走下海港，对公共宗教崇拜表示尊重，在他想要回到雅典之时，他被拦了下来：

> 他已经走下来，现在他所到的深处使他成为人群中的一个，他们当然是友好的，但是凭着人数较多而有着一种玩笑式的力量的威胁，并拒绝听从放他走的劝告。在留住他的那个深处，他开始了探究；他在友人身上施加劝导性的力量，不让他自由地回到雅典，而是让他们跟随他来到理念城邦。路始自比雷埃夫斯的那个深处，不是回到马拉松的雅典，而是向前、向上走到由苏格拉底及其朋友们在他们灵魂深处建立的城邦。〔2〕

在这里，苏格拉底是一个救助者，他从城市走下港口，正如洞穴比喻中的哲学家走入洞穴。为了上升，哲学家必先经历下降的过程。但他所下降的“冥府”并非一个幽暗无序的场所：苏格拉底对众人说话时，他是在向着平等的灵魂说话，这些灵魂好像已经死去一般，因为只有这样才能经历精神的净化。然而“冥府”所代表并非净化意义上的死亡，同时还有现实意义上的死亡，那些将得到净化的灵魂处身于恶的黑暗之中。因此，随着他的下降，他将遭遇那些被他所爱着的、有望得到净化的灵魂，但他也来到了一个充满意见的世俗场域。所谓的“理想国”的构建并非纯然出于观念，相反，正当秩序正是借助对现实社会之无序的充分把握才建立起来的。对于哲学家所追寻的超验之善而言，世俗

〔1〕 沃格林：《柏拉图与亚里士多德》，刘曙辉译，译林出版社 2014 年版，第 62 页。
〔2〕 同上书，第 104 页。

之恶成为了一种结构性的元素。柏拉图对哲学家即将遇到的困难具有清醒的认识:哲学家并非是在获得真理之后才下行,而是来自下方的力量驱使他向上追寻真理。世俗的抵抗使哲学家陷入紧张,但哲学家却将其当做必经的下降之路。这绝非一种泰然下行的姿态:苏格拉底尚能欣然接受友人关于对话的邀请,而在城邦政治日益恶化之时,柏拉图逐渐感到这一下降之路的无望。

沃格林认为,晚年的柏拉图确实因政治参与的失败而心灰意冷,那种所谓的“共同的精神秩序”从城邦政治撤退至学园。这是一种更为彻底的哲学姿态:他拒绝赋予集体的政治组织以最终实体的地位,而理念只存在于学园中那些充满爱欲的个体灵魂。与此同时,柏拉图开始设想城邦之外的力量。在沃格林看来,这种更为彻底的与城邦相决裂的姿态,和以色列的第二次旷野经验如此相似,使得柏拉图比亚里士多德更具有哲学的纯粹性。“在柏拉图的作品中,我们感受到一种忧郁的紧张,这种紧张来自他想要实现不可能之事并恢复精神与权力之纽带的神权政治的愿望。在亚里士多德那里,我们感受到一种冷静和沉着,这种冷静和沉着来自他已经‘放弃’这一事实,如果我们可以激烈地表达它的话。”〔1〕

天下与迷宫

无论是宇宙论还是启示或哲学的秩序符号,两者都试图把握社会秩序与存在秩序的关联。但启示与哲学将存在秩序置于超验的维度,从而就与宇宙论的秩序类型相区别开来。沃格林显然是已经站在了启示与哲学的一边来谈论“存在的飞跃”,他相信以色列与古希腊的伟大就在于意识到世俗生存之上的神性实在,从而以不同的方式,各有侧重

〔1〕 沃格林:《柏拉图与亚里士多德》,刘曙辉译,译林出版社 2014 年版,第 333 页。

地道出了人类历史的真相：人类处身于世俗生存与神性实在的居间位置。宇宙论秩序同样是值得尊重的，因为它如启示或哲学一样属于人类用以表达秩序的符号。在此，第四卷中的主题不再是宇宙论秩序与启示或哲学的冲突，而是世俗生存与神性实在之间的张力——这一张力在前三卷已有体现，它表现为先知或哲学家个体所遭受的来自政治共同体的排挤与迫害。

在第四卷的开头，沃格林提出，这一卷背离了他在第一卷前言中的计划，并认为自己"未能充分考虑到那些重要的、不沿时间路线发展的、在历史中的意义路线"。[1]尽管《秩序与历史》的纲领——"历史的秩序来自秩序的历史"——依旧被沃格林所坚持，但是他已经调整了从"秩序的历史"中导出"历史的秩序"的方法。在沃格林看来，原有的计划将使得研究的篇幅变得极大：他需要追溯历史上按照时间顺序先后排列的有关秩序的各种经验以及符号类型，这一序列将成为历史的秩序。但或许再长的篇幅也很难实现这一计划，在第四卷中沃格林发现这种排序会因某些常态性的经验和符号类型而宣告无效。换言之，历史很难被置入一种单线叙事中。

因此前三卷中被认为是人类历史上开天辟地的大事的启示与哲学，此时需要被更为严格地限定在其各自的历史情境中，而无法作为历史单一路线上的里程碑。然而，这只是意味着沃格林将其论题的普遍性进一步深化：没有哪一种独特的历史事件可以一劳永逸地赋予历史以意义，但通过对"历史中的意义"的研究，我们发现每一种意义构建所从出的经验都具有相同的结构。这种结构因此超越了形态各异的社会类型，并且使得超越时空边界的"人类"得以可能。因此，启示与哲学并没有丧失他们卓越的地位，它们尽管不再是单线历史的转折点，却在平铺开来的历史中具有枢纽的地位。

---

〔1〕 沃格林：《天下时代》，叶颖译，译林出版社2018年版，第49页。

在第四卷中，沃格林阐述了启示与哲学这两种符号体系在希腊化时代的命运。除此之外，它们也成为了沃格林用以考察各种秩序经验与符号的基本参照。换言之，包括宇宙论秩序神话以及近现代对启示与哲学的畸变在内的这一切，甚至连同灵知主义以及纯粹世俗性的贪欲强权，都可以被放置在由旷野与城邦这两座地标共同标识出来的居间性视野中。启示与哲学已然被提纯为用以理解各种秩序经验及秩序符号的经纬线——正如沃格林在前三卷中做的那样，当它们应用于具体历史语境中的自身时，其结果是旷野与城邦各自的二度分化。通过前文所描述的旷野与城邦场景，我们可以看到前者更多体现了对作为超验的神性实在的向慕与求索，后者则是对当下具体的世俗生存的体认与回应。我们可以称前者为“旷野性”，而称后者为“城邦性”；或者，称前者为“启示性”，称后者为“哲学性”。但无论是以色列还是古希腊，先知与哲学家们都处于世俗生存与神性实在的张力中，在前往旷野前，先知们也曾争取过居住于城墙之内的权利，而城邦中的哲学家也在某些时刻向往法外的荒原。在这之外，旷野与城邦其实属于一切处于世俗生存之中，但却向慕着神性实在的人们所共同具有的经验特征。

人类的历史无法被归入一种单一叙事，因此无法谈论历史的起源、高峰或是终结，从而无论身处哪个时空之中的人类都不具备单独揭示真理的权威。在世俗生存与神性实在之间，历史被平铺开来，其中的所有人都处于同样的旷野或是城邦，他们无法在古代人或未来人、本国人或外国人那里获得解决自身处境之无序的方式。所有人都同样地朝向不可企及的神性实在，同样地生存于不可摆脱的世俗共同体，同样地处于一种充满张力的居间状态之中：

历史不是一条由人们及其在时间中的活动构成的溪流，而是人参与一条以终末为方向的神性显现之流的过程。因此，“人类历史”这一令人费解的符号化表达，道出了人的如下理解：尽管这些洞见

> 来自具体事件，出现于具体个人的意识中，但对所有人均为有效。历史过程，以及能在其中被辨识出的秩序，并不是一个故事，一个可以从开头讲起，一直讲到它的幸福或不幸结局的故事；它是一个奥秘，处于启示的过程中。〔1〕

第三个地标所要表达的不是别的，正是“启示性”与“哲学性”这两种本质经验的交织，它是普遍意义上的人类历史性生存的实情。前文所说，这种交织既发生在历史的各个阶段中并成为符号的经验基础，也发生在沃格林自身的思想之中——在最后，他不是单纯地对希腊-希伯来传统进行比较研究，而是将两大传统的精神印刻在其研究方法与历史观中。

我们可以将这一地标称作“迷宫”。这并非一个随意的词，我们用“迷宫”一词称呼这种空间构型，目的可不是通过强调其交织的复杂性而将其作为一个“未解之谜”草草打发。迷宫，或者说人与迷宫的遭遇，意味着两种不同的经验层面：对于进入迷宫的人而言，他同时经验到这一迷宫自身的回环往复，然而它并未彻底迷失，只要它还记得自己身处迷宫，而走出迷宫是他的最终使命；与此同时，这一身处迷宫的人发现自己并不孤单，他身处古往今来无数求索者的谱系之中，这一迷宫横亘在所有历史的所有人的意识之中，也正因其绝对普遍性，这一谱系中的任何人都无法为任何人提供帮助。“他们也不得不像我们一样以同样的意识面对同样的实在；在他们追求真理的过程中，当他们在不论什么材料上写下他们言语时，他们不得不提出和处理我们在写下我们的言语之际所面对的同样问题。”〔2〕

“虽然人堕落了，但是他注定要玩严肃的游戏。”〔3〕这是一个走迷

〔1〕 沃格林：《天下时代》，叶颖译，译林出版社2018年版，第53—54页。
〔2〕 沃格林：《求索秩序》，徐志跃译，译林出版社2018年版，第36页。
〔3〕 沃格林：《柏拉图与亚里士多德》，刘曙辉译，译林出版社2014年版，第281页。

宫的游戏,每一个以“人类”为名的存在者都将发现自己身处在这一迷宫之中。在迷宫这一新的地标中,我们可以重新辨认出前三卷中成系列的各种符号。我们从以色列的生存中攫取了旷野的意象,从古希腊那里攫取了城邦的意象,分别用以比喻迷宫最终那奥秘性的、位于中心的神性实在,以及作为漫长曲折的迷廊并充满迷失危险的世俗生存。迷宫这一地标所传达的核心经验是均衡:“只有当人接受作为无定负担的可朽时,他才能得以不朽。”[1]这种均衡来自启示的旷野性与哲学的城邦性的均衡。

这一迷宫是启示与哲学共同的建构,漫长而封闭的迷宫成为了人居于其中的城邦,他们隐约感觉到,其中心将是一处旷野。人们行走在世俗生存的无序之中,在不断迷路的过程中求索着秩序——这是他在身处迷宫之际就已经意识到的神性实在,正是这一存在将其安定的生存解释为一种需要被规序的迷廊。在穿梭于世俗迷宫之际,他想要最终抵达的出口是迷宫的中心,但出口的具体位置并没有被给定,连同这一出口背后的景象都处于某种奥秘之中。由于迷宫的特性,很多时候人们距离最终的神性实在只有一步之遥,但这或许意味着比原来位置更为遥远的距离——那些传达着经验的符号在分殊程度上各有不同,但它们并未因此而变得更接近真理。在这一迷宫之中,人们各自的求索轨迹加在一起,构成了人类追寻秩序的历史——这些追寻者当然也包括了旷野上的先知与城邦中的哲学家。

然而,这一作为严肃游戏的迷宫也完全有可能被背弃,在那些时刻,人们或是彻底地遗忘了神性实在,或是将其与世俗生存的关联斩断,其结果都是世俗生存失去了神性实在的照拂,在贪欲强权所导致的无序上越走越远。这种试图打破迷宫的均衡从而弃毁迷宫的尝试,与迷宫本身的存在一样历史悠久。某种程度上,这种弃毁的倾向根源于

---

〔1〕 沃格林:《天下时代》,叶颖译,译林出版社 2018 年版,第 330 页。

迷宫自身所隐含着的结构性紧张,也即启示与哲学之间的张力与冲突。均衡始终来之不易。而这也正是当今时代的秩序求索者们应当警醒的。“如果人们认识到,我们今天仍在与天下时代的各种意识分化所设定的问题搏斗,并且仍未取得最后的胜利,那么他们便可能感到,在过去的两千五百年间,并没有发生多少事。”〔1〕在这个意义上,天下时代并非意味着某一个历史阶段,而是意味着一个一直持续到今天的特殊阶段,它的告终之期无法被预料。

天下时代的时间范围从希腊化时代开始一直延续到罗马帝国的衰亡。毫无疑问,这个时代意味着原先相对封闭的共同体边界的打破,天下型帝国的建立不断扩张世俗生存的范围,倾向于将整个天下都纳入政治秩序的统治。帝国的理论家们试图用代表现实统治范围的普遍性概念来取代精神层面超验秩序的普遍性概念。因此,这种扩张同时意味着对神性实在的逃离。“最终,当足够多的生活在同一时代的人被赶入一个帝国,并为有关一个天下的虚构叙事提供支持时,这个集合而成的人类最终却表明,自己并不怎么够得上人类,除非他们作为神之下的人类的普遍地位得到承认。”〔2〕它意味着贪欲强权成为了全人类的唯一母题,并导向无节制的战争与屠杀。这种扩张不会停止,贪欲强权的军队追逐地平线展开攻略,但它最终发现这一天下呈现出球体形状,它永远无法抵达地平线的终端。与此同时,在现代人们已经发现了宇宙的无边无际。

在天下时代,与世俗生存的贪欲强权相对应的是灵知主义。如果说贪欲强权意味着无视秩序求索,那么灵知主义的目的则是取消求索的过程,径直宣布对神性实在的占有。此时一种自我中心主义占据了主导地位:人们误以为自己能将神性实在完全地符号化,并通过这种方

---

〔1〕 沃格林:《天下时代》,叶颖译,译林出版社2018年版,第443页。
〔2〕 同上书,第251页。

式掌握它。这也即沃格林所说的取代了神性显现的“自我显现”。由此而来的是两种不同类型的灵知:古代灵知主义者否认世俗生存的合法性,甚至试图取消世俗生存本身,遁入专属于个体灵魂的超验秩序;而以黑格尔为代表的现代灵知主义者,则是将世俗生存的全部环节,纳入据说已被他所完全揭示的神性实在之中。这两种灵知主义都意味着通过取消求索过程而取消迷宫;而无论哪一种灵知,由于放弃了世俗生存,它们都能轻易地与贪欲强权结盟:

> 灵知主义,无论是古代的还是现代的,都是死路一条。当然,这也是它的吸引力所在。魔法灵性思维让沉迷其中的人在面对不符合精神要求的实在时拥有一种优越感。无论这种沉迷是采取古代常见的自由意志论和禁欲主义的形式,还是采取现代的形式,沉迷其中的人都被免除了在宇宙中生存的责任。由于灵知主义用唯灵论或理想主义编织的光晕来包围人身上的权势欲,并且总能通过指出世间的罪恶来滋养它的正当性,所以,一旦魔法灵性思维作为一种生存模式进入历史,人们便难以预料它将导向何种有吸引力的历史结局。然而,就其拒斥在宇宙的诸般条件下进行的精神与理性生活而言,它是死路一条。[1]

结 语

在每一次论述的最后,我们都会习惯性地问:“这对我们而言意味着什么?”旷野与城邦,两者最终汇聚成迷宫这一地标,它跨域了时间与空间、意识与现实,成为普遍人类根植于世俗生存而朝向神性实在的居间场域。我们处于其中,沃格林本人也处于其中,他也不过是众多秩序

[1] 沃格林:《天下时代》,叶颖译,译林出版社 2018 年版,第 79 页。

求索者中的一个。回到一开始的那句话,“历史的秩序来自秩序的历史”,沃格林最终所揭示的“历史的秩序”以迷宫的形式呈现,其中的每个人都将根据其各自时空所赋予的使命去寻找合适的符号,通过对各自所经验到的神性实在的符号化来化解世俗生存的无序。沃格林的迷宫将我们陷于一种无告的孤立,但也将真正意义上的事件的可能性给予了每一个思考者与行动者,这种事件是那种一劳永逸式的单线叙事必然性所无法给予的。由此所带给我们的这种孤立也就意味着一种彻底的赋权。因此,它意味着以下这一事实:我们依旧两手空空地进行着对秩序的求索,但谁也不能说我们一无所有。

主题书评

公共—私人视域下的女性解放叙事

——读《公共的男人，私人的女人》

王　珏*

《公共的男人，私人的女人》是美国著名政治哲学家与女性主义哲学家让·爱尔斯坦成名之作。如其副标题“社会和政治思想中的女性”所示，该书有着鲜明的女性主义立场，但就其论域和思想关切而言，它实际超出了单纯性别研究视野，而提出了一个更深层的任务，即从人性深度重新审查私人生活与公共生活的界限，重新思考那些被限制在私人领域中的声音，那些被从公共领域中被剥夺的声音对构建公共生活，以及理解整全人类生活意义的重要性。围绕着这一任务，爱尔斯坦深入剖析了西方政治思想史与女性主题之间隐晦而本质的联系，将女性问题嵌入到私人领域/公共领域的总体图景中重新表述和思考。

从结构上看，全书分为两部分，也代表了该书两个相互关联的思想取向，一面是对西方政治思想传统的再阐释，另一面是指向未来的政治想象。而将传统与未来连接起来的是一些共同的关注。那些困扰西方

* 王珏，西安电子科技大学哲学系副教授。

传统政治思想家的公共—私人难题依然是当代女性主义者所必须面对的问题,比如公共—私人的界限何在,再如,私人生活与公共生活,究竟何者更为基本。爱尔斯坦极为敏锐地意识到,追问这些问题并不是要寻求某种终极真理,并不存在一个阿基米德支点,可以构架、引导和解决所有未来的问题;追问这些问题是为了探寻其背后的意义(meaning),并将这些意义理解为承载我们生存与行动的生活世界。这种基于生活世界的视角使该书在很大程度上摆脱了意识形态上的喧嚣,包括女性主义自身的一些教条,而直面"人类真实处境及其危险和可能性"。在笔者看来,这点正是这本书最具思想冲击力之处,由此也打开了与其他文化传统(包括儒家)在女性主题上深度对话的通道。我们会在书评的最后再次回到这一主题上,探讨爱尔斯坦研究视角对中国语境下女性主义研究,尤其是一种儒家女性主义话语构建的启示。

一、西方政治思想中的性别与公共—私人问题

第一部分"西方政治思想中的公共与私人形象"勾勒了从柏拉图到马克思以来关于公共领域与私人领域联系与区别的复杂叙事。起源于日常用语的私人与公共的区分沉淀了多重复杂含义,既有自然形成的,在最深层上与生命必然性联系在一起的一面,也有明显约定俗成的,带有社会文化塑造印记的一面。不同时代的思想家也并非在同一意义上使用"公共"和"私人",驱使他们为公共/私人划界的思想动机也往往差异巨大。考虑到所有这些分歧,初看起来,找到一个统一框架来收束所有讨论几乎是一个不可能完成的任务。

对此难题,爱尔斯坦的处理策略令人印象深刻,也在一定程度上也奠定了整本书的方法论基础。以一种令人回想起维特根斯坦的方式,爱尔斯坦主张对政治行动及与之相关生活方式的关切,始终占据着西方语境下公共生活与私人生活讨论的中心。围绕着私人—公共生活的

话语构建最终被还原对生活方式的审察,尤其是对如下可能性的考察:人们如何能与他人共同行动,追求一致的目的,追求一种有价值的人类生活形式,而后者在西方思想传统中就是冠以“政治”之名的追问。

从柏拉图开始,私人领域与公共领域的划分就首先是一个政治问题,涉及政治是什么,以及政治不是什么。决定政治生活形态不仅仅是政治的目的,也包括政治所致力于抵御的东西,“政治费尽心思地抵御着私人领域的拖拽,抵御着家庭事务的诱惑”。从这个角度看,柏拉图的政治哲学排除女性声音的根本原因是为了维护他心目中的正义政治秩序:在那里,具有公共精神的男人为了共同的目标进行统治,把国家变得像“一个人”似的,变成一个融合在一起的有机整体。对这一政治秩序而言,私人生活被看作是最大威胁,因为私有的婚姻关系,对家庭的忠诚和价值常常阻碍公民一心一意献身理想城邦,追求城邦的共同目标。

在柏拉图看来,防御这种风险,必须要求私人领域服从于彻底的政治化、理性化,以至于公共领域完全吸纳了私人生活中的关系、忠诚和目标。《理想国》讨论的那些乌托邦举措——如废除私人婚姻、家庭关系,儿童由城邦公共抚养——背后有着更为现实的政治动因,用爱尔斯坦的话说,这是落回到地上的柏拉图。

在评价柏拉图笔下的政治生活与女性关系之前,我们还需要区分如下两点:是否接纳女性进入统治者阶层,与是否容纳女性经验、女性声音进入公共领域是两回事。柏拉图经常被女性主义者看作是西方传统中对女性最友好的政治思想家之一,就其主张女人具有与男人相同的治理国家的禀赋,可以平等地担当护卫者的角色而言。然而爱尔斯坦敏锐指出,女性跻身护卫者行列所付出的代价,对真正的女性主义者而言,是不可接受的。这些女性护卫者实际上是以抽象的方式被挑选的,在接受终极的哲学话语而成为护卫者的同时,她也切断与自身性别身份的关联。在柏拉图的设计中,女人作为个体或许有可能作为护卫者进入到公共领域，但是**女性经验、女性处境、女性话语**永远不会被允许渗入公共话语，成为公共秩序的一部分，因为“护卫者的哲学话语在柏拉图那里是终极实在，对她[女性]来说却肯定是一种非实在”，在这个非历史的、永恒的公共领域中，“女人放弃了用处于历史中的声音对其社会经历(其过去的私人化)进行清晰描述的任何希望”。如作者所批评的，如此构建的公共领域在排斥多样性经验的同时，也压抑了任何真正行动的可能，包括从完满的女性经验出发的行动可能，而后者恰恰是爱尔斯坦最关心的问题。在笔者看来，正是对这个根本问题的始终如一的关注，引领着爱尔斯坦穿越了整个西方政治思想史的复杂图景。

第二个被考察的西方政治哲学家是亚里士多德。爱尔斯坦尤为赞赏亚里士多德的政治概念，即将政治看作行动的领域，以某种公共道德上的“善”为目标，为公民行动创造空间。“对政治而言，最根本的纽带是人们之间的互动和参与，这就是说最为重要的是公民参与到决定他们自身集体身份的过程中。”这种参与的图景为整个西方政治思想史打上了难以磨灭的印记，尤其是提供了一种行动的人(actus humanus)的视野，认为人的潜能只有通过“与他者在一起”的行动才能实现。

《公共的男人，私人的女人》的一个目标就是将这种参与的图景、公共行动的概念，行动的人的视野置入女性主义思考的核心。爱尔斯坦敏锐意识到亚里士多德的政治概念为女性主义运动敞开了一扇大门，但其中的思想门径尚未被主流女性主义理论所窥见，并且更重要的是，使亚里士多德主义服务于女性主义的目标，需要超越亚里士多德政治思想中的一些既定界限，特别是设定公共生活与私人生活区分的界限。

亚里士多德的政治哲学延续了柏拉图那里的二元分立，甚至在某种程度上，走向一种更彻底的二元论。女人被认为应该完全从属于家庭，她们虽然具有说话能力，但不具有理性思考能力，因而被排除在亚里士多德所认为的公共生活之外，被排除在亚里士多德式“善”的拥有者和实践者之外。

爱尔斯坦从根柢上对这种二元论提出了质疑:既然女人也是语言的使用者,那么凭什么女人由于被移入一个亚里士多德称之为话语全无重大意义的领域,而在方法论和政治上被迫哑口无言?相反,如果循着亚里士多德《伦理学》的思路,承认人不仅仅是天生的城邦动物,也是家庭的动物,家庭是人首先使用语言并对语言作出反应的场所,那么人们可以合理得出结论——虽然亚里士多德从未如此主张——**家庭从本质上使我们成为人类**。相应地,我们可以推想,更进一步结论是,将女性、女性话语排除在公共领域之外,排除在共同参与,共同行动之外,有损人之为人的潜能。亦即,这里受损害的,不仅仅是女性这一性别,而且也包括人类整体,或者说人之整全存在;这意味着,真正意义上的女性解放叙事同时也是关于人类整体的解放叙事。虽然作者在讨论亚里士多德的部分并没有将上述推论明晰化,但是笔者认为这里实际上隐藏着整本书论证的一条重要线索,值得读者特别注意。

在笔者看来,标题《公共的男人,私人的女人》中的"逗号"才是全书题眼之所在,逗号意味着"未尽",也意味着"分离"。逗号提示我们,在西方政治思想传统中公共领域与私人领域的关系问题依然是一个错综复杂的开放领域,并没有一个确定无疑的主导答案。大体上可以梳理出三条路线或者说三个相互竞争的方案:(1)要求私人世界完全并入或融入包罗万象的公共世界;(2)坚持运用源于私人领域独特视角的标准、理念和意图所支配的政治,从而使公共领域"私人化";(3)以对称或不对称的方式处理两个领域之间的连续差异或分歧。

柏拉图的政治哲学显然是第一条路线的代表。亚里士多德也可以被归入这一阵营,就其认为私人领域作为必然王国是公共领域(自由王国)的功能性前提条件而言。第二条路线来自基督教的挑战。爱尔斯坦将基督教给西方引入的道德和观念上的转变,称为"翻转过来的亚里士多德"。首先被翻转的是公共领域与私人领域之间的界限与关系。一方面,公共领域被缩减到最低限度,人生终极目的和意义,以及人类在这世上的天职不再归属于凯撒权力的范围；另一方面，私人领域，即希腊秩序里的“渺小”领域，被提升到曾经只属于“自由”领域的重要程度和荣誉高度，成为新的基督教共同体不可或缺的一部分。如果说原来的城邦政治是排他性的（女人、奴隶被排除在外），新的基督教共同体则对所有人开放，因为所有单个个体的潜能在上帝眼中都是一样的，女人也作为平等成员被接纳。更重要的是，通常被认为是属于女性的工作，女性经验成为新的共同体的道德基础之一，“那些多数情况下与她作为母亲的活动相关的品质受到称颂，因为它们与生产和维持人类生命相联系；有一种对无助者、易受伤害者和弱者的责任伦理；还有温顺、仁慈和怜悯”。

作为“翻转的亚里士多德”，基督教不仅将日常生活神圣化，而且由此开启了以私人生活批判、限制、反抗公共权力的道德视角。而“道德反抗公共权力”的观念在古希腊思想中是付诸阙如的。这一翻转的直接结果是，家庭从无声的、隐匿的阴影处走出来，成为城邦的基础或开端。

对基督教视域下重构的公共领域/私人领域关系而言，奥古斯丁是一个里程碑式人物。在奥古斯丁看来，公共领域与私人领域并非是泾渭分明的两个领域，相反，在“家庭”中有城邦的开端或者城邦的要求，而且每个开端都显示了一些关于它自身目的的内容。因此，家庭与城邦、公共与私人并不作为不同的类型或种类而彼此分离（如亚里士多德所认定的那样），相反，它们作为整体的不同部分有机结合在一起，正如家庭中服从和统治的和谐秩序与城邦的和谐秩序紧密相连。

路德将在圣奥古斯丁那里已经开始的“向私人世界的返回”推向彻底，以在分崩离析的世界中，抓住救赎的最后之路。对路德来说，公共世界绝不会成为人类认同之所在，而且也不会是人类能在其中为有道德价值的共同目标一起行动的地方，路德的公共自我失去了行动之名。路德转而赋予私人领域以更大的分量，基督教家庭是人类存在的中心，人们在由牢固的感情纽带、责任和信守承诺支撑的私人生活舞台上学习同情、仁慈和关爱,并学习服从权威。

但路德的方案中并没有什么切实可行的策略或途径,可以用来阻止公共领域与私人领域的分崩离析。在爱尔斯坦看来,路德的情况更像是替代政治或身份政治的一个实例,“私人价值、紧急状态以及身份认同开始完全优先于世俗领域中公民对公共事务的参与”,并在许多方面已经预示了现代人的政治困境。

并非偶然的,在路德关于世俗权力的文章中,人们已经可以瞥见霍布斯式利维坦的身影,公共世界中巨大的而且令人不寒而栗的无人格存在。换言之,在路德的世界图景中已经隐藏着进入现代的入口。随着路德同时代人——马基雅维利斩断了政治行动与基督教道德的联系之后,力量(force)而非合法权威置于政治蓝图的中心,并由开启了现代世界的政治图景:政治是围绕着权力、武力和暴力构建的。当马基雅维利用武装的人民国家替代亚里士多德的由公共规则和理性统治的男性公民,用意志代替德性,他实质上弱化了私人领域对公共领域的批判和制衡作用,也将被接纳入基督教共同体中的女性再度排除出公共领域。

如果说在古希腊图景中公共领域与私人领域之间的差异还只是一道裂隙的话,那么在马基雅维利的图景中,这道裂隙已经扩张为裂口。裂口的一端是遵循权力与利益逻辑的无人性的公共世界,而裂口的另一端,温柔、同情、宽恕和感动等私人领域的德性游离于公共规则之外,却被期望去柔化公共世界那冰冷的(但却必要的)无人性。然而难题是,断裂的、遵循不同逻辑的两个领域如何还能保持有益的相互作用?事实上我们将看到,当公共与私人之间的裂痕扩展为裂口之后,所有社会纽带和社会关系都受到了损害。

如何应对这种断裂给社会生活带来的压力,成为现代政治思想无法绕过的问题。爱尔斯坦主要讨论了两条应对路径:自然主义路径与理性主义路径。家长制或父权主义代表了自然主义路径,把家庭政治化，把国家家庭化，以此来连接公共—私人、自然—习俗，以及家庭—政治。如爱尔斯坦敏锐观察到的，家长制的世界通过抹煞公共与私人的界限来弥合两者之间的断裂，来调和政治中的唯意志论与私人领域的自然主义，并没有真正解决问题，毋宁说制造出新的困境。如果所有的关系和行为，包括那些我们最为亲密的关系和行为，就其本质而言都是政治的，那么任何真正的政治行动和政治目的都不可能存在，因为我们不能从任何事物中将政治区分出来。

另一条理性主义路径——即自由主义传统——试图用一组新的、冷静的、中立的和“科学的”词汇来重构公共和私人秩序的基础。霍布斯激进的唯名论就是这种“科学的”词汇的代表，这种唯名论要求一切复杂的政体都要被分解为最简单的部分，人与人之间的关系也被消除了任何内在的本质，相反，一切都是契约性和人为的。家庭中的孩子就像霍布斯国家中的臣民一样，在恐惧的威胁下同意接受绝对的统治。由此，霍布斯的“科学的”术语导致了对个体话语能力的普遍压抑，不只是对女性，也包括公共领域中的男性，公共领域与私人领域的关系陷入去道德化的大沉默中。

在爱尔斯坦看来，自由主义的公共话语受制于两大问题：(1)公共语言游离于私人经验之外，或者说，公共语言有赖于私人世界对公众世界保持沉默；(2)“去道德的”效果论政治学话语会挤压私人领域，侵蚀家庭关系，按照契约模式重塑家庭关系，并使之变得粗糙不堪。并且爱尔斯坦警示我们，即使私人社会关系无法简化为契约的语言而不损伤其本质，即使女人抵制由市场语言主导私人关系，但是被侵蚀的过程已经开始了，并且正在我们的时代达到高潮。

不难看出，无论是自然主义路径还是理性主义路径都没有从根本上弥合私人领域和公共领域的断裂，相反，贫乏的理论本身就是危机的一部分，是秩序崩解的理论镜像。没有一种简单的途径可以走出上述困境，但是有些变革的思想尝试值得更多的注意。

爱尔斯坦重点考察了三位思想家(卢梭、黑格尔和马克思)——西方政治思想史中最大胆的三位作者——关于公共与私人的论述。三位思想家的共同点是赞成一种人性的社会理论(与古典自由主义社会契约论的抽象个人主义恰成对比),并都主张重构公共与私人的社会关系,以达到变革社会秩序的道德目标。尤其是在卢梭与黑格尔之间形成一个有趣的对比,形成了两条道路:面对现代社会道德困境——原子化个体 vs.利维坦式工具化的公共领域——我们应当选择从下到上(始于家庭)重建社会伦理政治秩序,抑或选择从上而下,遵循国家意志的重建?

卢梭代表了第一种可能性。他指出家庭秩序的基础并非律法、契约或所谓的神圣父权,而是爱与责任,父亲的权威也是自然责任的延伸;公共世界很大程度上依赖于有德性的私人领域,这种有德性的私人领域成为了未来公民的训练基地和私人价值的保护者。在卢梭的理论图景中,爱尔斯坦格外关注的问题是,如果缺少一个能够作为道德标准和公民效忠对象的国家(这也是作者诊断的当代社会的根本困境),那么什么还会成为道德行动的基础呢? 在此卢梭留下了一种可能性,在公共领域衰落的情况下,女性可以作为一种"替补"支撑起私人领域的价值和重要性,并进而为道德行为提供基础和目标。如我们在下文中所看到的,这种卢梭式的可能性还需要通过一种审慎的道德想象来丰富细节,而这一事业正是爱尔斯坦这本书所试图延续的。

黑格尔提供了对卢梭难题的另外一种解决方式,但同时也抹除了卢梭式可能性。黑格尔把家庭描述成一种自然伦理的共同体,但家庭的伦理基础不在其自身,而是来自家庭与蕴含于国家中的普遍性。公共领域与私人领域处于一种不对称的辩证法之中:一方面,私人领域只能通过与国家公共领域的联系而获得其意义和价值;另一方面,家庭不能通过任何重要的方式来定义国家。爱尔斯坦提醒读者,黑格尔的"国家"的地位类似于亚里士多德的"城邦",是"最终的和完美的联合",与家庭“渺小的联合”在类型上就根本不同。由此，黑格尔提供了一种解决卢梭难题的政治路径：家庭等一切“次要”的制度都是通过与国家间的中介关系而得到定义。但同时他也剥夺私人领域的独立性，在公共意义崩溃的情况下，私人领域也被剥去了存在的理由。爱尔斯坦认为，黑格尔的解决方案是危险的：当公共领域作为一种统一的力量和道德范式崩溃时，个体极易被个人主义所俘获，而危及人们建立共同的、社会的和政治的身份的可能性。因而，在卢梭和黑格尔之间，爱尔斯坦更倾向于前者，我们将在本文第三节再次回到这一主题。

对这样一条从古希腊到现代的思想之旅而言，重要的与其说是提供确定的答案，毋宁说是确认问题的复杂性。这种复杂性将帮助研究者摆脱了性别政治和权利话语的喧嚣，而得以停留在事物自身的脉络中，并始终以最根本的问题来定位自身的方向：公私领域的关系问题，以及女性在其中的地位和作用。以这种方式，爱尔斯坦创造性地将西方政治思想史与女性主义思潮关联起来。对女性主义研究而言，西方政治思想史不再是遥远的他者，或者仅仅批判的对象，而是成为真正意义上的对话者与同行者：困扰着哲学家的那些问题依然是女性主义者必须面对问题，甚至能否延续这场“古老而连续的对话”将成为女性解放叙事能否取得成功的一个关键点。也正是在这个意义上，爱尔斯坦主张，这种复杂性可以用作对当代女性主义话语进行批评和解释的标准。

二、当代女性主义话语及其缺陷

《公共的男人，私人的女人》第二部分首先致力于从政治意涵的角度来解释和批判女性主义话语，主要分析了如下四种：激进的、自由主义的、马克思主义的和精神分析的女性主义。笔者印象最深的是爱尔斯坦为每一种女性主义话语加上的小标题，比如“激进的女性主义：‘个人的即政治的'","自由主义女性主义:为什么女人不能更像男人?","马克思主义女性主义:为什么女性不能更像无产者?"。这些小标题以言简意赅的方式概括了每种女性主义话语内部隐含的政治诉求(无论这些女性主义者自身是否明确意识到),同时也暗示了这些女性主义进路的最大危险是再次陷入公共—私人生活建构的既有裂隙和陷阱中,一些在西方政治思想史上已经出现并被意识到的危机,即使也许还没有从女性意识的视角被充分探索。

以"激进的女性主义"为例。激进女性主义对男性的描述,在某些方面仿佛就是对厌女观念的倒置;其所憧憬的分离主义女性主义共同体(在其中女性可以过一种与男性毫无联系的生活)也在许多方面肖似它所反对的父权制,并陷入同一种性质的政治危机中。如之前讨论父权制时已经论证过的,"个人的即政治的",结果是取消公共领域与私人领域的任何差别,最终取消任何作为政治共同体根基和目的的政治行为,也挤压了培育真正政治主体的空间。爱尔斯坦用一种类似子宫的共同体来形容激进女权主义的乌托邦,其中个人的所有行为都是政治的,只允许一种公共身份,"除了加入所在群体的大合唱之外,再也不能说话"。人们可以合理怀疑,这种乌托邦能否承载真正的女性解放之路,抑或建立的只是另一栋集权主义大厦,女性在其中依然处于失语状态。

"自由主义的女性主义"路径也并未从根本上挑战自由主义在公共(男人)—私人(女性)领域之间设置的特殊断裂,而只是鼓励女性成为"角色突破者",离开家庭,突破入公共领域。这意味着自由主义的女性解放叙事只是自由主义框架下的一个阉割版本:女性进入公共领域的唯一方式,就是切断私人领域的关系,舍弃女性经验,成为"男人"。在自由主义公共话语中,女性缺乏一套语汇来描述自身实际社会关系和社会地位,也缺乏可以帮助她对自我及其世界进行提升性和反思性理解的词汇。结果使得自由主义视域下的女性解放之路面临着相互交织的双重危机:坍塌的政治空间与被侵蚀的私人领域。

《公共的男人,私人的女人》写作时代恰是20世纪70年代美国女权运动风起云涌之时,但是即使在当时,爱尔斯坦就已经敏感预见到了自由主义女权运动将面临的政治挫败。自由主义女性主义倾向于将个体想象成独立于其角色的自我的负荷者,仿佛女性只要勇于突破角色,和男性一样到公共领域中竞争,就足以谋求女性的解放,而无需真正变革现行的政治经济制度。在爱尔斯坦看来,这种个人主义、利己主义与角色导向的自由主义女性主义话语远未阐明一个有改革潜能的公共与私人理想图景,因而也无法支撑一个可以让所有女性都参与其中、赋能女性自我理解和自我成长的政治空间。理解了这点,就可以理解20世纪70年代美国女权运动走向沉寂并非历史的偶然。

2020年上映并受到广泛关注的美剧《美国夫人》很大程度上佐证了爱尔斯坦政治判断的深刻。这部剧追述了这段女性主义平权运动的失败历史,但难能可贵的,它并没有单纯代入女权或反女权的立场,而是切入自由主义女性主义政治话语的内部分歧与矛盾,比如,自由主义女权活动家傲慢的精英主义如何贬低私人领域及其中女性的角色和地位,将一种抽象的"自由"逻辑强加于所有女性身上,却无视不同个体的社会阶级、经济地位、生活经历上的差异,并最终导致幻想的女性政治共同体分崩离析。

"自由主义的女性主义"的弱点还表现在它所接纳的个人主义的、自愿论的自由主义术语难以把握家庭自身——作为人之为人无法外化的基本关系——的内在价值与意义,也因此难以为家庭建立起抵御公共领域功利主义逻辑侵蚀的屏障。如爱尔斯坦批评的,自由主义女性主义的角色观敉平了母职与其他社会角色(比如工作职位)之间的实质差异,不仅侵蚀了私人领域重要关系的意义,也过分简化了女性解放之路,某种程度上女性解放目标已经被弱化为仅仅让某些女性精英加入现行秩序,像"男性"那样去竞争。社群主义伦理学家桑德尔也作出了类似的诊断，家庭内的平等问题不可能仅仅通过保证男女选择各自角色的机会平等就得到解决；更大的挑战是，构想各种方式来重构家庭和工作之间的关系，让双方各自的善都获得其应有的社会承认和尊严，而这项工作需要公共话语的支撑。

在笔者看来，通过对当代女性主义运动局限性的剖析，爱尔斯坦聚焦于女性主义话语中的两个有共通性的盲点。而凸显和突破这些盲点就成为该书结论部分的主要着力点。其中一个盲点就是没有充分认识到私人领域中的问题与公共领域中的问题是紧密联系在一起，以至于必须将两者整合起来统一考虑，为重新安顿私人领域与公共领域提供一个条理分明的综合建议。相反，在处理私人—公共领域关系问题上，当代女性主义话语易于陷入如下两个错误方向：

其一，以激进女性主义为代表，倾向消除私人—公共领域中的差别，导致政治的私人化，结果陷入身份政治或替代政治的泥淖，即让私人价值、紧急状态以及身份认同压倒公民对公共事务的参与，绑架政治议程。如爱尔斯坦所观察到的，现代西方社会政治危机的一大表征就是“如果政治无所不在，政治就无处存在”。值得的注意是，这场危机的源头可以一直追溯到路德那里。这也提示我们，一种女性主义视角并不因为挑战传统的公共与私人（男性与女性）的边界就天然地具有“解放性”；相反，如果不能妥帖处理私人领域与公共领域的关系，它可能会与它所反对的东西遭遇同一种性质的政治危机。比如激进女性主义与它所反对的父权制实际陷入同样的政治私人化困境。这也是为什么爱尔斯坦主张当代女性主义话语必须与西方政治思想史发生关联，加入“古老而连续的对话”。

第二个错误的方向以自由主义的女性主义为代表，接受私人—公共的分野，但无视两个领域之间复杂的交互关系与相互作用方式，仿佛这两个领域可以毫无联系的分裂存在，结果却是残缺的私人生活与无力的公共生活的死亡双人舞。在爱尔斯坦看来，自由主义过分排斥私人领域,又很少承认政治本身通过不负责任的公共权力对私人领域及其中重要人类关系和人类价值的侵蚀,使得自由主义女性主义实际上加剧而不是缓解了私人领域与公共领域的断裂困境。

当代女性主义话语的另一盲点就是在构想一种女性解放叙事时,自觉或不自觉将女性看作是社会科学研究所呈现的空洞社会力量的抽象"产品",而不是具有完整人格的、生活世界中的积极行动者。比如,激进女性主义者追求一种非常"不真实"的自由概念,将女性形象固定在非此即彼的抽象对立上:受害者或胜利者,受压迫者或压迫者,被剥削者或剥削者。再比如,自由主义女性主义所主张的角色论,将女性身份看作某种表面现象,容易矫正也容易被丢弃。将具体女性主体抽象为被观察的客体,不仅会遮蔽女性真实的自我理解,更重要的是这种抽象会阻塞通向女性解放的现实道路。受制于这种抽象性,女性主义话语往往"描绘了胡乱幻想的未来,但从可怕的现在走向她们所提供的未来天堂的道路并不令人信服"。爱尔斯坦因而呼吁探索一种在自我理解中融入女性主体的女性解放叙事,探索女性构建公共与私人身份的方式与途径。

三、女性解放叙事及与中国的可能对话

爱尔斯坦提出的替代性女性解放叙事具有非常鲜明的个人风格,尤其是将之与当代女性主义研究及政治学研究的一般风尚相对照时。我想将之概括为两个"重要":"政治重要"与"家庭重要"。

初看起来,《公共的男人,私人的女人》这个标题在女性主义语境下并无太大新意。对绝大多数认同女性主义事业的研究者而言,"公共的男人,私人的女人"这一表达最直观含义就是传统政治思想中女性被压迫地位的表征,而对这一传统秩序的挑战某种程度上也构成了当代所有女性主义者共享的一个首要规则。爱尔斯坦虽然也分享这一针对传

统政治思想的指控,如该书第一部分的梳理所展现的,在从柏拉图到黑格尔的漫长历史中,绝大多数政治哲学家都倾向于将女性留在私人领域中,而将公共领域看作男性专属之地,但她真正深刻的地方在于,她同时指出真正的女性解放叙事必须嵌入到关于私人领域—公共领域关系的“古老而连续的对话”才能获得完整的意义,才能获得联结现实世界的真实基础。如果抽离出私人领域与公共领域交互作用的复杂背景,单单讨论如何将女性从私人领域中解放出来在大多数情况下只能带来危险的乌托邦幻想。这种政治幻想从抽象的概念来代替对女性现实处境的体察和关切,却缺乏有力的政治想象来从真正女性主体视角出发提供一个重建公共生活与私人生活的完整方案。

这也是为什么爱尔斯坦反对用厌女症等抽象标签来解释传统政治思想中女性缺席状态。因为这种简单标签更多只是一种情绪宣泄,代价却是阻塞真正的探究之路,阻碍一些重要主题在人类智识生活中的延续。真正重要的问题,并非女性被排斥到政治参与之中这一事实,而是这种排斥是在何种条件下发生的。聚焦于这些更深层的问题,也意味着,女性主义研究需要矫正自身政治漠然的倾向,而将一些长期被忽略的问题,比如公民身份观念以及政治共同体的秩序基础等主题纳入女性主义视角中心。

通过将女性主义与政治思想传统带入对话中,爱尔斯坦凸显了两者之间本质的不可切分的思想联系。我们或许可以效仿康德,将二者之间的关联表述为:缺乏政治视角的女性主义是空的,缺乏女性主义视角的政治学是盲的。虽然当代女性主义话语很少采用明确的政治思想形式,甚至追求“去政治化”,但只要它不是生活在真空中,它就必须面对政治的评判,“去政治化”本身就是一种政治立场;相反,缺乏明确的政治维度,将使一种女性解放叙事丧失现实的锚定,也难以洞见自身的政治局限性,而易于被时代的政治风气所裹挟,比如被身份政治或怨恨政治所同化。

作为硬币的另一面，剥夺了女性声音的公共空间被视为不完整的，有重大缺陷的。将女人的交流沟通隔绝于会饮和广场的公共演讲之外，造就了语言的巴别塔状态；当人们因为语言差异而不能彼此沟通的时候，就不能凝聚为一个真正的政治共同体。从这个角度看，从公共领域剥夺女性的声音——让一种性别几乎排他性地存在于公共领域里，另一种性别则幽闭在私人领域中——不仅是对女性的压迫，而且也是对整全人类生活意义的伤害，使得公共领域失掉一个重要的支撑点。

从爱尔斯坦的计划而言，打造女性主义视角与西方政治传统的关联只是第一步，最终目标是提供一种照亮过去，指导现在并预见重构未来的政治想象。这种政治想象以亚里士多德式政治理念对抗现代社会的政治漠然和政治衰落，以女性视角弥合私人领域和公共领域之间的断裂，并最终为重建私人生活与公共生活提供一套条理分明的综合方案。

在此，爱尔斯坦首先仿效的是卢梭。卢梭的公民概念拒绝政治的理性化、技术化和工具化(爱尔斯坦认为这也正是现代社会必须面对的深层道德危机)，试图为公共世界重建道德行动的目标，并为有德性的私人领域留下空间。就这些道德行动的目的并不在他那个时代已有的社会制度中存在而言，构架这样一种公民概念需要诉诸政治想象。

爱尔斯坦接受了这样一种道德想象路径，但强调想象要受到现有生活方式的制约。并且她比卢梭更明确要求，这种政治想象应当“始于家庭”，从对日常生活的救赎开始，从将不可剥夺的尊严授予重建的私人世界概念开始。

“在当代美国社会背景下讨论理想的私人世界，就是要讨论家庭。家庭在所有未来替代方案图景中都是关键，经常被改革和颠覆。”家庭也是爱尔斯坦的政治想象中最为高光的部分，在笔者看来，她对家庭重要性的强调甚至已经达到了西方政治思想传统所能达到的极限。

首先，她从人性论深度上论证，家庭关系和儿童抚育模式是建立人类社会性存在的前提,难以被非家庭关系大规模复制和替代。如果被剥夺与具体他者(父母或者其他担任照顾职责的亲人)建立有力的情感关系的机会,孩子将失去人类认同的能力,甚至将丧失他的整个人性,如人们在狼孩身上所观察到的。就此而言,爱尔斯坦批评亚里士多德以降的一个西方政治哲学偏见,即,将人仅仅狭隘理解为政治动物,而贬抑私人领域;相反,她主张私人领域(主要就是家庭)应该被看作人类行为、道德反思、意义创造以及身份建构的一个不可或缺的基础场域。

其次,她要捍卫一种家庭生活的理念,这种理念不仅避免重复女性历史上在家庭内受压迫和剥削的条件,而且更积极的目标包括维护家庭领域的内在尊严和目的。在此她指出当代女性主义话语当中一个常见盲点,即容易忽视公共世界对私人世界的强力入侵和贬损,而仅仅关注家庭内的压迫,甚至将消除婚姻家庭制度作为解决方案。这种盲点使得当代女性主义话语不仅不能抵御日益工具化、个人主义的公共领域对私人领域的侵蚀,反而加剧了家庭价值与家庭文化的衰败。这种状况也反证了该书的一个核心论点,一种真实的女性解放叙事必须深入考虑公共领域与私人领域相互联系、交互作用的方式,进而提供一个**重建私人领域与公共领域的综合方案**。

循着这条思路,爱尔斯最后提出了一种作为未来可能性的"伦理政体",来重建私人领域与公共领域。这种"伦理政体"将家庭作为公共领域的道德基础:家庭不仅是维系社会纽带、培育公民的不可或缺的场所,而且家庭自身的尊严和目的,以及由良好家庭关系所生发的对弱者的同情、关心他人、责任心等德性,适足成为公共领域和公共行动的一个样板,为之提供道德指引。爱尔斯坦用非常动人的笔调描述一种在公共领域中共同行动的方式,一种实践政治的方式:"将不可剥夺的尊严授予重建人类及其日常生活、政治义务和目的等各种理想,鼓舞非暴力参与的公民们组成了自己的队伍"。这种"伦理政体"一方面延续了亚里士多德式的政治理想,即将政治看作关于共同行动以实现人之潜能的技艺,另一方面又给政治空间的构建带来完全新鲜的气息，将公共世界拓展到包括所有人，女人、老人、年轻人和弱者，并在这些人的人性得以保障的平等基础上支持所有人。如爱尔斯坦强调的，“伦理政体”内部的公民是另外一种模式的英雄，不是武装起来的公民（如霍布斯意义上），不是把世界视为“已有的”世界历史领袖（如黑格尔所设想的），也不同于严格希腊意义上的公民（一群置身排他性“公共空间”的精英）。

不难看出，爱尔斯坦给出的“伦理政体”还只是一种可能性，一个细节不确定的框架。但某种意义上，对不确定性的包容也正是它的思想力量之所在。如爱尔斯坦指出的，如果有哪种女性主义是可以进行自我辩解的，那么这种女性主义就会习惯于对不确定性的需要，并致力于保持公共与私人生活之间的张力，因此这是一种有能力与差异共处，不会封闭自身的女性主义。这种开放性也体现为，爱尔斯坦的“伦理政体”与其他文化传统进行深度对话的能力。

在书评的最后，我将简短探讨一下爱尔斯坦与中国语境下女性主义研究的可能对话空间，并以此为切口尝试评价《公共的男人，私人的女人》的思想贡献。需要说明，这一评价更多是着眼于其思想潜力，尤其是对当代中国女性主义话语构建的启发，而不是奢求一个系统完善的总结（后者也超出了一篇书评的容纳范围）。

首先，我们需要看到《公共的男人，私人的女人》的最大贡献就是从主体的行动体验和自我理解出发，在传统认为彼此分离的领域——公共世界与私人世界，男性与女性，政治与家庭——之间建立起沟通的纽带，这不仅为跨时代，跨领域的交流奠定了基础，而且开启了真正**跨文化对话的可能性**。

爱尔斯坦否认存在着普遍主义的真理标准，仿佛经由它一切人类生活方式和目标都能得到衡量、检测和判断；主张女性主义研究不应该从普遍原则出发，而应该去考察社会历史处境中的话语实践，去考察这些话语实践如何影响着私人领域和公共领域的构建，及其中行动主体的自我认知与行为。这意味着，一种女性解放叙事只有将自身沉入话语实践的具体脉络，去承受传统的约束和负担，才能真实地想象一种替代性的未来。这也是为什么爱尔斯坦主张女性主义必须抵制非历史倾向，必须加入"古老而连续的对话"，因为"围绕着传统所进行的斗争(传统是什么，我们应该如何看待它)是重建公共与私人概念的核心所在"。

这种思想姿态有助于破除所谓跨文化研究中的"东方学"偏见。"东方学"偏见指的是在西方现代社会科学中广泛存在一个具有两面性的"二元一体"的概念体系，即把世界分为东方和西方两个部分：西方代表着新兴的、现代的、可为典范的，而东方则意味着古老的、传统的、待改造的。这种文化霸权也广泛存在于非西方语境下女性主义话语建构中，甚至构成对非西方社会而言的文化陷阱：西方被视为道德理论的提供者，而其他文化圈的人则是受害对象，她们需要被救援、被解放或使她们意识到自身处于"性别歧视""思想保守"的社会，而非西方文化传统(比如儒学)更多的是以批判对象，而非一种可行的女性解放之理论背景出现。

然而当爱尔斯坦主张以贯通过去与未来的、关注当下的时机意识代替了对普世真理的追求，她实际上已经在女性主义研究领域瓦解了"东方学"偏见的基础。在爱尔斯坦看来，从女性解放视角为当下社会设想另一种未来时，必须抵制抽象叙事的诱惑，而代之以在历史的脉络中探寻一条照亮过去、指导现代并预见重构未来的道路，换言之，通向未来的道路应当是"由一系列把我们与过去、现在联系起来的基本道德观念与禁令编制起来"。对中国语境下的女性主义话语建构而言，这意味着儒家应该成为思考女性解放的重要思想背景和资源，意味着打开一种未来儒学女性主义的可能性与必要性。虽然李晨阳、杜维明、张祥龙、罗莎莉等学者都已经在不同角度下触及了一种儒学女性主义的可能性，但让儒学女性主义真正成为一项可持续发展的思想事业，还需要进一步激发我们的政治想象力，而在这一方面，爱尔斯坦将会是最有价值的对话者之一。

其次，我们需要看到爱尔斯坦倡导的“伦理政体”与儒家伦理政治传统之间有着广阔、待探索的对话空间，比如都赞同政治是实现人类潜能的一种共同行动方式，因而必须以德性培育为目标，也都认可家庭在一种伦理政体中的基础地位，在这些主题上更深入的对话可以让我们对人性与人类生活状态(human condition)有更完整的认识。以全书的核心问题“私人领域与公共领域的界限与关系”为例。从儒家视角看，西方政治思想传统并未穷尽构建私人—公共领域的所有范式。无论是古希腊滥觞的以政治吸纳私人生活的范式，还是基督教语境下发展的以私人领域标准评判公共领域行为的范式，或是现代以后的公共—私人断裂范式，这三条路向都没有绕出西方二元论的思维方式：二元论就意味着二者必然会陷入层级关系中，只有一方能占据主导角色，并且从根本上而言，二者是可以脱钩的，无关系要先于关系。

相比于二元论，儒家更倾向于用内外来标画西方政治思想传统中的私人—公共界限，用阴阳来摹状性别关系，将关联的双方看作是相反相成的互补关系：二者是内在差异着的连续体，而不是二元对立的层级关系。相应地，在实际生活秩序中，儒家会认为与其将私人领域与公共领域看作是两个不同类型或种类的联合体(如我们在亚里士多德那里看到的)，两个泾渭分明的领域，不如将之看作是依差序格局展开的连续体，如一圈圈推出去的水之涟漪，不同圈层之间有界限，但这界限总是可伸缩的，而永远不会坍塌为一个裂口。

相比二元论思维体系，这种阴阳相生的思维方式和差序格局更易解释家庭如何可能在保持自身独立性的同时为公共世界奠定基础，而后者正是爱尔斯坦笔下“伦理政体”试图阐释的一种可能性。除了本体论语言上的突破，儒家视角还照亮了私人领域德性对公共领域的辐射关系，“天下之本在国，国之本在家，家之本在身”(《孟子·离娄上》)。这种德性角度上的“家国同构”思路对解决现代世界的问题依然具有巨大的政治启发力:“世界上既没有孤立的个人,也没有无个人的全体;现实上人类是生活在个体与全体的连接点上。……这种连接点,不能仅是观念上的,而须是生活现实身上的。而家庭则正是个体与全体之间的连接点”,“政治上只要顺乎这种自然……人民的问题、社会的问题,便由人民、社会在爱的鼓舞抚慰中自己解决了”。如果贬抑家庭,斩断爱的自然纽带,则易于滑入原子式个人主义状态,以至侵蚀共同政治行动的基础。而后者正是爱尔斯坦所诊断的当下最大的政治隐忧:“随着我们不断用私人愉悦和自私心性替代公共参与与对他人的义务,我们时代的危机就可能侵蚀我们拥有公民美德的可能性”。在此,儒家的政治推理思路与爱尔斯坦以救赎日常生活来应对西方社会政治危机的选择,有异曲同工之妙,颇多可以相互发明之处。如果能把这其中道理说清楚,将不失为儒学对世界文明发展的一大贡献。

最后,爱尔斯坦以恢复被剥夺的声音的政治诉求对抗身份政治和怨恨政治的裹挟,这种取向对中国当下女性主义话语建构的方向和途径具有更为直接的借鉴意义。爱尔斯坦一针见血地指出了身份政治——即将一个人的私人身份(比如性别)看作政治的唯一基础或政治上善恶的唯一决定因素——是政治衰落的表征,是一种现代社会病理学表现,是私人世界和公共世界普遍崩坍的后果,也是现代社会的最大政治隐忧之一。如果一种女性主义视角想要免于当下政治风气的裹挟,想要有真实的批判力量,那么它必须将自身纳入私人领域/公共领域的总体图景中加以考量。

在中国社会历史语境下,这意味着一种女性主义视角要超越狭隘的性别焦点,而扩展为系统重构公共—私人领域的计划,并以重建家庭(重构人伦规范性)为中心。具体而言,会呈现为双向的批判维度:一方面是批判包括家庭在内的旧制度对性别缺乏平等承认和尊重的现象,另一方面是批判由私人领域和公共领域的断裂而导致的对家庭价值和人伦关系的侵蚀,并与当下复兴儒教美德伦理传统,重建家庭的其他思想运动相呼应。从这个思路上看,一种儒学女性主义将成为公共儒学的有机组成部分。也许我们能从爱尔斯坦女性主义政治学中学到的最重要一课就是,一种真实的女性解放叙事必须沉入实际生活的脉络,以寻求从传统走向未来的现实政治空间,而围绕着性别身份、性别战争、极端女权主义的种种喧嚣只会阻断这条路径,并妨碍女性解放叙事从更宽广的社会政治语境中获得完全意义。

旧文重读

春秋传序*

程　颐

天之生民，必有出类之才，起而君长之，治之而争夺息，导之而生养遂，教之而伦理明，然后人道立，天道成，地道平。二帝而上，圣贤世出，随时有作，顺乎风气之宜，不先天以开人，各因时而立政。暨乎三王迭兴，三重既备，子、丑、寅之建正，忠、质、文之更尚，人道备矣，天运周矣。圣王既不复作，有天下者虽欲仿古之迹，亦私意妄为而已。事之缪，秦至以建亥为正；道之悖，汉专以智力持世，岂复知先王之道也。夫子当周之末，以圣人不复作也，顺天应时之治不复有也，于是作《春秋》，为百王不易之大法。所谓"考诸三王而不缪，建诸天地而不悖，质诸鬼神而无疑，百世以俟圣人而不惑"者也。

先儒之传，游、夏不能赞一辞，辞不待赞者也，言不能与于斯尔。斯道也，唯颜子尝闻之矣。"行夏之时，乘殷之辂，服周之冕，乐则《韶舞》"，此其准的也。后世以史视《春秋》，谓褒善贬恶而已，至于经世之

---

* 此文作于 1103 年，见程颐、程颢：《二程集》，王孝鱼点校，中华书局 2004 年版，第 583—584 页。

大法，则不知也。《春秋》大义数十，其义虽大，炳如日星，乃易见也。惟其微辞隐义、时措从宜者，为难知也。或抑或纵，或予或夺，或进或退，或微或显，而得乎义理之安，文质之中，宽猛之宜，是非之公，乃制事之权衡，揆道之模范也。

夫观百物然后识化工之神，聚众材然后知作室之用，于一事一义而欲窥圣人之用心，非上智不能也。故学《春秋》者，必优游涵泳，默识心通，然后能造其微也。后王知《春秋》之义，则虽德非禹、汤，尚可以法三代之治。自秦而下，其学不传，予悼夫圣人之志不明于后世也，故作《传》以明之，俾后之人通其文而求其义，得其意而法其用，则三代可复也。是《传》也，虽未能极圣人之蕴奥，庶几学者得其门而入矣。

有宋崇宁二年癸未四月乙亥，伊川程颐序

圣哲画像记*

曾国藩

国藩志学不早，中岁侧身朝列，窃窥陈编，稍涉先圣昔贤魁儒长者之绪。驽缓多病，百无一成；军旅驰驱，益以芜废。丧乱未平，而吾年将五十矣。往者，吾读班固《艺文志》及马氏《经籍考》，见其所列书目，丛杂猥多，作者姓氏，至于不可胜数，或昭昭于日月，或湮没而无闻。及为文渊阁直阁校理，每岁二月，侍从宣宗皇帝入阁，得睹《四库全书》。其富过于前代所藏远甚，而存目之书数十万卷，尚不在此列。呜呼！何其多也！虽有生知之资，累世不能竟其业，况其下焉者乎！

故书籍之浩浩，著述者之众，若江海然，非一人之腹所能尽饮也。要在慎择焉而已。余既自度其不逮，乃择古今圣哲三十余人，命儿子纪泽图其遗像，都为一卷，藏之家塾。后嗣有志读书取足于此，不必广心博骛，而斯文之传，莫大乎是矣。昔在汉世，若武梁祠、鲁灵光殿，皆图画伟人事迹，而《列女传》亦有画像，感发兴起，由来已久。习其器矣，进而索其神，通其微，合其莫，心诚求之；仁远乎哉？国藩记。

尧舜禹汤，史臣记言而已。至文王拘幽，始立文字，演《周易》。周

---

* 此文作于1895年，见《曾国藩全集》第14册，唐浩明修订，岳麓书社2012年版，第150—154页。

孔代兴，六经炳著，师道备矣。秦汉以来，孟子盖与庄、荀并称。至唐，韩氏独尊异之。而宋之贤者，以为可跻之尼山之次，崇其书以配《论语》。后之论者，莫之能易也。兹以亚于三圣人后云。

左氏传经，多述二周典礼，而好称引奇诞；文辞烂然，浮于质矣。太史公称庄子之书皆寓言。吾观子长所为《史记》，寓言亦居十之六七。班氏闳识孤怀，不逮子长远甚。然经世之典，六艺之旨，文字之源，幽明之情状，粲然大备。岂与夫斗筲者争得失于一先生之前，姝姝而自悦者能哉！

诸葛公当扰壤之世，被服儒者，从容中道。陆敬舆事多疑之主，驭难驯之将，烛之以至明，将之以至诚，譬若御驽马，登峻坂，纵横险阻，而不失其驰，何其神也！范希文、司马君实遭时差隆，然坚卓诚信，各有孤诣。其以道自持，蔚成风俗，意量亦远矣。昔刘向称董仲舒王佐之才，伊、吕无以加；管、晏之属，殆不能及。而刘歆以为董子师友所渐，曾不能几乎游、夏。以予观四贤者虽未逮乎伊、吕，固将贤于董子。惜乎不得如刘向父子而论定耳。

自朱子表章周子、二程子、张子，以为上接孔孟之传。后世君相师儒，笃守其说，莫之或易。乾隆中，闳儒辈起，训诂博辨，度越昔贤，别立徽志，号曰汉学。摈有宋五子之术，以谓不得独尊。而笃信五子者，亦屏弃汉学，以为破碎害道，龂龂焉而未有已。吾观五子立言，其大者多合乎洙泗，何可议也？其训释诸经，小有不当，固当取近世经说以辅翼之，又可屏弃群言以自隘乎？斯二者亦俱讥焉。

西汉文章，如子云、相如之雄伟，此天地遒劲之气，得于阳与刚之美者也。此天地之义气也。刘向、匡衡之渊懿，此天地温厚之气，得于阴与柔之美者也。此天地之仁气也。东汉以还，淹雅无惭于古，而风骨少颓矣。韩、柳有作，尽取扬、马之雄奇万变，而内之于薄物小篇之中，岂不诡哉！欧阳氏、曾氏皆法韩公，而体质于匡、刘为近。文章之变，莫可穷诘。要之，不出此二途，虽百世可知也。

余钞古今诗，自魏晋至国朝，得十九家，盖诗之为道广矣。嗜好趋向，各视其性之所近，犹庶羞百味，罗列鼎俎，但取适吾口者，哜之得饱而已。必穷尽天下之佳肴，辩尝而后供一馔，是大惑也；必强天下之舌，尽效吾之所嗜，是大愚也。庄子有言："大惑者，终身不解；大愚者，终身不灵。"余于十九家中，又笃守夫四人者焉：唐之李、杜，宋之苏、黄；好之者十有七八，非之者亦且有二三。余惧蹈庄子不解不灵之讥，则取足于是，终身焉已耳。

司马子长，网罗旧闻，贯串三古而八书，颇病其略；班氏《志》较详矣，而断代为书，无以观其会通；欲周览经世之大法，必自杜氏《通典》始矣。马瑞临《通考》，杜氏伯仲之间，郑《志》非其伦也。百年以来，学者讲求形声、故训，专治《说文》，多宗许、郑，少谈杜、马。吾以许、郑考先王制作之源，杜、马辨后世因革之要，其于实事求是，一也。

先王之道，所谓修己治人、经纬万汇者，何归乎？亦曰礼而已矣。秦灭书籍，汉代诸儒之所掇拾，郑康成之所以卓绝，皆以礼也。杜君卿《通典》，言礼者十居其六，其识已跨越八代矣！有宋张子、朱子之所讨论，马贵与、王伯厚之所纂辑，莫不以礼为兢兢。我朝学者，以顾亭林为宗。国史《儒林传》袖然冠首。吾读其书，言及礼俗教化，则毅然有守先待后，舍我其谁之志，何其壮也！厥后张蒿庵作《中庸论》，及江慎修、戴东原辈，尤以礼为先务。而秦尚书蕙田，遂纂《五礼通考》，举天下古今幽明万事，而一经之以礼，可谓体大而思精矣。吾图画国朝先正遗像，首顾先生，次秦文恭公，亦岂无微旨哉！桐城姚鼐姬传，高邮王念孙怀祖，其学皆不纯于礼。然姚先生持论闳通，国藩之粗解文章，由姚先生启之也。王氏父子，集小学训诂之大成，夐乎不可几已。故以殿焉。

姚姬传氏，言学问之途有三：曰义理，曰词章，曰考据。戴东原氏亦以为言。如文、周、孔、孟之圣，左、庄、马、班之才，诚不可以一方体论矣。至若葛、陆、范、马，在圣门则以德行而兼政事也。周、程、张、朱，在圣门则德行之科也，皆义理也。韩、柳、欧、曾、李、杜、苏、黄，在圣门则言语之科也，所谓词章者也。许、郑、杜、马、顾、秦、姚、王，在圣门则文学之科也。顾、秦于杜、马为近，姚、王于许、郑为近，皆考据也。此三十二子者，师其一人，读其一书，终身用之，有不能尽。若又有陋于此，而求益于外，譬若掘井九仞而不及泉，则以一井为隘，而必广掘数十百井，身老力疲，而卒无见泉之一日。其庸有当乎？

自浮屠氏言因果祸福，而为善获报之说，深中于人心，牢固而不可破。士方其占毕咿唔，则期报于科第禄仕；或少读古书，窥著作之林，则责报于遐迩之誉，后世之名；纂述未及终篇，辄冀得一二有力之口，腾播人人之耳，以偿吾劳也。朝耕而暮获，一施而十报，譬若沽酒市脯，喧聒以责之，贷者又取倍称之息焉。禄利之不遂，则徼幸于没世不可知之名。甚者至谓孔子生不得位，殁而俎豆之报，隆于尧舜。郁郁者以相证慰，何其陋欤！

今夫三家之市，利析锱铁，或百钱逋负，怨及孙子；若通阛贸易，圭货山积，动逾千金；则百钱之有无，有不暇计较者矣。商富大贾，黄金百万，公私流衍，则数十百缗之费，有不暇计较者矣。均是人也，所操者大，犹有不暇计其小者；况天之所操尤大，而于世人毫末之善，口耳分寸之学，而一一谋所以报之，不亦劳哉！商之货殖同、时同，而或赢或绌；射策者之所业同，而或中或罢；为学著书之深浅同，而或传或否，或名或不名，亦皆有命焉，非可强而几也。

古之君子，盖无日不忧，无日不乐。道之不明，已之不免为乡人，一息之或懈，忧也；居易以俟命，下学而上达，仰不愧而俯不怍，乐也。自文王、周、孔三圣人以下，至于王氏，莫不忧以终身，乐以终身。无所于祈，何所为报？已则自晦，何有于名？惟庄周、司马迁、柳宗元三人者，伤悼不遇，怨悱形于简册，其于圣贤自得之乐，稍违异矣。然彼自惜不世之才，非夫无实而汲汲时名者比也。苟汲汲于名，则去三十二子也远矣。将适燕晋而南其辕，其于术不益疏哉？

文周孔孟，班马左庄，葛陆范马，周程朱张，韩柳欧曾，李杜苏黄，许郑杜马，顾秦姚王。三十二人，阻豆馨香。临之在上，质之在旁。

附录

熊十力信札读后二篇

唐文明[*]

去与留

熊十力与其弟子唐君毅、牟宗三、徐复观等，为民国新儒家代表，在现代思想史上具有极重要的地位。近日读熊十力在 1949 年写给徐复观等人的书信，理解其处境，体会其心情，感慨生乎凝神冷思之际。

在 1949 年，对于这些服膺儒门的学人而言，走还是留，的确是个大问题。其时，身在广东番禺、年纪已经 65 岁的熊十力对于政治局势有冷静的观察。1949 年 4 月，发生了两件大事：国际上是北大西洋公约的成立，国内则是国共最后一次和谈。于此前后，南北分治之议甚嚣尘上，而熊十力始终怀疑其可行性。在 3 月 28 日写给徐复观和陈雪屏的信中，熊十力对国民党政府能否维持半壁江山心存疑虑，其论调则是一贯的高标、尖锐、任性："目前国内之局，如当道真能革心易面，另作良图，保持半壁，自是佳事。如心犹已往之心也，面犹已往之面也，欲收已

* 唐文明，清华大学哲学系教授。

溃之人心，而支此残局，绝不可能。则不如老实投降，无以战火毁苍生，较为心安理得。”

作为一名参加过辛亥革命的同盟会老党人，熊十力对国民党的基本心态是恨其不争，而又将“根本的问题”追溯至清末民初以来学风士习的浅薄不诚、精神无归。至于共产党，对其“图南”有“黄农虞夏之胄真完了”的担忧。这种政治立场和政治态度，在民国时期的新儒家那里非常典型。国民党声称孙中山、蒋介石是儒家道统的继承者，共产党则继承了“五四”以来激进的反传统主义，双方在文化问题上呈现出尖锐对立。也正是因为这一点，民国时期的新儒家在政治上大多是亲政府的，虽然其政治立场未必与国民党一致，且其言论仍能保持一定的独立性。

于是，走还是留，对于熊十力等人而言，既是一个涉及政治理念和文化信念的公共问题，也是一个事关个人出路、身家性命的个人问题。在这些书信中我们看到，熊十力和他的弟子们讨论过几种出走的设想：去印度、去中国香港、去中国台湾、去美国。去印度之议是由谢幼伟提出的，估计是考虑到熊十力在唯识学方面的造诣，拟在印度的大学为他谋求一教职。牟宗三在给熊十力的信中转达了这一提议，但这一提议似乎从未具体落实。去香港之议可能是牟宗三等人提出的，但熊十力不甚措意，认为香港并不容易住，只愿意在危急时考虑去。熊十力最不想去的是台湾，理由并不是政治上的，而是认为共产党肯定会攻打台湾，台湾肯定守不住。如在4月10日写给徐复观的信中，熊十力主要从安全问题考虑，劝徐复观不要把家眷送到台湾：

> 你眷赴台，吾觉不必。大战不能久延，轰炸不能避，城市离之半步，台人必加害，此必然也。即大战稍缓，而当道人心全失，台湾决不能固。兵败如山倒，古语可玩。胡适不留其间，他也聪明。日人似已在运动台人，前天报上有此消息。

此后的书信中,熊十力几次重申不愿赴台的意向,即使在 8 月同意赴台之议,亦是想以台湾为去美国的中转:“赴台暂时可安一会,将来或谋赴美教书,不知能否?若想安于台亦不可能也。”

虽然视共产党为洪水猛兽,以夷夏之辨的《春秋》大义看待 1949 年的变局,但对于留下,熊十力倒没有特别害怕,而是保持了一分内在的安定:“我就在此听天由命,亦无不可者。年已到此,拿定听天,心亦自安也。”熊十力和弟子们讨论过去上海、去重庆、去北京等不同方案,更是多次谈到想回湖北老家,有一次则说,若不能回乡,则赴台,其心境却是:“不如出游一番,随时随地死了算事。”

然而,疑虑乃至恐慌的时候总是有的。熊十力也多次谈到,如果留下,他必须考虑面对死的可能。如 8 月 13 日他写给徐复观、牟宗三、程兆熊的信中说:“吾欲嘱艮庸买点安眠药,留在身边,万一太不堪,即作了计。犹可忍当然忍住,候自然了结,别无可说者。”又如 9 月 7 日他写给张丕介、徐复观、唐君毅、钱穆、牟宗三的信中说:“中共既决定某国路线,民族之命难知。士者以亡以为乐,又何话说!老夫本可速了,但亦愿得苟全性命时,也如武侯之苟全,看看世事浮云苍狗之变。如义不容苟全,则亦自了而已。”最让人唏嘘不已的是 9 月 19 日他写给唐君毅、钱穆、徐复观、胡秋原、张丕介的信中所发的关于“世道至于无死道,而人道乃真穷”的一段议论,其弘道之坚定与内心之凄苦对比鲜明地跃然纸上:

> 世道至于无死道,而人道乃真穷矣。船山、亭林、念台诸公,或生或死于明季,皆易为。我辈今日,乃真无以自靖,老夫真苦矣!然老夫自定有不易之矩焉。将来学校不能容余说所欲说之话,而或容吾说其勉强可说之话,吾当教书,冀存一分种子也;如必迫吾说所不可说之话,则必不入学校,或饿死亦听之安之。如可容身社会,过苦日子,随大化迁,则亦无不可。如不容为此,则亦死耳!死为

自靖之事，当有义在。是则老夫所早自计，所必持而决不易之道也。

熊十力最终没有走。面对1949年的政治巨变，面对一个以彻底的反传统主义确立自身、主张全盘革命的新政权，他迟迟不行，最终留在了大陆，说不上是真正心甘情愿的积极选择，也说不上是完全无可奈何的消极承受。而他的弟子们大都选择了走：徐复观、牟宗三、唐君毅都走了，牟宗三更是恓惶，不得不舍下家人，孤身出走。后来的故事我们现在也都知道了。新的国家建立以后，熊十力又返回北大任教，也得到共产党当局的礼遇，也写出了一些新作品，然而他最后的形象还是定格在了1967年遭批斗之后的那个广为人知的情景：

批斗结束后，熊十力常独自到街上或公园，跌跌撞撞地走着，双泪长流，口中念念有词："中国文化亡了！中国文化亡了！……"直到实在走不动了，才坐到地上休息。

而他的弟子们，在港台经历了一段艰难困苦之后，也获得了较为安定的生活，在港台的大学里任教，教出了不少的弟子，写出了平生最重要的著作，成就了新儒家的学术事业，也为港台当地的文化提升作出了巨大的贡献。20世纪90年代末，有一次我去拜访周辅成先生，谈到1949年赴港台的这批民国学人时，周先生不无动情地说："他们到了港台，虽然开始时环境也很艰苦，但总还能放得下一张书桌，所以著作一本接着一本。我们留在大陆，则是一个运动接着一个运动，苟延残喘，乃至于今。"

对于今天的儒门服膺者，这种巨大的反差必然会引出一个尖锐而复杂的问题：应该如何重新看待1949年的大变局？这个问题之所以尖锐而复杂，一方面是因为我们知道了后来的历史，另一方面，作为生在新中国、长在新中国的新世代，我们不可能淡然地像一个旁观者那样对待建国后的这段历史。我们常常看到的，倒是在这个问题上的情绪两偏，乃至走向两个极端。一个极端来自一些被称为或自称为“民国范儿”的人，他们怀着强烈的痛与恨企图在对现代中国的历史理解中把共产党及其时代彻底否定。这种痛恨的情绪其来有自，也有其正当性，但由此种情绪笼罩而形成的历史理解既浅薄又不严肃。另一个极端来自一些被称为或自称为“毛左”的人，他们像红卫兵一样被人间天堂的幻象所蛊惑，逐渐进入迷与醉的状态，对新中国的历史毫无反思，连“文革”一起全部狂热地肯定，其中不乏对共产主义逻辑有深刻洞察者甚至以“文革”为最值得肯定者。这种迷醉有其病理学根源和思想史脉络，可恰当地追溯至现代以来肇始于西方、又获得中土文化资源的推波助澜而形成的政治弥赛亚主义，或者说是在中国思想界仍未经过彻底检讨的启蒙的辩证法。

如果轻易地否定和盲目地肯定都不是合适的态度，而是缺乏反思的表现，那么，理性的中道又在哪里？若从我们的情绪出发谈起，谁都无法否认，“文革”是我们集体记忆中的一种巨大的痛苦。我们要珍惜我们的痛苦，就既不能无视这种痛苦的存在及其意义，反过来，我们也不能让这种痛苦把我们的理智烧掉。在我看来，要具备比较健全的政治意识和文化意识，必须放在文明更新的宏大视野中看待现代中国的建立，必须意识到中国的意义，她过去是、未来也应当是一个文明的承担者，用著名政治学家亨廷顿的说法，中国过去是、未来也会是儒教文明的核心国家。无可否认，在走向民族国家的道路上，中国一直向外探索，逐渐从原来的主动学习变成了被动模仿，以至于经历了彻底的自我否定，其后又在自我否定与自我肯定的矛盾中挣扎、前行。如果说新文化运动意味着作为文明承担者的中国走向了彻底的自我怀疑和自我否定，那么，在民国新儒家身上，恰恰以最典型的方式体现出了中国文明的苦恼意识。由此我们可以恰当地定位民国新儒家的思想史意义：他们代表了在儒教文明的自我更新过程中中国文明的自我意识恢复的一个必经的阶段。

亨廷顿的重要性在于揭示出，在当今这个以民族国家为法权主体的世界格局中，如果一个文明缺乏一个核心国家，则无法获得真正的发展，更遑论文明的世界历史意义了。这里隐含的文化政治意识一言以蔽之即是文明与国家的互相需要。就这一点而言，构成我们肯定1949年的理由：辛亥革命以地方独立开始，意味着君主制中国的解体，到1949年建立了一个中央集权的、统一的新中国。也就是说，以文明更新的宏大关切看待现代中国的历史，1949年的建国行动是儒教文明复兴的一个必要步骤，是一个了不起的政治成果。因此，对于具有文明意识的中国人而言，特别是对于当下的儒门服膺者而言，政治成熟的一个标志就在于能否在文明更新的高度上充分肯定1949年的建国行动。

那么，那个尖锐问题的另一面又如何处置：一个儒门服膺者如何去肯定一个以彻底打倒孔家店而自我确立的政党国家？传统的夷夏之辨以其教化含义为首要，肯定这样一个新中国将置这一经义于何地？对此，我们仍能从文明更新的视野获得一个可能的解决。建立一个有文明担当的新中国，其前提是打破传统形态的旧中国。革命仅仅在这个意义上才能获得其充分的正当性。用尼采的话来说，只有重建才能为破坏提供正当性。这样，辛亥革命和己丑建国，都是一个文明国家自我更新的不同政治步骤，而政治的更新与文化的更新注定不能同步，因为政治的更新必然会受到旧有形态的文化的阻碍，从而必须将其破坏才能获得成功。换句话说，既然政治形态与文化形态紧密相连，政治更新必然意味着文化破坏，那么，文化更新也必然以旧的文化形态的破坏为前提，也必须考虑与新的政治形态相适应。这显然是一条从革命到重建的道路：革命是为了重建，重建并不是复古；或者从另一个角度也可以说是从疏离到回归的道路：疏离是为了回归，回归并不是守旧。

然而，这个可能的解决思路并不能够让我们感到轻松，很大程度上是因为中国的政治更新与文化更新到目前仍远未完成。中国的方向仍然是悬而未决的,无论政治上还是文化上。除了能够抱着文明的信念合理地期待之外,作为服膺儒门的学者,我们所能做的就是澄清我们应有的文明意识,深化我们对于世界历史的理性认识,而不是被一些迎合性的流俗之见所左右。在熊十力的书信中可以读到他对名士、名流的批评,我认为在当下仍有警醒的意义,兹录如下,与有识者、有志者共勉:

> 中国自汉以下有名士之风,一为名士,其学不求真知,其人全习世故,其行全是虚浮。顾亭林、王船山皆恨文人与名士,而船山骂之尤甚。盖船山亡国之恨,比亭林尤真也。吾眼见清代以来名流之造亡,故骂之毒。

> 吾敢断言,咸同诸公不同今人。而今之知识分子,无论为左为右,对根本切要之各大问题,同不注意,同不说半字。或空呼民主而外倚,或顺从危乱之政府,或漠然无感觉,一切不关心,还想现局可安,不会有事。北平学界如此,全国学界如此。

乱世儒行

现代儒学的开展以来自西方的哲学思考为主要方法,归属于遭遇古今变革的中国启蒙时代。既然现代儒学关乎现代中国人对本族历史、文化的理解与认知,那么,以哲学为其主流形态的现代儒学在思想界发生的巨大影响表明来自西方的哲学思考已然成为现代中国人自我认知、自我反思的一个重要工具。由理性全盘主导的这项诠释事业在直面轴心时代就已基本成型的儒教文明时可能会有圆凿方枘、龃龉难入的问题,这一点也不难想到。但如果意识到因西方的进入而带来的儒教文明与基督教文明的全方位相遇可能是中国历史乃至世界历史上的又一“大事因缘”,那么,就不会对这项诠释事业轻掷批评。而可以想见的常态则是,伴随着理解上的焦虑以及对比附的指责,诠释的张力将持续存在。

诠释的张力在直面那些“极高明”的超越性经验时可能表现得最为严重,既然在强劲的启蒙信念下理性的局限并不容易被认识到。实际上我们看到的是,在科学精神鼓舞下的一些哲学主张甚至倾向于否认那些超越性经验的正当性,遑论承认其重要意义。此一关乎超越性经验之形式与意义的问题自然不会逃出作为民国新儒家三先生之一的熊十力的法眼,而被他更为直接地表达为:本体只能靠体验来证悟,仅靠推理与言诠无法达至本体。对中国思想史稍有了解的人都知道,这并不是一个新问题,而是在古代早已呈现出来的一个老问题,究其原因,则在于人的超越性经验与人对具体事物的经验迥然不同,而此义无关乎古今。启蒙时代理性所获得的空前权威只是将这个问题加重了,而其极端表现,正是来自科学主义的那种想要彻底否认人的超越性经验之正当性及其重要意义的或公开或隐秘的企图。

在1945年前后给徐复观等弟子的一些信札中,熊十力仍言之凿凿地说明本体必须靠证悟的道理。比如在1943年的一封信中他就理气问题批评徐复观,欲引导徐复观以证悟之法读《新唯识论》:

> 理气问题,《新论》中卷有一段说得明明白白。先生或于体用,犹在若明若昧之境,故于此犹用猜拟耳。此义也,中西古今哲人,解者无几。哲学上纷纷之论,由根本义不透故也,而况吾子非专事于斯者乎!望将全书字字句句反复多玩,虚怀而后有悟,勿无意见。[1]

---

〔1〕 熊十力:《答徐复观》,见《熊十力全集》第八卷,湖北教育出版社2001年版,第472—473页。

熊十力一面说自己在《新唯识论》中已将理气问题“说得明明白白”，一面又说论体用关系只能“权言之”，其实仍是为了说明证悟才是探究本体的直截法门：

> 辟可以言体，是就体之显为用，而权言之也（注意权字）。辟固是理，翕可曰非理耶？体者，举翕、辟之浑全而言也。用者，即本体之显为一翕一辟者而言也。《新论》每云“体显为用”，或云“体成为用”。“显为”二字最吃紧，细玩之！……体是无形的，而显为用，则名一翕一辟。翕即幻似有形，假名为物。辟则是体之不舍其自性而显现者，故于辟，可以言体也。然一名为辟，便对翕言，便是就体之显为用而言，已不是克就浑沦的本体而言。故其名以为体者，权词也。[1]

以翕辟来论宇宙，可谓至简。而只能由用见体，表明人类的理性认知存在着根本的局限。思想史上这个“论体无达辞”的老问题，在新的语境中的不同之处表现在，现在所针对的主要是来自西方的、深受科学精神所鼓舞的哲学思考方式。如在 1947 年写给牟宗三、徐复观的一封信中，熊十力就非常有针对性地批评了罗素的“数理哲学之宇宙论”，认为其难免于“空肤”，原因则在于缺乏“深切体认工夫”。[2]在前引 1943 年写给徐复观的那封信的最后，熊十力则将批评的矛头明确指向了深受西方逻辑学影响而“把逻辑上的概念应用到玄学上来”的冯友兰：

> 今又有一种谬说。因为西洋人谈共相者，如方圆等等是共相，种种

[1] 熊十力：《答徐复观》，见《熊十力全集》第八卷，湖北教育出版社 2001 年版，第 473 页。

[2] 熊十力：《答牟宗三、徐复观》，见《熊十力全集》第八卷，第 499—501 页。在熊十力 1947 年写给徐复观、牟宗三的一封信中，“空肤”的批评被修改为“未见本源”。熊十力：《与徐复观、牟宗三》，见《熊十力全集》第八卷，湖北教育出版社 2001 年版，第 498 页。

方的物,或种种圆的物,便是自相。共相是一件一件的物上的形式,譬如许多大大小小、或漆的、油的、种种方的桌子,各个体(即自相)是实有的,而共相则是这些个体的物上所共有的相。此本是假的。西洋人谈逻辑者,却有把共相看做是一种法则;如方(共相也。)是一种法则,各个方的物,都是依此方的法则而成。有派颇有这种意思。而冯君把逻辑上的概念,应用到玄学上来,于是分真际、实际两界,把理说[成]离开实际事物而独存的一种空洞的空架子的世界。此真是莫名其妙,理又难言了。〔1〕

熊十力在民国儒学界成为开山立门的一派宗师,与他对证悟之法的强调有极大关系。他的弟子大多受到过他的当头棒喝。从一个敏感于时代处境的角度看,这一事件的意义在于,正是在科学获得空前权威的启蒙时代,证悟之法变得极其难能可贵了。如果不是这样,那我们将很难解释像牟宗三、唐君毅、徐复观等这些接受了现代高等教育、有深厚哲学、史学功底的现代学人,为何会如此服膺一个从普通的革命老兵半路转入学界的儒门狂士。

1945 年,《读经示要》出版。这是《新唯识论》之后熊十力最重要的著作。从 1944 年写给徐复观的一封信中,我们可以看到,熊十力在尤为强调读经之重要性的这段时期,其心境是悲苦的、晦暗的:

吾先父母皆早世,吾何忍说寿?况民生涂炭如今日耶?!其祝我为何许人?……国人素无知识,浮浅、卑靡、凡百无远虑。总之,缺乏真诚,不成为人。此清末以来教育之过也!吾欲讲经有苦意也。然而世既滔滔,天且梦梦,孰可与言斯事耶!吾每灰心欲一切不谈,然转念夫子之言曰:"吾非斯人之徒与而谁与?"吾又不忍不尽

〔1〕 熊十力:《答徐复观》,见《熊十力全集》第八卷,湖北教育出版社 2001 年版,第 474 页。

吾心也。[1]

在这封信中,熊十力从弟子欲为他祝贺六十大寿之议说起,直接向弟子吐槽"讲经有苦意",又提到自己感念于孔子"吾非斯人之徒与而谁与?"的自况而极力自我振作、自我提撕。而对于与此"读经之苦意"相关的国人之素质低下、缺乏真诚等劣根性问题,熊十力则将主要原因归诸"清末以来教育之过"。我们知道,在清末,严复曾以"始于作伪,终于无耻"八个字来概括他眼中由来已久的"中土之风",从而发了现代以来国民性批判的先声。在半个世纪之后,熊十力则将国民劣根性主要归诸清末以来的现代教育。将这两种看法加以对照不能不引起我们的深思。

细察之下,熊十力与严复一样,也将国民劣根性归诸秦以来的专制政治,只不过作为比严复小 31 岁的晚辈,他有更充足的机会反思启蒙时代自身的流弊。在 1949 年写给张其昀的一封信中,熊十力正是将中国人"萎靡无能与自私自利之个人主义"归诸秦以来中国所遭遇的历史"大劫运":

> 自秦人一统而专制,百家学绝,儒学精神始亡于秦。中国之大劫运也。曰辅相万物,辅嗣开宋学义[理]之端,而偏溺虚玄。至宋又益拘碍。《易》自秦以后成绝学,而五经之宏旨不可窥。孔学既丧,佛、道之教实浸淫于中国社会,二氏末流日敝而精意早失。此中有千言万语,兹不及详。中国人萎靡无能与自私自利之个人主义,自秦以后,渐养成之。今后,教育必于此注意。[2]

---

〔1〕 熊十力:《答徐复观》,见《熊十力全集》第八卷,湖北教育出版社 2001 年版,第 480 页。
〔2〕 熊十力:《答张其昀》,见《熊十力全集》第八卷,湖北教育出版社 2001 年版,第 535 页。

在1949年写的几封信中，熊十力屡次提到他的《正韩》一文。在那个风云突变的重大历史时刻，他的这一举动一定会被那些具有更现实的政治意识的人讥为迂腐。但坚持王霸之辨，倡导仁义之政，这种往往被政治现实主义者认为具有强烈复古倾向的主张，难道不正表现了一个儒者应有的本分？！

在儒门教理中，王霸之辨的基础是义利之辨。义利之辨是政治问题，也涉及个人出处问题。于是我们看到，在1949年写给张丕介、徐复观的一封信中，熊十力提到政治巨变后的可能处境，而他在忧惧之中表达出来的处变底线则是“苟活以不去义为主”：

解放后将何往？此吾所欲一商者。可苟活以不去义为主，义不可活方一了之。[1]

在同时期的这批书信中，这个在忧惧之中表达出来的处变底线与他对《周易》“参赞化育”的人文精神的高标阐发形成了鲜明对比，读之不能不令人生怀思之长想：

儒者道在六经，而《易》为五经之原，此汉人承七十子口说流传者。《易》之本体论及宇宙论，首明乾元始物，刚健不息。故有曰天行健，曰刚健中正纯粹精也。曰动而健，天之命也。曰变动不居，曰生生不测，未尝如二氏偏从虚寂处显道体，致令不善学者耽虚溺寂成自了汉也。（二氏者，道家、佛家。）其自天道以推之治化，则曰裁成天地，曰参赞化育，以视彼谈征服自然与利用自然者，不尤的宏阔远乎！曰富有之谓大业，日新之谓盛德，曰革去故也，鼎取新也，

[1] 熊十力：《与张丕介、徐复观》，见《熊十力全集》第八卷，湖北教育出版社2001年版，第595页。

何尝以消极与守故为人生常道乎？曰开物成务，则异乎老氏不敢为天下先之教；而西洋人革故创新之精神，反有合乎此。曰备物致用，曰立成器以为天下利，则科学对于宇宙乃发明与改造，皆自此精神出。[1]

在1949年写给张其昀的这封答书中，熊十力几乎回顾了自己一生的学思经历，对于我们描绘他的思想肖像颇有助益，此处不惜纸墨，分段长引：

吾自清光绪三十年即投身军队以谋革命，几遭不测。辛亥起义后默[察]北洋昏乱，党[人]气习又颇难言，深怀来日之忧，因此进而探研吾国民性之所由陶成。曾一度研史，而慨叹汉以后迄今将二千年，常为夷、狄与盗贼更迭为帝之局。号为盛世者，止汉、唐、宋、明四代。汉只西京差胜，东京已是乱局，五胡之祸胎于此。唐只太宗一世，其后藩镇，几皆夷与盗。宋代始终不振。明祖光复，业盛于宋，而卒覆于外朝。自后汉迄宋、明，抱民族与民主思想者，非无其人，而皆不得以其思想，倡诸当世见诸事业。黄、农、虞、夏之胄，长沦苦海。余实长怀此痛。鸟兽犹爱其类，何况于人！

吾欲究了吾国民性，乃不得不从哲学思想上探索。汉以后，所谓哲学思想，实止儒、释、道三大派。吾出[入]于三大派之中，而首欲改造本体论及宇宙论、人生论。于是乎续《变经》而造《新唯识论》(晋人称《易经》曰《变经》)，又欲[撰]《量论》，以成立吾哲学上之知识论。更欲别为一书，衡论儒、道、[佛]三家大要，与其得失之影响与吾社会者。继此，欲为《化道》一书，以儒家思想为主，参以

[1] 熊十力：《答张其昀》，见《熊十力全集》第八卷，湖北教育出版社2001年版，第534—535页。

法、墨、道、农诸子思想之略可征者，西洋思想亦当和会，以求至当备将来人类之需，非为目前作计。

余生而孤穷，少年极人世难堪之境。弱冠从戎革命，劳筋骨、饿体肤、行拂乱其所为。盖失学已久，及年三十五，始奋志好学。向学晚而用思苦，始患神经衰弱，漏髓日厉，不得写作。余年四十、五十之间，在杭养疴久，生活赖蔡子老设计为多。余病，冬时不可衣裘，外貌似好人，而实不堪劳损。六十后，年衰一年，文籍渐失忆。

《新论》语体本，抗战时付商务馆印行，而辞义间有须增损者，犹未及改定。《量论》且未及草，他更勿论。智小谋大，诸所欲造述，弗底于成。民三十六年，乡邦拟为印丛书，所列书名数种，自《新论》外，皆心事之散见者耳。《新论》语体本文字顺俗，然义旨宏远，非虚怀深研中国各派思想者，鲜有能窥其中之所蕴也。学问之事不亲历甘苦，可相喻乎？

余之一生，非忘怀世事，亦非故意与人不合，孤遁鸣高。盖决志于学问一途，不得不与世绝缘。而所以志乎学者，则又出于实感之所不容已。虽人生之感，至为复杂；而生丁衰乱，首谋革命，则族类兴衰尤为情之所寄。可惜心思所至，未能达出，每念及斯，惆怅而已。〔1〕

可以看到，作为一个有证悟体验的儒者，熊十力始终以夷夏之辨来诊治他所处时代的社会疾患与政治病痛；作为一个早年参加过革命的现代中国人，熊十力始终以民族、民主思想为其政治思想的归宿；作为一个以求索真理为学问之鹄的的学者，熊十力始终以著书立说呈现其

〔1〕 熊十力：《答张其昀》，见《熊十力全集》第八卷，湖北教育出版社 2001 年版，第 535—537 页。

淑世情怀与社会关切，以至于在前引写给张丕介、徐复观的那封信中有“我视此合订稿为性命”的非常表态。[1]处古今之变局而能特立于世，逢中西之易势而能独行其道，真可谓乱世儒行！

已亥年春，余读熊十力1940年代给徐复观等弟子、友人的部分信札，思绪漫过现代中国之历史而及于当下，不胜感慨，遂以《乱世儒行》为题，联句以记之。曰：

讲经有苦意，论体无达辞。
求真在彻悟，理数终不及。
宇宙一翕辟，大道至简易。
狷者有不为，狂者尚进取。
著书存孤诣，立言显心迹。
长恨逾百年，遥情通万里。
栖栖何所依，汲汲辨夏夷。
思古发厉响，念圣叹谁与。
赞化不容已，苟活不去义。
颠沛能独行，居乱尤特立。

〔1〕熊十力：《与张丕介、徐复观》，见《熊十力全集》第八卷，第595页。此处的“合订稿”是指《十力语要初续》与《困学记》的合订稿。熊十力自己说“此中多精要，如谈佛诸文、谈吾不满西哲之短信及他各文，俱披根见底之谈。”

图书在版编目(CIP)数据

超越维度与淑世情怀/唐文明主编.—上海:上海人民出版社,2021
(公共儒学.第2辑)
ISBN 978-7-208-17252-4

Ⅰ.①超… Ⅱ.①唐… Ⅲ.①儒家-哲学思想-文集
Ⅳ.①B222.05-53

中国版本图书馆CIP数据核字(2021)第143862号

责任编辑 赵荔红
封面设计 人马艺术设计·储平

公共儒学 第2辑
超越维度与淑世情怀
唐文明 主编

出　　版 上海人民出版社
(200001 上海福建中路193号)
发　　行 上海人民出版社发行中心
印　　刷 常熟市新骅印刷有限公司
开　　本 635×965 1/16
印　　张 18
插　　页 4
字　　数 230,000
版　　次 2021年8月第1版
印　　次 2021年8月第1次印刷
ISBN 978-7-208-17252-4/B·1571
定　　价 75.00元